同志社大学人文科学研究所研究叢書 LV

変容する
「二世」の越境性

—— 1940年代日米布伯の日系人と教育 ——

吉田 亮 編著

Yoshida Ryo

序

　本書は、拙編著『アメリカ日本人移民の越境教育史』(日本図書センター、2005)、
『アメリカ日系二世と越境教育─1930年代を主にして』(不二出版、2012)及び『越
境する「二世」─1930年代アメリカの日系人と教育』(現代史料出版、2016)で
扱った、第二次大戦以前を主とするアメリカ日系一世・二世による越境教育活
動研究の後続版という位置づけをもち、1940年代南北アメリカ (ハワイ含む)
と日本在住日系二世の人間形成史を「越境性」と関連づけて主要に検討する。
但し、本書では、人間形成という用語を、市民形成に置き換えて使用する。市
民形成は、多種多様の文化を用いた教育活動によって展開されていく。また「越
境性」とは、複数国家や地域間を交差するネットワークを形成し、複数文化の
習得、複合的アイデンティティの形成や忠誠心・帰属意識の提示に関与し、結
果として複数国家や地域に対して実質的な影響力を及ぼす性質・状態を言う。
　1940年代とはどのような時代であろうか。先行研究は、強制収容を中心に、
徴兵・軍や政府への協力、再定住・帰還等、法的挑戦他、多岐に亘るテーマの
成果の蓄積が顕著である。それらの研究の特徴は東の研究 (Eiichiro Azuma,
"Chapter 8 Internment and World War II History" in David K. Yoo, Eiichiro
Azuma eds., *The Oxford Handbook of Asian American History*, New York : Oxford
University Press, 2016) に詳しい。
　1940年代は、前3書で検討してきた戦前期 (特に戦間期) の日系人越境教育
史における転換点である。先行研究の多くは、日系人は、第二次大戦とその後
続く強制収容によって、戦前期における越境 (「架け橋」) 的市民形成を否定さ
れたと見る。東は「1942年から1945年にかけて起こった一連の出来事において、
日本人移民はその折衷主義的な社会的志向を完全に否定された」と述べ、戦争
が「トランスナショナルな移民史の終焉」を導いたと指摘する (東栄一郎『日
系アメリカ移民　二つの帝国のはざまで─忘れられた記憶1868-1945』明石書店、2014、
369〜370頁)。こうした状況にあって、日系人は市民形成においてどのように戦

前期の越境教育（越境的・「架け橋」的市民形成）を変容させたのか、続く戦後期はどうであったのか、究明が必要となるところである。

　先行研究では、東による当該時期の日系人に関する上記の文献研究「抑留と第二次大戦（Internment and World War II History）」が明らかにしているように、収容所内の学校カリキュラム・仏教徒の活動・芸術活動及び二世の再定住体験等を取り上げているところに特徴が見られる[(1)]。しかし、越境的市民形成の質的変化や多様化という視点を入れた研究はほとんど見られない。

　本書の特徴は、先行研究を踏まえて、これまで蓄積された知見を以下の点において拡大するところにある。第1に、同時期の日系二世による市民形成ストーリーの多様な場（コンテキスト）に注目したことである。米本土の収容所（転住センター）を対象とするものが圧倒的である先行研究と違い[(2)]、本書では収容所を出入りする二世や（3章）、敵性外国人抑留所での生活を余儀なくされた日系人を扱う（4章）。また、先行研究では、強制収容されず（または再定住によって）、収容所外での過酷な現実を生き抜いた人々も扱われている[(3)]。しかし、軍国主義・国家主義に染まった日本にあって、敵国米国籍者であったため、日常的な監視・弾圧下にあり、日本政府へ支援・協力が強要された在日日系人については稀である（1章）。また、真珠湾攻撃後に様々な生活規制を受けたが、一部を除いて強制収容の対象とならなかったハワイに関する研究はあるが、日系新宗教の動向を扱ったものはほとんどない（2章）。ハワイと類似の状況であったブラジルに関しては、日系社会から隔絶された山村で育った二世について扱ったものはない（8章）。さらに、政府による被収容者の再定住政策により、収容所を退出し、再定住センターがある都市（例えば、シカゴやニューヨーク）に再移住した日系人に関しても先行研究を補強したい（5章、7章）。

　第2に、日系二世が市民形成をおこなうにあたって影響を及ぼした多様な人間（集団間）関係である。市民形成は二世単独で進められるわけではなく、多様な対人関係性を経ることになる。親世代である一世や二世の仲間・友人は勿論、滞米日本人、親日的アングロや人種的マイノリティも含まれる。先ず、一世については、戦前期同様、日本語教育の現場ではその存在感は依然大きく、敵性外国人抑留所内の二世向け日本語教育は抑留所当局の依頼を受けた一世指

導者が管理運営していたし（4章）、山間部で生活する二世の日本語教授を担っていたのは一世の父親であったし（8章）、さらには現地東部社会との関係構築法や同胞支援法を二世キリスト教徒に伝授したのは一世キリスト教徒であった（7章）。二世同士については、シカゴの仏教会再興と展開を主導したのは二世であった（5章）。日本人については、戦時下の日本にあって二世がその生き方の選択において影響を与えたのは日本のエリート（沢田美喜他）であったし（1章）、収容所からの退出・再定住という選択肢を二世に提供する上で重要な役割を担ったのは在留日本人（松本亨）であった（6章）。そして親日的アングロに関して、収容所生活を余儀なくされることで自暴自棄に陥っていた二世を激励・勇気づけたのはアングロ・キリスト教牧師（アンドリュース牧師）であったし（3章）、再定住地シカゴでの二世仏教徒による活動再開を支援してくれたのは当地アングロ・キリスト教徒（主にユニテリアン派と会衆派）であったし（5章）、ニューヨーク日系人による被収容者・再定住者の日系同胞への教育・支援活動をお膳立てしてくれたのは現地アングロ・キリスト教徒であった（7章）。

　第3に、特に日系宗教（仏教、新宗教、キリスト教）の市民形成への影響である。仏教は、戦時下にあっても有力な日系組織のように解体されることはなく、むしろ戦前期に日本人会などの日系組織が担っていた、教育・福祉活動を主導した。シカゴの日系仏教の場合は、再定住者への教育・支援の中心となって活躍したため、二世仏教徒の日系アイデンティティを強める意味をもった（5章）。キリスト教も、仏教同様に、教育・福祉活動を主導するだけでなく、日系教会の将来に関して現地社会との折衝を通じて日系アイデンティティを強化した（7章）。アングロ・キリスト教牧師のもつ「愛敵」の精神に基づく一貫した姿勢と、収容された二世との交流は、日系人としての自尊心を涵養する意味があっただけでなく、アングロ牧師自身の反人種主義意識をも形成する一助となった（3章）。日系人とホスト社会の「架け橋」となった日本人キリスト教徒（松本亨）の尽力もあって、全米プロテスタントによる日系人再定住教育・支援運動の組織化が行われたため、二世の再定住化が加速し、西海岸以外の地域で日系アイデンティティの形成を体験することとなった（6章）。一方で、二世にとっ

て、人種的マイノリティとの交流によって強固な日系エスニック・プロテスタント・仏教徒両方のアイデンティティ形成に役立ったといえる（5章、7章）。戦時下ハワイの日系神道系新宗教（天理教、金光教）は、上記二宗教とは対照的に、神社神道と誤解されることで、活動規制や指導者の抑留等の迫害を受け、日系社会の周縁的存在として辛うじて信仰を維持したため、二世に対する影響は限定された（2章）。ブラジルの日系新宗教（神生紀元）は、山岳地帯に孤立する二世にとって貴重な宗教・道徳的指針となり、日本語の識字力だけでなく日系エスニック・アイデンティティ形成に一定程度の影響を及ぼしたといえる（8章）。

　第4に、「越境」性が戦前、戦中、戦後期を経てどのように変化したかということである。

　1章では、在日日系二世を事例に、「架け橋者」二世を「在留敵国人」「非国民」としか扱わない日本の国家主義・軍国主義体制下にあって、二世はどのように越境者としての資本を活用して生き残る方略を展開していったのかを論じる。在日二世は、米市民としての文化資本を活用して日本の国策に寄与することによって、日本人として在日二世の生き残りをはかると同時に、自身が日本と米国の日系人間の「架け橋」になることで、葛藤を抱えつつも日系の名誉回復を期そうとしたのである。在日二世は日本単独国籍者となっても、銃後支援者となっても、国家主義による同化圧力に屈することはなく、文化的越境者としての存在感は強調点を変えつつ戦中・戦後と維持し続けていったとする。

　2章では、ハワイを舞台に、仏教やキリスト教とは違い、日本の教団本部と濃密な越境的関係を維持しながらも、日系社会内の周縁に位置した神道系新宗教（天理教、金光教）が、どのようにしてその越境性を否定され、また戦後それを回復していったかについて論じる。ハワイの神道系新宗教は、国家主義によって強い弾圧を受け、活動停止・指導者の収監の処分を受け、当該文化の継承を断念せざるを得ない状態となった。二世も例外ではなく、親からの宗教文化継承は望めないものとなった。国家主義から来る同化圧力によってその越境的特性は否定され、利害対立する複数集団間の「架け橋」となれる状況はそこには存在しなかった。戦後は、日本の本部教団との関係回復が行われたため、二世

は越境新宗教の復興と展開の担い手となっていったとする。

　3章では、米本土の転住センターを舞台に、アングロのキリスト教牧師（アンドリュース牧師）が、どのように被収容者の二世に寄り添い、自ら越境者意識をもつことで、市民形成に関与しようとしたかを論ずる。アンドリュース牧師は、国家主義によって信徒であり友人である二世を強制収容し、日系人への同調を敵視する人種主義的米社会に失望し、人種を越えた二世の親友として、支援活動をする道を選択した。アンディは、日系人と米社会間の「架け橋」となり、二世の再定住を「良きサマリヤ人」的に支援することで、二世の米プロテスタントへの信頼回復をはかろうとした。一方で、日系教会を白人教会に統廃合しようとする国家主義の同化圧力に対しては、日系エスニック教会存続を断固支持・主張し、実現することで、アンディは二世に対し、日系アイデンティティを大事にし続けるキリスト教徒となるよう願った。戦後、アンディは、米国家主義が犯した過ちに謝罪し、日米間の「架け橋」として両国関係の回復・発展を願い、ヒロシマ・プロジェクトに関与することになるとする。

　4章では、米本土の抑留センターを舞台に、一世日本語教育指導者（杉町八重充）が、日本語学校が閉鎖され、日本語教育が規制を受ける戦時下にあって、日本語教育による市民形成をどのように進めようと考えていたかについて論じる。杉町は、日系市民育成のための日本語教育プログラム開発に尽力してきたにもかかわらず、国家主義によって抑留所に収監され、米国への失望感を胸に、抑留所内の外国人子弟や二世に対する日本語教育に従事した。杉町は、抑留所当局と子弟（二世）の「架け橋」として、当局を説得し、協力を得ながら、日本語教育による市民形成に尽力した。国家主義の同化圧力下にあっても、敵性言語を、抑留所の子どもたちに教え続けた。戦後、杉町は原点に再度立ち、日本語と道徳を一体化した人格形成プログラムによって、多人種社会に生きる二世市民育成に努めていったとする。

　5章では、再定住地シカゴを舞台に、日本産で、日本語を使い、日本の本山との関係のもとに展開してきた越境宗教である仏教が、キリスト教が主流宗教の国で、しかも日系人を敵性外国人視する状況にあって、どのように二世の市民形成に寄与していったかを論じる。シカゴの二世仏教徒は、国家主義による

強い規制を受けるが、西海岸の都市ではなかったこと、政府による再定住政策への協力と憲法が保障する権利の行使によって、米国仏教会としての地位を確立するまでに至った。国家主義による同化圧力に対しては、強い葛藤や圧力を経験することはなかった。むしろ、元来、仏教は自身の米国での新展開のために独自に「キリスト教化」（超宗派、組織運営、礼拝様式他）することで再定住日系人と現地社会との「架け橋」となることで、米国仏教として展開していった。戦後は更に日系人と現地社会間の「架け橋」として、日系以外の人種や民族、仏教以外の宗教集団との関係構築を進めていった。米国への同化とは逆に、米国の多人種・多宗教化の一端を担うことになったとする。

　６章では、米本土を舞台に、日本人留学生（松本亨）が、なぜ、どのように越境者となり、日系人の強制収容と向かい合い、日系人の救済とコミュニティの復興に関与することで、二世の市民形成に影響を及ぼしたかを論じる。松本は、国家主義の影響下、敵性外国人視されて収監され、それでもキリスト教の越境的人類愛を信じて、米プロテスタントの日系人再定住活動の牽引者として献身することになった。松本は、米社会と日系人の「架け橋」となることで、米プロテスタントの組織力を活用して友人である二世を収容所から「自由」にしようとした。再定住政策は、元来日系人に対する同化政策であったので、松本は同政策を担いながらも、米社会の民主主義が機能していない現実を批判的に捉え、二世の同化よりも地位保全を願い、むしろ、同政策を進めることによって二世に多人種化に基づく民主主義の担い手となることを期したと考えられる。戦後、松本は日米（キリスト教会）間の「架け橋」となるべく、米プロテスタントを代表して、日本のキリスト教化・民主化の担い手になろうとした意味については、単純に米プロテスタントの代弁者という評価となるのか、慎重な検討が必要である。

　７章では、再定住地ニューヨークの日系キリスト教会がどのように同胞の強制収容や再定住、戦後日本の復興、人種マイノリティとの人種間交流に関わることで、二世市民育成を進めようとしたかを論じる。ニューヨークの日系プロテスタントは、主流宗教であり、東部都市であったことから、国家主義の影響を限定的にしか受けることがなく、自身の利点を活用して米プロテスタントと

の「架け橋」として米プロテスタント自身の主導する日系人再定住政策に連携することで、国策支援に日系同胞支援を組み込んで進めていった。国家主義からの同化圧力による数少ない葛藤経験としては、日系エスニック教会の存廃問題があったが、存続に成功した。二世は一世をロールモデルに、日系と市内の人種マイノリティや日米（キリスト教会）間の「架け橋」として、人種マイノリティとの交流や日本復興支援活動を経て、着実に日系エスニック・プロテスタントとしての組織・アイデンティティの維持・展開を担い、米国の多人種・多宗教化に寄与する道を選んだとする。

　8章では、ブラジル農山村に生活する二世を事例に、学校ではなく、家庭生活が二世の市民育成にどのように関わったのかを論じる。ブラジルの農山村二世は、国家主義とは無縁の僻地に住み、競合する教育組織は無く、父親からのみ個別指導を受けることで、豊かな日本語・文化（宗教含む）の素養をもった市民として育っていったといえる。そこには、国家主義による同化圧力から来る葛藤や抵抗意識などは見当たらない。利害対立する複数集団間の「架け橋」となって、誰かの利益を防衛することを考える必要もなかった。戦後は、既得の文化資本を活用し、日系ブラジル人のロールモデルとして、「成功」への道を歩むことになったとする。

　最後に、本書の出版にあたり、現代史料出版の赤川博昭氏にお世話になった。この場を借りて謝意を表したい。なお、本書は同志社大学人文科学研究所第19期研究会（第1研究）、及び2015年度科学研究費補助金（基盤研究C）課題番号15K04262による研究成果の拡大版でもあることを記しておく。

注
（1）David K. Yoo, Eiichiro Azuma eds., *The Oxford Handbook of Asian American History*, New York : Oxford University Press, 2016.

（2）Gary Y. Okihiro, "Religion and Resistance in America's Concentration Camps," *Phylon*, 45, 1984 ; Thomas James, *Exile Within : The Schooling of Japanese Americans, 1942-1945*, Cambridge, Mass. : Harvard University Press, 1987 ; Karin M. Higa, *The View from Within : Japanese American Art from the*

Internment Camps, 1942-1945, Los Angeles: UCLA Asian American Studies Center, 1992；島田法子「民主主義とアメリカ強制収容所―『モデル・コミュニティ』構想に関する一考察」『移民研究年報』1，1995；Gary Y. Okihiro, *Storied Lives : Japanese American Students and World War II*, Seattle: University of Washington Press, 1999；Yoon Pak, *Wherever I Go, I Will Always Be a Loyal American : Seattle's Japanese American Schoolchildren during World War II*, New York: Routledge, 2001；Allan W. Austin, *From Concentration Camp to Campus : Japanese American Students and World War II*, Urbana: University of Illinois Press, 2005；島田法子「第二次世界大戦下の二世教育」吉田亮編著『アメリカ日本人移民の越境教育史』日本図書センター、2005；Duncan Ryūken Williams, *American Sutra : A Story of Faith and Freedom in the Second World War*, Cambridge: The Belknap Press of Harvard University Press, 2009；Stephanie Hinnershitz, *Race, Religion, and Civil Rights : Asian Students on the West Coast, 1900-1968*, New Burnswick: Rutgers University Press, 2015；Anne M. Blankenship, *Christianity, Social Justice, and the Japanese American Incarceration during World War II*, Chapel Hill: The University of North Carolina Press, 2016. 和泉真澄「メディアとしての卒業アルバム：ヒラリバー日系アメリカ人収容所における高校生活の表象分析（日本人移民をめぐるメディア研究）」『立命館言語文化研究』26-4、2015。

（3）ハワイについては以下を参照。トミ・カイザワ・ネイフラー『引き裂かれた家族：第二次世界大戦下のハワイ日系七家族』日本放送出版協会、1992；Gary Y. Okihiro, *Cane Fires : The Anti-Japanese Movement in Hawaii, 1865-1945*, Philadelphia: Temple University Press, 1992；白水繁彦「ハワイ日系社会の文化変化：第二次大戦下二世の米化運動」『コミュニケーション紀要』7，1993；白水繁彦『エスニック文化の社会学：コミュニティ・リーダー・メディア』日本評論社、1998；足立律宏「第二次世界大戦中のハワイにおける公立学校教育と日系二世のアメリカ化：マッキンレー高校の事例を中心に（特集　移民の言語と教育）」『移民研究年報』9，2003；Tom Coffman, *The Island Edge of America : A Political History of Hawai' i*, Honolulu: University of Hawai'i Press, 2003；Franklin Odo, *No Sword to Bury : Japanese Americans in Hawai'i during World War II*, Philadelphia: Temple University Press, 2004；島田法子『戦争と移民の社会史：ハワイ日系アメリカ人の太平洋戦争』現代史料出版、2004；島田法子「第二次世界大戦をめぐるハワイ日本人移民の忠誠心と日本人意識―短歌・俳句・川柳を史料として―」『日本女子大学英米文学研究』44，2009；秋山かおり「面会制度からみるハワイの戦時強制収容：日系人抑留者とその家族の体験」『総研大文化科学研究』11，2015；小川真和子「太平洋戦争中のハワイにおける日系人強制収容：消された過去を追って（日本人の国際移動研究会「第二次世界大戦における在外日本人の強制移動」）」『立命

館言語文化研究』25（1），2013。

　ブラジルについては以下を参照。根川幸男『第二次世界大戦前後の南米各国日系人の動向：ブラジルの事例を中心に（日本人の国際移動研究会「第二次世界大戦における在外日本人の強制移動」）」『立命館言語文化研究』25（1）、2013。

　再定住については以下を参照。木村昌人「ニューヨークと日本人社会」柳田利夫編『アメリカの日系人　都市・社会・生活』同文舘出版、1995；増田直子「アメリカ世論と日系アメリカ人の再定住政策：『コモン・グラウンド』誌を一例として」『移民研究年報』5，1998；増田直子「収容所から「再定住」への決意──第二次世界大戦末期における日系アメリカ人の社会復帰」『欧米文化研究』18, 2000；Charlotte Brooks, "In the Twilight Zone between Black and White: Japanese American Resettlement and Community in Chicago, 1942-1945," *The Journal of American History*, March 2000；増田直子「帰還後の日系社会──コラムニスト、メアリー・オーヤマの目を通して」『史境』43, 2001-09；増田直子「再定住期リトル・トーキョーにおける人種関係：「ピルグリム・ハウス」の活動を中心に」『アメリカ・カナダ研究』22, 2004；増田直子「日系アメリカ人の再定住政策──第二次世界大戦中のアメリカ化と日系アイデンティティ保持の相克についての一考察」『聖学院大学総合研究所紀要』35, 2005；増田直子「戦後ロサンゼルスの日系アメリカ人の文化活動──再定住期を中心に」『移民研究年報』13, 2007；増田直子「再定住期の日米交流──1949年全米水上選手権大会を中心に」『JICA横浜海外移住資料館研究紀要』4，2009；Greg Robinson, *After Camp : Portraits in Midcentury Japanese American Life and Politics*, Berkeley : University of California Press, 2012；増田直子「日系アメリカ人収容所の外から見た再定住：チャールズ・キクチの日記を中心に」『津田塾大学紀要』51, 2019。

目　次

第1章　戦時下日本における日系アメリカ人二世

はじめに——戦時中日系人研究の現状と問題点

　太平洋戦争中の北米日系二世の日本体験に関する文献は、アイバ戸栗（東京ローズ）や川北友弥といった占領期にアメリカへの反逆罪で裁かれた人物、または日本兵として戦った二世の個人史がいくつか存在する[1]。そのほとんどはいわゆるノンフィクションという学術研究と創作物語の中間に属するジャンルの「読み物」であり、その語りは概して国家の論理や圧力に振り回された個人の悲劇を強調するセンチメンタリズムに満ちたものが多い。さらにこの種の読み物は、日系アメリカ人二世の異質性を否定する「日本人論」的な人種・文化的エッセンシャリズムを内包する傾向にある[2]。その理由はノンフィクション作家がアメリカ人種関係に根付いた日系人の視点や思考を理解せず、限られた情報（近親者や関係者へのインタビューを含む）を恣意的に分析し、日系人の心理や行動に関する推論を展開するという姿勢にある。しかし戦時中の在日二世の歴史体験が学術的研究ではなく、ノンフィクション物語という形態で存在することが一般的となっているのは、関連する文献資料が非常に少なく、専門家による歴史分析が難しいという問題に起因しているともいえよう。

　この章ではノンフィクション物語のセンチメンタリズムとエッセンシャリズムからは距離を置きながら、「国家反逆罪被告」や「二世神風パイロット」といった好奇心を惹く特異な個人体験ではなく、主に在日二世の日常的な戦時体験を検証したい。そのために戦時中の歴史体験（特に関係者による回顧）の持つ史料としての信頼性の問題に鑑み、既存の研究では見落とされてきた一次史料を発掘し、さらにノンフィクションであっても、そこに含まれる学術的に使用可能な情報は積極的に活用することとする。このような折衷的な歴史分析によって、「日系二世」という日本社会の「エスニック・グループ」が「日本人」

化を強いる戦時軍国主義下で、どのように帝国臣民群に取り込まれていき、ま
た同時にどのようにその独自性を保つことができたのか、その共時的過程を「社
会による強制」と「二世の自主性」という両面から考察してみたい。「敵国」
出身者として官憲や社会の猜疑心に晒された在日二世は、一種のパフォーマン
スとして「祖国愛」を誇示したが、その裏で自らの異質で危険な「二世」アイ
デンティティを守り、それを利用する活動を自律的かつ臨機応変に行っていた
という歴史展開があった⑶。したがってこの研究は、二世の複雑な「エージェ
ンシー（行為主体性）」に注目することで、彼らを単純に国家に対し無力な被害
者として語る既存のナラティブに修正を加えるものである。また独自の「在り
方」を希求する在日二世自身の主体性を強調しながらも、同時に日本政府が日
系人の「アメリカ人」性を時には認め、それを積極的に利用していた状況も本
章では考証したい。このように歴史主体の個人としてのエージェンシーと権力
構造（国家や社会）による強制力の連関性を考慮した分析と語りは、筆者が在
日二世研究に呈する重要な理論的貢献の第一点としてあげることができよう。

　くわえて本章における第二の貢献点は、日米戦争を「歴史の分断線」として
扱う従来のアプローチに代えて、在日二世の歴史体験をめぐる戦前と戦中の「継
続性」に注目する学術的フレームワークを提示することにある⑷。そのような
歴史的継続性を理解するためには、1930年代から常に在日二世アイデンティ
ティと行動様式に大きな影響を与えた「架け橋」論が、日米開戦前後から戦中
にかけてどのように変容したかをたどる作業が必要である。つまり新しい学術
的フレームワークとは、日系アメリカ人を太平洋・日米友好の「架け橋」と規
定する越境的概念が、真珠湾攻撃後の架け橋が存在し得ない戦争という文脈の
なかでどのように変貌し、またどのように在日二世の歴史体験に影響し続けて
いたかを精査し分析する研究法である。本章では以上のような視点とフレーム
ワークを使い、戦時下日本における日系人の「二世」としての「在り方」と、
その日常活動の歴史的な意味を考察したい。

1　戦時中の在日二世の日常——「非国民」扱いと「日本人化」圧力の狭間で

(1941年) 12月8日…の早暁、筆者は…スパイ嫌疑でその場で捕まえられ、渋谷警察署に連行された。…「こいつが村山というスパイだ。憲兵隊からも連絡がきている。よく監視しろ」とだれかが叫ぶと、二、三人の男が近づいてきていきなりポカポカ殴られ、目から火が出てぶっ倒れてしまった。まるで対米戦争の憎悪を一人で背負わされているような感じだった。渦まく罵声の中で「とうとうスパイにされてしまったか」と、悲しいような腹立たしいような気持ちが胸中を去来した[5]。

これは東京在住の二世ジャーナリスト、村山有 (Tamotsu Murayama) の体験談である。1930年代中頃から在京日系人リーダーとしてその名を知られた村山は、外務省上層部や軍部にもつながりを持つ存在であった。そのような人物でも日系アメリカ人二世というだけで「スパイ扱い」を受ける状況は、当時全ての北米出生日系人を飲み込んだ厳しい現実であった。留学生に比べるとその数は少なかったが、社会人として働く在日二世の多くは憲兵隊や特別高等警察(特高)に身柄を拘束され、厳しい尋問を受けた経験を持つのが一般的であった。特に語学力を活かして英米企業支社や公館に勤務する日系人は、英米系白人とともに軟禁状態におかれたものもめずらしくなかった。例えば村山に並ぶ在日二世リーダーであった西山千 (Sen Nishiyama) とそのほか三、四名の日系アメリカ人は、勤務地である在横浜アメリカ領事館に「開戦と同時に閉じ込められて、いくら頼み訴えても、また母親が警察に涙で嘆願しても釈放されなかった」。別のアメリカ大使館勤務の二世通訳は特高により広島へ連れ去られ、ハワイ生まれの妻子から離れて一年以上も軟禁状態におかれた[6]。また未成年の学生であってもアメリカ国籍を保持する二世（二重国籍者も含む）は特高の監視下におかれ、その日常生活、経済状況、親族関係など全てを調べられ、時には「外出」「通信文」「来訪者」の制限処置も受けていた。またそこで集められた

個人情報は、彼らの抑留必要性の判断材料とされた。このような日系アメリカ人二世に対する厳しい戦時管理は、東京などの都市部だけではなく地方でも包括的に実施されていた。この事項に関する文献史料はほとんど消失しているが、わずかに残った岡山県特高記録によれば外国籍者が一年ごとに「滞邦許可」を受けながら生活していた状況が明らかである。また日米開戦後「在留敵国人」となった北米二世（特にアメリカ単独国籍者）が、犯罪者の「保護観察」にも似た、恒常的に監視されながら収監の可能性に怯える生活を送っていたことも見てとれるのである[7]。

　しかしこのように「二世」を「非国民」と見なす国粋的思考は日米開戦後の日本社会に突然生じたものではなく、真珠湾攻撃前から日本社会に蔓延していた厳しい二世観の一端を示していた。実際、村山有は1936年に来日して以来、在京二世たちの「太平洋の架け橋」としての独自のアイデンティティとその役割の重要性を世に喧伝していたが、1930年代終わりに日米関係が急速に悪化すると彼の主張からも楽観的な論旨はほぼ完全に消え去ってしまった。そして1941年初めになると、彼は二世留学生が英語を話しただけで突然周囲から怒鳴られたり暴行を受けたりする状況を嘆き、「極東危機論と市民権問題で帰米を急ぐ第二世の数は極度に増加している」と記した。この頃には村山は暗澹たる気持ちで在日二世の将来を考えており、「重大決意」を持って「真の日米両国の為に尽力せんとする熱意と理想に燃える」少数の日系人以外は「日本に留まる」ことを再考し、むしろ帰米を急ぐよう促すまでになっていた[8]。1941年初頭の段階ですでに村山の心の中には、「架け橋」としての在日二世は総体として存在していなかったといえよう。

　ここで村山が指摘した在日二世の「市民権問題」には、架け橋論を危険視し北米出生者に「スパイ」のレッテルを貼るという、当時の国家主義的社会意識を助長する大きな要因が含まれていた。それは特に北米出生者の法的属性をめぐる二つの問題であった。第一の問題は1940年制定のアメリカ新国籍法（1941年1月より施行）が生み出した歴史状況である。この法律には、アメリカ出生アメリカ市民でも帰化不能外国人（日本人移民を含む）子弟の場合、6ヶ月以上その父祖の国に滞在すると市民権を喪失するという規定があった。またこの法

の下では二重国籍保持者が日本に在住し続けると、通常の社会生活における様々な要因（就職や従軍など）でアメリカ市民権を剥奪される可能性があった[9]。このため村山が記したように1940年以降、日中戦争の激化も相まって市民権喪失と日本軍への徴兵を逃れるため二世留学生（特に男子）の帰国者が激増していたのである[10]。第二の問題は、このような状況が日本人側、特に官憲の目には日系人たちは徴兵忌避をしてアメリカへ逃げ帰る「非国民」的な存在として映り、それが在日二世に対する否定的なイメージをさらに悪化させていたという点である。このことはたとえ二重国籍であっても在日二世がアメリカ市民権を保持する限り、完全な日本人ではなく彼らの「祖国愛」も信頼に値しないという思考を生み出す要因ともなっていた。

　当時日系人の庇護者を自認していた沢田美喜（戦後エリザベス・サンダース・ホームを運営）は、その自伝の中で東京在住の二世留学生たちが「市民権問題」のために経験した悲劇的逸話をいくつか紹介している。沢田は在京二世もその移民世代の親たちも、基本的に立派な「日本人」であり「すばらしい祖国愛の持ち主」と考えていたが（この問題については後述）、官憲が彼らを「アメリカ国籍である（が）ために、スパイ扱いにして、いま（戦後）考えると想像もできないような待遇をした」と非難していた。例えば憲兵が突然留学生の「下宿に飛び込んで家捜しをしたり、天皇陛下とキリストとどっちを選ぶかと言ったり、不意に下宿を追い出したりする」事例もめずらしくなかった[11]。そしてこのような状況は在日二世の日米二重国籍を危険視し、有形無形の圧力のもと日本国籍の単独選択（つまりアメリカ市民権放棄）を強いる動きを伴っていた。特に戦時下の日本で、アメリカからの送金も途絶え親兄弟の助けもないなかで困難を極めた在日二世学生たちが、日々の生活のため「（父親の）戸籍入りを強い」る特高警察の「経済的・精神的圧力」に屈したのは当然の帰結であった[12]。その選択に抗する代償は沢田美喜が比喩的に語ったように、最悪の場合は「アメリカ国民として収容所に入れられるか、憲兵につきまとわれて下宿を追われるか」であり、そうでなくても日常生活の様々なレベルで不都合に遭遇することは不可避であった[13]。例えば戦時中の食料や生活必需品の配給などは個人の国籍状況によってその受給資格も変わってきたので、最低限の生活維持（生存）

を目的に、在日二世がアメリカ国籍を放棄する動きは敗戦まで続いていったのである。したがってドウス昌代がその著作で指摘するように、最後まで特高の市民権放棄の圧力に負けなかったアイバ戸栗のような人物は、在日二世のなかでは「ごく少数」であった[14]。

　社会人として働いていた在日二世も、このような法的日本人化の圧力から無縁ではなかった。彼らにとって国籍問題は官憲による嫌がらせだけでなく、自らの職場での地位と家族の生活を揺るがす重大な問題であった。例えばハワイ出身の中島レスリー覚（Leslie Satoru Nakashima）は、当時の在京二世ジャーナリストにしてはめずらしくアメリカ市民権のみを保持しており、そのために彼は開戦前後、何度となく転職する羽目に陥り生活困窮に見舞われていた。中島は1934年にジャパン・タイムズ編集部で働くため来日するが、アメリカ単独籍のため、当初から警察の「滞邦許可」を受けながら監視される生活を送っていた。しかし1940年になると日系二世への敵意を顕わにする官憲側はジャパン・タイムズ社に「敵性外国人を雇っている」と「圧力」をかけ、結局、中島は辞職を強いられることとなった。彼は一般の「アメリカ人」として仕事ができるUP通信東京支局に移ったが、まもなく日米開戦によって支局閉鎖の憂き目に遭い再び失業し、「警察の監視はか烈さを加え逮捕の恐れがつきまと」う日常生活を送った。当時中島は日本国籍者を妻に持ち二人の幼児の父親でもあったが、1942年になると妻が結核を患ったこともあり、ついに「家族のため」日本国籍の回復を決断するに至った。これには同盟通信社海外部が中島の英語力を買って彼をリクルートした際、「日本国籍がなくてはどうにもならない」という雇用条件をつけたことも契機となっていた。アメリカ国籍で日本語が不自由な中島には開戦後このほかには仕事の当てはなく、さらに当局が日本に戸籍を持たない中島の婚姻状況を「内縁関係」として扱ったため様々不都合が生じていた。中島の国籍回復申請は5ヶ月経った後にようやく許可され、1942年夏以降、彼は同盟通信とジャパン・タイムズを掛け持ちで働き、ようやく生活を立て直すことができたのである[15]。

　中島の例からもわかるように在日二世の国籍変更や報国的活動は、単なる政治信条やアイデンティティの問題には還元できず、ましてや日本人論的（民族

一元論的）な「祖国愛」などの概念では完全には説明できないものであった。そこには複雑な心理的葛藤と日々の生活を守るための実利的計算が絡み合い、さらには戦前から続く二世の「架け橋」としての越境的アンビバレンスが存在していた。しかし当時の軍事国家にとって、このような二世の複雑な心情は配慮や理解の対象ではなかった。実際、日々の生活と生存という切実な問題のためアメリカ市民権放棄の圧力に屈した在日二世は、帝国臣民として徴兵や徴用、そのほか様々なかたちで日本の戦争遂行に貢献することを余儀なくされた。しかし個人レベルの国籍変更や愛国心の誇示では、アメリカ出生者の苦境の根本的解決にはならなかった。日米開戦前後の在日二世の困難な歴史体験は、日本社会の深層に存在する海外出生者（移民＝「棄民」の子）に対する社会的蔑視や反米感情に由来する文化的偏見によるもので、彼らの法的属性（国籍）の問題に止まらなかったからである[(16)]。

2　戦時中の日系人の「在り方」と在日二世連合会

「スパイ」や「非国民」といった在日二世にまつわる悪いイメージを払拭し社会的弾圧に対処するため、開戦前後の東京では在日二世の自主的な組織化を通して、彼ら自身グループ全体の権利を守ろうとする動きが生まれた。こうして誕生した「（在日）二世連合会」は、日系人リーダーが彼らに同情的な外務省官吏や沢田美喜など国際派日本人と協力するかたちで、1941年11月22日に結成された[(17)]。会員二千人を誇るこの団体は戦時中唯一の在日二世組織であり、そこではアメリカ出生者たちが持ち続ける越境的アンビバレンスと、彼らを「日本人」とみなす民族一元論的二世観が複雑に絡み合うイデオロギー空間を形成していた。その点に鑑みると二世連合会の活動とその指導者たちの思想を検証する作業は、日本人後援者たちの持つ愛国的帝国臣民像の裏に隠された、戦時中の在日二世の「特異性」を明らかにすることに役立つであろう。この項では二世連合会を通じて、在京二世リーダーたちがどのように自分たちの「在り方」、つまり日系人であることの「真価」を規定していたかを明らかにしたい[(18)]。

　日本における日系二世の組織化の起源は、1930年代後半の在京日系人リー

ダーがとった自主的な動きと、1941年初めに日本政府が進めた「海外出生邦人」の動員化にあった。前者は、在京二世自身が一般日本人から自らを差別化し独自のエスニック・アイデンティティを主張する活動であり、1936年設立の日米青年連合（Japan-America Young People's Federation）や1940年に村山有が主催した第二世協会（Nisei Information Service）がその例である。両団体は「国際派」日本人や元駐米外交官などの後援を受けてはいたが、実質的には二世側主導で運営されていた。特に第二世協会は、アメリカ側の二世組織である全米日系市民協会（Japanese American Citizens League）と積極的に連携し、太平洋両岸をつなぐ二世＝架け橋の橋脚として日米友好と日系アメリカ人の国際的発展のために活動するという、日系人側の越境的指向性を強く表していた[19]。しかし在京二世の自主的なエスニック・グループとしての組織化、つまり日本人との差異を主張する「二重のエスニック化（double ethnicization）」の努力は、1941年4月に海外同胞中央会青年部として成立した日本の国策機関によって無と化してしまった。この団体は日系アメリカ人二世の独自性を否定し、彼らを「海外出生邦人」の一要素、つまり帝国日本の植民者「二世」と同一視し、当時の国家総動員化に組み込もうとする企てであった[20]。このような北米出生日系人と帝国植民者子弟を混同する動きは、前述のような在日二世のアメリカ性を忌み嫌い、アメリカ国籍放棄を強いる社会的圧力（民族一元論）と同源であったことは明白であろう。

　それでは1941年11月以降、在日日系人の権益を守ろうとした二世連合会は、海外同胞中央会青年部による二世の皇民化に対抗する存在であったと解釈すべきであろうか。筆者は二世連合会にはそのような要素とともに、在日二世による組織的かつ自主的な戦争協力を促したという面もあったと考えるものである。この一見相反する様相を呈す二世連合会の歴史的意義を理解するには、この団体の成り立ちと活動を精査し、在日二世たちのエージェンシー（その負の面も含めて）に焦点を当て分析することで、軍国主義への「抵抗」や「日本人になろうとした」日系二世の「悲劇性」などというナラティブに単純化して解釈することを避ける必要があろう[21]。なぜなら日本人側後援者の目には二世の「祖国愛」の表現として映った二世連合会の設立理由は、それに参画した在京

二世にとっては別の意味もあったからである[22]。戦時中に彼らが日系アメリカ人として持ち続けた複雑な心情やアンビバレンスは、日本への「祖国愛」などという概念で二項対立的に否定できるものではなく、ましてや「日本人」としての単一アイデンティティとすんなり交換可能なものでもなかった。このことは発足当初、連合会が単に「二世」という形容辞だけではなく、日本における「日系人」団体という越境主義的意義も込めて「在日二世連合会」と自称していたことからも明らかであろう[23]。

　二世連合会はその正式会員は二千名弱であったが、首都圏のみならず京阪神や中国・九州・東北地方を網羅するネットワークを持ち、全国に三千から五千人はいると推定される在日二世の全てをその活動の対象としていた。しかしその指導部で中心的な役割を果たしたのは在京の古参二世たちであり、連合会理事長は松本瀧藏（Takizo "Frank" Matsumoto）という人物が務め、彼に協力し裏方で日本人側後援者や官憲との折衝を行ったのは東ケ崎潔（Kiyoshi George Togasaki）であった[24]。1895年にサンフランシスコで生を受けた東ケ崎は、在京二世のなかでは一番の年長者であり、かつてカリフォルニア大学在学中にアメリカ兵として第一次世界大戦に参戦するという経歴を持つ、国際ビジネスマンだった。そのため彼は日本語能力には欠くものの在日二世リーダーとして社会各方面で影響力を持ち、戦前は日米青年連合や第二世協会などの活動を裏から支える存在であった。二世連合会発足時、東ケ崎は外務省情報部嘱託として働いており、そのため彼が外交官との折衝を行ない、連合会は公式に外務省の後援を得ることができたのである[25]。

　一方、1901年生まれの松本瀧藏は、幼少時にフレズノへ渡ったため厳密にはアメリカ出生日系市民ではなかったが、1930年代には「在京二世」の成功者かつ指導者としてその名を知られていた。彼は大学中途までカリフォルニアで過ごし、最終的には明治大学とハーバード大学で高等教育を修め、1933年より明治大学商学部助教授として働いていた。そのため松本は日英両語を完璧にこなし、日本社会の政経界のエリート層とも面識や付き合いがあった[26]。三菱財閥直系の沢田美喜やトップ官僚が二世連合会設立時に、東ケ崎と松本という二人の年長二世と協力したのは自然な成り行きであった。

戦前より在京二世の組織化を進め、またその代弁者として活動していた彼ら
の経歴からも明らかなように、連合会の日系人理事たちは二世の利益を守るた
めの尽力を惜しまなかった。沢田美喜など日本人側後援者が動き出す前から松
本や東ケ崎など二世指導者は、「日米戦争が突発すれば、敵性人の二世団体な
ど絶対に作れない」と考え、いざという時の相互扶助と自己利益保全のため「在
京二世」の統一組織設立の計画を内々に進めていた。このような経緯で生まれ
た「在日二世連合会」であったが日米開戦後は、その二世の独自アイデンティ
ティの拠り所とグループ利益の代弁者としての性格を「厳しい軍国調の統制下
では、生きるためには職域奉公とか、勤労奉仕とかの名で、余程カモフラージ
する必要（ママ）」に迫られることとなった[27]。もちろんこの「生きる（存在す
る）ため」の愛国「カモフラージュ」を被る背景には、連合会を後援する外務
省や官憲からの圧力があったことは想像に難くない。実際、特高や憲兵は連合
会事務所に毎日のように「詰めていた」し、二世リーダーたちは常に「ファッ
ショの襲撃を覚悟して」活動していた[28]。しかしこの「カモフラージュ」は、
沢田がその回顧の中で説明したように二世連合会を日系青年の「祖国愛」の象
徴と見なす社会的認識を広めるのに寄与していただけでなく、軍国主義の支配
下であっても在日二世という独自グループとして存在する組織的枠組みを支え
ていたのだった[29]。
　だが連合会の根本的な存在理由が北米出生者が「二世」として存在し続ける
のを助けることにあった以上、仮に在日二世の重大権益が侵された場合には、
二世連合会は祖国愛の「カモフラージュ」を脱ぎ捨て、「厳しい統制」に直接
対峙する行動をとることも厭わなかった。例えば在横浜アメリカ領事館勤務の
日系人スタッフの軟禁問題は、二世連合会が「非国民」のレッテルを張られる
リスクにもかかわらず、北米出生者の利益を守るため毅然とした行動をとった
一例である。この時松本をはじめとする連合会リーダーは、当時、二世に対し
て「最も厳しい警察署」として悪名高い当該官憲に直接乗り込み、「実に一時
間に及」ぶ交渉を行い事態の早期解決を導いている。そのとき松本らが展開し
た議論は、単に「祖国愛」を訴えるのではなく、日系二世の「歴史やその在り
方」を熱弁することで彼らを「敵性人」として扱うことの誤りを指摘するもの

だった(30)。この論旨は単に二世の「愛国的日本人」としての資質を強調するのではなく、アメリカ出生者のユニークな属性とその有用性（後述）を印象付ける意図を含んでいた。また同様に連合会は二世を日本社会で独自の権益を持つグループとして定義し、その「保護」を第一の使命とすることで、送金の途絶えた二世学生の就職斡旋や学費貸与などの事業にも尽力していた。この活動の一環として特別に「第二世救済委員会」という下部組織も創設し、その委員長に沢田美喜を据え、評議員や顧問として参加した三木武夫（松本の明治閣の友人）や荒木貞夫陸軍大将などが持つ社会的影響力を利用して大々的な募金活動を実施したのである(31)。

　このように二世連合会は「アメリカ出生二世」のアイデンティティと利益を代表する団体として一定の役割を果たしたが、その一方で、連合会の努力は在日二世が戦時日本の軍国主義に統合されるプロセスを助長していたのも事実であった。連合会はその主要事業として「補導啓発」「心身錬成」「各種斡旋」「調査研究」「救済事業（前述）」をあげていたが、その根幹を成したのは初めの三項目であり、それぞれが日系アメリカ人への皇民化圧力としての相乗効果を生み出していた。第一に「補導啓発」と「心身錬成」は日本語講座や各種講演、そして武道や各種運動競技を通じて在日二世の文化・思想的同化を促進するものだった(32)。もちろん日本語習得は就職や経済活動に必要なものであったし、戦時国家主義の学習は政治的弾圧を避けるには必要であったという点では二世の利益に適うものであったが、同時に彼らが戦時社会体制に更に吸収されることにもつながっていた。

　第二に、「各種斡旋」事業には二世留学生の就職相談や手続補助も含まれていたが、通常、就職の前提条件として「日本国籍の回復を行わねばなら」なかったため、数百人の日系人が連合会の助けによって法的に日本人化する状況を作り出していた。現に二世連合会は、1942年度だけで約四百件の就職斡旋に加え、全国「一千五百名に対し国籍回復の意義と手続きの説明書を発送し、約三百名に対して直接面談」するなどのサービスを提供していた(33)。この事業は二世留学生（特に男子）を日本国籍者として徴兵や徴用の対象と成すことで、彼らが一般帝国臣民と同じように生きていくという結果をもたらしたのである。

第三の点としてあげられるのは、連合会が二世保護の論理として強調した、日系人としての「在り方（真価）」と北米出身者の「特殊性能（能力）」が、戦争中には国家の論理に簡単に飲み込まれる運命にあったという問題である[34]。元来1930年代には、太平洋の架け橋としての二世の「在り方」は専ら国際主義的観点から理解されていたが、架け橋が存在せず日米友好も望めない戦時下においては、日系人の「真価（有用性）」は日本の戦争遂行、特に対敵心理戦においていかに役立つかという観点から理解されるものであった。このような思考は日本帝国だけの問題ではなく、タカシ・フジタニが明らかにしたようにアメリカ側の戦時日系人政策にも見られるものだった。具体的にいえば、第442大隊二世兵の宣伝利用そして太平洋戦線での諜報や情報収集における二世語学兵の活用といった、アメリカ帝国主義の「功利主義（instrumentalist）」的態度にそれは如実に表れていた[35]。この意味で太平洋戦争中の日系アメリカ人は「二世」として、また「二世」であるがために、日米両国において専ら戦争宣伝の文脈でその「真価」が認識されていた。そして戦争宣伝のシンボルや担い手としての役割を国家に強いられながらも、自主的にその役割を果たすことで、それぞれの国で自らの日系人としてのアイデンティティを主張する（できる）状況下に生きていたのである。ここには強制と自発という矛盾する（ように見える）歴史体験が、実は共存し共助する関係にあったことが示されていた。

　このような状況下で戦時日本において認識された日系二世の特別な属性（「特殊性能」）とは、何よりもその卓越した英語力と敵国アメリカの文化背景を理解することができる能力、つまりアメリカ育ちとしての特別な「文化資本（cultural capital）」であった。しかしこの「特殊性能」は対敵心理戦や情報戦という狭い範疇でしか許容されなかったのもまた事実であった。つまり日系人としての活動とは戦争プロパガンダや情報収集を意味しており、そのほかの場合は、普通の帝国臣民として生きること以外の選択肢はなかったのである。はからずも二世連合会理事長の松本瀧藏は、『大東亜戦争とアメリカ生れの第二世の動向』という著作のなかで、在日二世の存在価値を宣伝と情報収集任務に限定する論理を以って主張していた。そこで彼は、政府官憲が日系人に押し付ける「人を一定の型に入れようと云う欲求」を批判し在日二世の独自性を主張したが、一

在日二世連合会機関誌に掲載された戦中二世の主な仕事のイラスト画

出典：在日二世連合会『黎明』1：1-2、1943年1月。

方で「第二世も疑ひなく日本人である」と論じた。さらに松本は、平等な「皇国の民」である在日二世を「棄民化（す）る様な轍を踏まざる様…期待する」と述べ、その理由として、現に在日二世たちが自分たちの語学力を活用して「軍属或いは通訳として第一線に立ち、或は更に記述の自由を許さない某重要任務に就き、又銃後にあっては宣伝報道員等として目覚しい活躍をしている」と主張していた[36]。

　この論理からも明らかなように、「アメリカ生れの第二世」が単なる「皇国の民」としてだけではなく日系人としても活動できるのは、戦時中においては軍の「通訳」や「宣伝報道員」といった日本のプロパガンダの担い手としての役割のみであった。したがってアメリカ出生者を日本社会の独自のサブグループとして規定する二世連合会も、前述のように二千を超える在日日系人メンバーの権益を守る活動に従事する一方、軍部や政府当局による戦争宣伝に積極

的に参画することを余儀なくされていた。言い換えるならば、後者の役割なく
しては前者の活動も不可能であったというのが戦時中の二世の「在り方」であっ
た。したがって「東京ローズ」として働いた日系二世女性がアイバ戸栗以外に
も何人（その一人は連合会理事）も存在し、宣伝放送の英語アナウンサーや放送
作家として多くの北米出身者がラジオ・トウキョウ（NHK）で働いていたのも
当然のことであった[37]。そして同じ理由で、二世連合会の指導部には「NHK
と掛け持ちの役員や幹部職員が多」く存在し、重要な対外宣伝機関であった同
盟通信社や『ジャパン・タイムズ』紙の編集長や英文記者の多くも連合会の理
事を務めていたのだった[38]。

3　心理戦の宣伝要員としての在日二世たち

　二世の「在り方」と「宣伝・情報活動」を結び付ける戦時思考は、アメリカ
出生者を「スパイ」扱いする戦前からの社会的動向とも深い関係があった。二
世が外国のスパイとなる可能性を恐れる考え方は、逆にアメリカ出生者を日本
の「スパイ（プロパガンダ要員）」に仕立て上げようとする企てを生み出したか
らである。そのため日系アメリカ人を猜疑心に満ちた目で眺めながらも、日本
政府内では同時に在日二世を国内教育で日本化した後、彼らをプロパガンダや
諜報活動に活用しようとする動きが見られた。例えば1940年4月、外務省亜米
利加局と東亜局は共同で、「米国生れ第二世」のなかから「日本語に不自由な
く実力推奨に足る者」を「試験的に二、三名推薦し」訓練の後、当時、成立し
たばかりの汪兆銘（南京国民）政府で「利用」する計画を進めていた[39]。また
外務省調査部では真珠湾攻撃の数週間前に、「米国西部に生れた大学卒業者に
して西班牙語に堪能な優秀なる第二世」を「ラヂオ、講演、ジャーナリズム等」
の活動を通じて「墨西哥」及び「米国西部に於ける反米工作に携らしむる」こ
とを検討していた[40]。
　また外務省の計画と並行して同盟通信社は、アメリカで活動する二世ジャー
ナリストを積極的に雇い入れていた。1940年の段階で村山有を始め計七名の二
世が同盟通信社東京本社で働いており、そのほか上海支局の英語部主任職も二

世が占めていた。一方、同盟通信社が設立した英文宣伝紙『シンガポール・ヘラルド（*Singapore Herald*）』の編集は、ビル・ホソカワ（細川篤：帰米後 JACL リーダーとなる）と藤井龍樹（"John" Tatsuki Fujii）が担った[41]。ユウジ・イチオカ教授の研究で有名な宇野一麿（Kazumaro "Buddy" Uno）も、同時期に上海で日本陸軍主管の英文宣伝雑誌の編集に携わっていた[42]。戦時中には同盟通信社の英語宣伝に従事する日系二世の数は二十八名へと増加し、ラジオ・トウキョウでも十五名の北米出生者が対敵宣伝の中心的役割を担っていた[43]。

　しかし1940年アメリカ国籍法施行の頃には、アメリカ国内在住の二世ジャーナリストを日本の宣伝活動にスカウトするのは困難となり、逆にホソカワのように日米戦争を予想して帰米するものも現れていた。そのため外務省情報部（調査部の前身）は自前で日系アメリカ人宣伝要員を調達するため、1939年12月に「敵之館」という「米国第二世養成機関」を秘密裏に設立した。これは国費奨学生留学制度の隠れ蓑のもと、日系人の文化的特性を活かし国策プロパガンダに利用するため、合衆国及びカナダで二世男女を募集し、東京の寄宿学校で特別な教育を施すというプログラムであった。敵之館開校式で外務省が公に説明した「此の二世養成所の目的」は、日系国費留学生たちが「此方（日本）の事情を充分に研究せられ…公平に我が日本の使命を理解し、之を諸君の有する英語力という武器により、正確に英米に紹介せられ、日米および日英の親善の為め、努力」することを援助するというものだった[44]。しかし現実には、架け橋思想に由来する「親善」や「友好」などの言葉の裏で、同校の卒業生には同盟通信社の海外特派員、外務省職員、または南満洲鉄道勤務などの道筋が予定されており、実質的に日本帝国の対外情報活動に従事することが決まっていた[45]。

　外務省は北米から敵之館入学希望者を勧誘するため、その真の目的を明かすことなく現地日系人社会の日本語学校を通じて、国費留学プログラムの募集告知を行った。奨学金全額支給で招聘する日系二世の申請資格について外務省は、男女を問わず20歳から30歳までの日本語学校を修了したバイリンガルで、最低でも現地で高校を卒業したものと規定していた。また申請者は最寄りの日本領事館による人物・身元調査と、英語と日本語による口頭及び筆記試験に合格する必要があった。このような選考を通過した二世は、奨学金に加え日本への旅

費300ドル、さらに到着時に37ドルを支給されることになっていた[46]。1939年12月入校の第一回生には合計十六名の北米二世がいたが、そのうち四名はサンフランシスコ、四名（女子二名を含む）はロサンジェルス、三名はホノルル、各二名がポートランドとバンクーバー（カナダ）、そして一名はシアトル出身であった。彼らの年齢は21歳から27歳までで、その過半数はカリフォルニア大学やハワイ大学、ノースウェスタン大学法律学院を含むアメリカの高等教育機関に在籍もしくはそれを卒業したものだった。敵之館留学生は来日後、二年間の課程で日本語、憲法学、国際法、政治学、経済学、漢文、歴史、地理、ジャーナリズム、倫理学、書道、それに武道などを学んだ。そして課程修了後には最低三年間、割り当てられた任務に就くことが義務付けられていた[47]。

　実際、第一回卒業生はその多くが外務省、同盟通信社、ジャパン・タイムズ社に勤務したが、ほかにも南京政府や満洲国宣伝部、南満洲鉄道などで海外勤務に就いたものもいた。彼らは日米開戦後、日本の官制メディアを通じた対外宣伝に欠かせない重要な存在であった。1941年以降、敵之館は生徒募集を日本国内でも行い二回生（1941年）は二十二名、三回生（1943年）は八名、四回生（1944年）は一七名、五回生（1945年）は五名の北米二世がそれぞれ入校し、1943年末の段階で総計十九人が敵之館在校生として記録されていた[48]。また戦時中は敵之館の卒業生と在校生のうち二十人から三十人が、外務省内に設置されたラジオ室で米英の短波放送の傍受とその宣伝内容分析の任務に就いた。当時の日本は口語英語に通じた人材の不足に苦しんでいたが、海外短波放送からの情報収集を可能にした敵之館の二世の働きは、政府当局や軍部からも高く評価されていた[49]。

　このような例も含め、日本国内外で英語を使った対米謀略宣伝や情報収集に従事した日系人の逸話は、既存のノンフィクション出版物や関係者の回顧録などで比較的よく知られている。そこでは在日二世の役割はラジオ・トウキョウのアナウンサーや通訳といった、アメリカ出生者の英語力の活用という文脈で語られるのが一般的である。しかし彼らのプロパガンダ要員としての活動は、語学を通じた対外放送や新聞報道のほかにも多岐にわたるものであった。つまり戦時中の日本において日系人の「特殊性能」は、単に語学力だけではなく彼

らのアメリカ人としての「在米体験」自体も、その有用な要素として認識されていたのである。この点に鑑みると対外メディア関係での在日二世の役割（アナウンサーや通訳）に焦点を置いた既存の歴史は、彼らの戦中史の限られた一面のみを見る偏ったナラティブであるといえよう。

　次項では海外向け（英語）メディア宣伝のみならず、日本国内（日本語）での人種プロパガンダにも目を向け、在日二世が日本の宣伝情報を伝えるだけでなく、心理戦遂行に役立つ知識の生産にも従事していたという歴史的側面を検証したい。もちろんここで問題となる「知識」とは日系二世のみが持つ特殊なグループ体験、つまりアメリカで社会的差別の対象として抑圧され市民権を持つにもかかわらず排斥されてきたという「人種体験」であった。そしてその日系人が生み出す「知識」と「言説」は、平等を国是とするアメリカ民主主義とそこに内在する白人至上主義との矛盾や、その根本的な欺瞞性を暴露するのに最適な宣伝素材と見なされていた。したがって心理戦の素材としての日系人の在米「人種体験」とは、欧米の白人至上主義とそれを土台とした植民地主義の暴虐性を、二世の語り手本人に起こった具体的な差別例として明示されるものであった。そしてそこで二世が生み出す人種言説は、その極めてパーソナルなナラティブによって、アジア太平洋地域から英米の人種主義を取り除くことを目指すという、日本の戦争宣伝を根幹から支えるイデオロギー効果を生み出していたのである。

4　人種戦争の知識生産者としての在日二世

　前述のように、二世連合会は日本の戦時プロパガンダに組織的に関わらざるを得ない立場にあった。したがってその指導層の多くが日本の戦時宣伝で英語力を発揮するだけでなく、アメリカにおける自らの非白人としての実体験をもとに人種宣伝戦における知識生産者の役割を担っていた。例えば常任理事の村田五郎（Goro Murata）はロサンジェルス出身のベテラン・ジャーナリストであったが、1933年に来日後、『ジャパン・タイムズ』紙編集長の地位にまで上り詰め、戦時日本の英語プロパガンダで創出される宣伝言説を司っていた。村

山有やその他の連合会幹部も、ラジオ・トウキョウの放送台本制作に従事するなどして、プロパガンダ知識の生産に関わっていた[50]。また連合会理事長であり明治大学教授の松本瀧藏も本職の傍ら、その卓越した語学力により日英両語で反米情報を生産・発信した。当時は高度な日本語文章力を備えた日系二世が少なかったこともあり、松本は開戦初期には特に目立った役割を果たし、国内と海外向け両方の宣伝活動でその名を知らしめた。彼は国内宣伝においては自らを二世の学者と称し公開講演や執筆を行い、対外活動においても英文単著出版のほか頻繁にラジオ・トウキョウの英語放送に出演し、二世の視点から時事評論を呈していた。1942年7月3日に東京で開催された松本の講演「二世より観たる敵米国の実情」（翌年小冊子として同名タイトルで出版）と、1943年に発表された英文書『The American Ventures in East Asia』は、日本の人種心理戦で日系人が担った知識生産の一端を垣間見せるものであった[51]。

　松本の英文単著はアメリカの対日敵視政策と人種差別行動、そして東洋における不当な膨張主義の歴史を論じた。この本はアジア太平洋地域におけるアメリカ外交を、1899年の中国門戸開放政策から始まり1922年の九カ国条約、そして1928年の不戦条約に至る多国間関係の歴史的文脈のなかで語り、各章ごとにアメリカによる東アジア干渉政策の「誤り（fallacies）」と「偽善（hypocrisy）」を批判的に振り返った。松本はまた、大局的な国際政治論議にアメリカのアジア人移民排斥主義への非難を織り込み、さらに日本の満洲占領と対国民党戦争の目的をアメリカ膨張主義への対抗として提示し、その政治的かつ倫理的正当性を主張していた。このように『The American Ventures in East Asia』は、アメリカ帝国主義とその人種主義の展開を平素な表現を使いながらも学術的に説明し、それを日本の「アジア解放」を目指した長年の歩みと対比させることで、正義を貫くアングロサクソン勢力との闘争という論旨で日米戦争の意義を海外読者に印象付ける言説形態を採っていた[52]。

　帝国臣民を対象にアングロサクソン系白人への敵愾心を煽ることを目的とした松本の国内講演は、時をほぼ排日移民法実施の18周年記念日（いわゆる国辱日）に合わせて東京の日比谷で大々的に開催された。表面上は学術書として出版された英文宣伝とは違い、松本の日本語講演の内容は始めから終わりまで彼

自身の個人的人種体験に基づくものであった。実際は日本生まれにもかかわらず「フレスノに呱々の声をあげたのは私でありました」と自らを「日本人二世」として聴衆に紹介した松本は、幼少時にカリフォルニアで受けた「非常に嫌な思いを何回か経験した」逸話から講演を始めていた。そしてアメリカの標榜する平等主義と、日系人は「社会に於ては平等に取り扱われない矛盾」を切々と語り、同時に一世の母の教えである「強く活きるのだぞ」というモットーを、アメリカ在住の「同胞」全てが持つ態度として説明した[53]。また松本は「強くなればアメリカ人は清く帽子を脱ぐ国民である」というもう一つの母の教えを、合衆国の国民性として指摘していた。彼はこのような教えに従い、自らが青年期はスポーツに没頭し個人レベルで白人と対等に競争した逸話を披露し、その結果「同一条件の下に於ては（日本人は）絶対にアメリカ人に負けないという」自己の体験に根ざした「確信」を力強く聴衆に語った。またこのことから「抽象論を嫌が（り）…具体的、実証的に物事を進めて行かないと気の済まない国民である」アメリカ人は、敗北を知ればそれを「猜疑心なく」素直に受け入れるであろうとも述べていた。つまり日本が正義を以って軍事力でアメリカに打ち勝てば、その時はフレスノやボストンで自分に対して白人が見せたように、彼らは日本に対し「清く帽子を脱ぐ」態度を示すであろうと松本は予言したのである[54]。このように松本の公開講演と後日出版された講演録には、自らの「二世」としての個人的体験談とアメリカ国民性の分析によって、聴衆・読者の戦意と人種的反米感情を煽り立てるというイデオロギー効果がふんだんに盛り込まれていた。

　しかしここで指摘しなければならないのは、松本の個人体験に基づいた講演には彼が、否、多くの在日二世が持っていた微妙な心情（アンビバレンス）も投影されていたという点である。人種差別の被害者としての語りは、日系人の怒りと葛藤をストレートに表現することでアメリカ民主主義の矛盾を解き明かしていたが、一方でアメリカ人のスポーツマン精神、つまり敗北を知った時の潔い態度（「清く帽子を脱ぐ」）や「猜疑心のなさ」を強調する松本の論旨は、アメリカ人やその文化・国民性を無条件に貶す通常のプロパガンダとは一線を画していた[55]。つまり松本が繰り出した反米宣伝の裏には、肯定的なアメリカ的要

素も同時に語ろうとする彼の懸命な努力の一端を見取ることができるのである。松本の対敵言説から浸み出す「アンビバレンス」は、排斥される人種マイノリティとしての日系人が持つアメリカへの複雑な心理が、彼らの否定し得ない自己アイデンティティと複雑に絡み合うことで形成されていた。そしてその愛憎混じり合った心情が日本への「祖国愛」明示を強いる社会的圧力のもとで表われたのが、ここで指摘した松本の反米宣伝に内在する二面性なのである。このアンビバレンスは、一元的な国家アイデンティティの表現のみが許容される戦時の言説空間でアメリカ出生者が占めた複雑な立ち位置（positionality）の産物であり、また日米両国の長所を見ようとするかつての二世架け橋論の残像でもあったといえよう。

　同盟通信社の海外宣伝に従事した二世ジャーナリスト、宇野一麿と藤井龍樹も人種戦の知識生産者としての活動を行った。開戦直後にフィリピンとシンガポールで日本軍の勝利を目撃した宇野と藤井は、それぞれ『*Corregidor: Isle of Delusion*；コレヒドール最後の日』と『*Singapore Assignment*；昭南創世記』という題名のルポルタージュを日英両語で出版した。両者とも米英軍の敗北をアジア太平洋地域における白人至上主義の瓦解の象徴として描き、それを可能にした大アジア主義を標榜する日本帝国の「力」と「正義」を賞賛するという点で、彼らの「ルポルタージュ」は日本の人種宣伝そのものであった。また松本の場合と異なり、宇野と藤井のナラティブには微妙な心理的葛藤の痕跡や二面性は内包されておらず、アングロサクソン人種主義への憎しみと日本への愛国心のみを吐露する典型的なプロパガンダ出版物の体裁を採っていた[56]。しかし本文中に表れた明白な人種宣伝の論旨と二世著者の実際の行動のギャップを分析してみると、表面上に表れた彼らの言説では捉えきれない、日系人としてのアンビバレンスが垣間見えてくるのである。

　宇野一麿の忠誠心の複雑性についてはユウジ・イチオカ教授の研究ですでに検証されているが、藤井龍樹もまた例外ではなかった。彼が『昭南創世記』執筆の過程で生産した宣伝知識と、史料から見える藤井の実際の行動には大きな矛盾が存在していた[57]。藤井龍樹は松本瀧藏と同じく日本生まれアメリカ育ちであったため厳密には二世ではなかったが、戦時中は自他共に認める日系人と

して活動していた。彼は『昭南創世記』の自序のなかで「東亜に於ける英国帝国主義の牙城だったシンガポールに於ける、私の赤裸々な経験を正直に記録したものである」と書いたが、その語りは現地アングロサクソンによる東洋人差別の経緯を、自らのカリフォルニアでの人種体験に照らし合わせるものであった。つまり文中で描かれた藤井のアメリカ人種排斥との格闘の足跡は、いかに彼が「日本人であることを忘れない」で白人差別と格闘し続けたかの個人的記録であり、それが英国シンガポール植民地陥落の過程に絡めて語られることで、「二世」著者の体験が米英帝国主義を打破する軍国日本の姿そのものに映るという言説的効果を生んでいた。そしていみじくも同盟通信社の日本人上司がその「あとがき」で記したように、藤井の描写する開戦以降の日本の目覚ましい躍進ぶりは、彼自身が「二世気質を脱却して、醇乎たる日本人になり切った…成長」をそのまま投影するものであった[58]。

　このように藤井が『昭南創世記』の作中で表現する「日本人」としての祖国愛は、自らの人種体験に基づいた反米的態度と重ね合わされていた。しかし現実には、それは彼が内面に保持し続けた日系人としての複雑な感情を単純に否定するものではなかった。実際のところ表向きの宣伝文書に表れる言説と、そこに表現されないアメリカへの愛憎入り混じった感情と行動のギャップは激しいものであった。藤井が日本人とアメリカ人のアイデンティティの狭間を彷徨する様は、シンガポール在住時、日本語が不自由な彼が仕事後はもっぱらアメリカ人経営のバーに通って英米人と飲酒や社交を楽しんでいたこと、そして真珠湾攻撃前日にも同じバーで「その時は自分がアメリカ人のように感じた」ので、偶然出会った米軍パイロットたちと飲酒と会話を楽しんだという逸話からも窺い知ることができる。また開戦直後の抑留中、英軍将校に対して「日本の旅券を持ってはいるがそれは名目上のもので、精神的には日本人ではない」と語ったことにも彼のアメリカへの執着の一端が見てとれよう。そしてこのような藤井のどっちつかずの態度は周囲の日本人にも知られており、『昭南創世記』で「日本人であることを忘れない」と記した頃の彼は、現実生活では他の在日二世と同じように周囲の厳しい目に晒されていた。日本軍のシンガポール占領の後日本へ戻った藤井は、愛国者として歓迎されるどころか「非国民」と疑わ

れ官憲に拘束されたうえ、二週間にわたる厳しい尋問を受けることとなる。さらに同盟通信社記者として再びシンガポールへ戻った後も、すぐに現地の日本軍憲兵隊に逮捕され「再教育」のため東京に送還されるという憂き目に遭うのである[59]。藤井の『昭南創世記』が東京での「再教育」中に執筆されたのは、戦時中の日本で日系人として存在することのパラドックスの象徴的な逸話といえよう。

　以上の例からもわかるように、戦時中の在日二世はその多くが越境者としての葛藤を内に秘めたまま、日本の心理戦における反米人種宣伝の知識生産者として日々活動していた。そのなかには松本や藤井のように名の知れたリーダーやジャーナリストだけでなく、ごく一般の二世男女も含まれていた。戦時日本における日系人の有用性が個人的な人種体験に由来する以上、全ての在日二世は宣伝知識生産者としての資質と可能性を持っていたからである。戦中の国内出版界は物資欠乏のため厳しい統制下におかれたが、それでも一般の在日二世の実体験を人種宣伝戦に組み込んだ書籍が少なくとも二冊販売されている。そのうちの一冊はハワイ出身二世で外務省に勤務する鬼頭イツコが執筆した『布哇史ものがたり』で、もう一冊は同じくハワイ二世、三池登による『私の生れたハワイ』であった。このようなそれまで無名の一般二世を著者とする出版物を許可した当局の意図が、日系人の特別な属性を日本の人種宣伝に最大限利用するという点にあったことに疑問の余地はないであろう。

　外務省の後援のもと発行された鬼頭の著作『布哇史ものがたり』は、古代から現代までのハワイ史と文化・風俗を簡潔にまとめた、表面上は一般向けの準学術書の体裁をとっていた。その出版目的は序文で外務大臣が記したように、アジア太平洋地域で有色人種による共栄圏を作り上げようとする「我国にとり…種々なる意味に於て密接なる関係を有する」ハワイの重要性を、社会一般に知らしめるというものであった。ここで特筆すべきは、外務大臣が現地出身の二世が持つハワイでの実体験について触れながら、それが鬼頭の著作をなによりも「権威あらしめ」、その「評価を一層高からしむるもの」と明言しているところであろう[60]。日系人の個人的体験に基づく主観的な知識を、学術専門家による客観的（科学的）研究成果の上におくような外務大臣のロジックは、宣

伝知識生産者としての二世の有用性を一般社会に示し、それを公式に正当化する意味合いを持っていたといえよう。

　実際、鬼頭のナラティブは古代から近世までのハワイ史に関しては学術的な語りであったが、現代ハワイの部に入ると極めて個人的主観に満ちた言説へと変質していた。本文中の近代以降のナラティブは基本的に、アメリカ人によるハワイ王朝の転覆から連綿と続くアジア人搾取と差別の歴史を、白人の抑圧に抵抗する一世と二世らの奮闘に対比させるものであった。二世による宣伝書としての『布哇史ものがたり』の真価は、「おぼえがき」と題される結論部で、突然一人称を使うようになる鬼頭の語り口にあろう。彼女は「布哇こそは、われわれの祖先が血と汗をもって開拓した土地であり、私の父も母も、その半生を布哇の開拓に捧げ、私はその布哇で生を享けた」と記し、日系を始めアジア系住民が大多数を占める現在のハワイを、「アメリカ人（白人）の布哇」ではなく「アジア人の布哇」であるべきだと唱えていた。そして日米開戦後「比島が、タイが、ビルマが、御陵威の下、大東亜共栄圏の確立をめざして雄々しく新生の巨歩を踏み出している」ことを踏まえ、「われわれはこのアジア人の布哇を再びアジア人の手に取戻さなければならない」と強調したのである[61]。このように極めて個人的な語りでハワイを大東亜共栄圏の一部と定義する『布哇史ものがたり』の結論部は、アジア太平洋地域で展開中の人種闘争史の結末としての日本の勝利と現地日系人社会の覇権を予言するもので、その目的論的言説（teleology）によりこの上ないイデオロギー的効果を生み出していた。

　一方、ジャパン・タイムズ社編集部で働く三池登が日本人ジャーナリストの手を借りて執筆した『私の生れたハワイ』は、現代ハワイの社会や文化、風俗、そして人種関係を「二世の手記」というかたちで簡明に叙述するものであった。三池はハワイを「楽園」と評しながら生まれ育った土地に対する郷愁や愛情を隠すことなく表し、自らの二世としての感情をストレートに吐露していた[62]。また出版社が「若き二世の血涙記」という文言を広告に使ったことからもわかるように、この本のナラティブは、現地の政治システムと砂糖産業を牛耳り、軍事支配を行うアメリカ白人の暴虐性を平素な言葉で説明し、特に日系人への人種的弾圧の歴史を生々しく描写していた。そして著者は、開戦後のアメリカ

軍当局が「監禁（強制収容）」のみならず「怪しい日本人は残らず逮捕して銃殺する決心を立ててい」ると伝え、これまでのハワイにおける白人至上主義と暴虐の歴史的帰結をセンセーショナルな表現で日本の読者に語っていた。しかし一方で三池はハワイに帰る日を「指折り数えている」とも記し、日本の軍事的躍進の前にアメリカ人種主義者の「暴力の支配」が屈する時が遠からず訪れることを予言することも忘れてはいなかった[63]。

　以上のように、戦時中に在日二世が世に出したプロパガンダ知識には日本の軍事侵略を「正義」と表現する典型的な戦時イデオロギーが展開されていたが、さらにそこに生きた日系史に由来する人種闘争の逸話を織り込む語り口は、一般大衆の感情に直接的に訴えかけ彼らの民族的敵愾心を高揚させたことは想像に難くない。このような心理戦に最適なナラティブは、アメリカ白人の支配する社会で暮らしたという一種の独占的「文化資本」を持っていた日系人のみが生み出せたもので、そのために一般の在日二世であっても、プロの扇動家や学者でも成し得ないような重要な「愛国的貢献」を日本の戦争宣伝の場で果たすことができたのである。しかしそうした日系人の「在り方」が、日本の敗戦とともに消え去る運命にあったことはいうまでもない。そしてその後に残ったのは、在日二世たちが生存のためアメリカ市民権を放棄し、日本の戦争遂行に協力したという現実だけであった。米軍による日本占領が始まると彼らの多くはアメリカ籍の回復を希望したが、逆に1940年国籍法の規定により敵国（日本）の国籍を取得し反米活動に協力したとの理由で市民権喪失が追認されるか、ダメ押し的に剥奪されるという代償を払うのである[64]。このように最終的に自らの出生国から二重三重に拒絶されることで、皮肉なことに在日二世の「日本人化」の動きがようやく完結したのだった。

　　あとがき

　冷戦期のアメリカによる軍事支配のもとで半植民地的な「親米」国家へと変わった日本は、皮肉なことに「日本人」として生きることとなった在日日系人に様々な利益と機会を与える社会状況を生み出していた。戦中二世の「特殊性

能」に代わり戦後二世の新たな「社会資本（social capital）」となったのは、敗戦前にプロパガンダ活動を通じて作り上げたコネクションと英語力であり、そのような社会資本を通じて在日日系人の多くは戦後日本社会で躍進を遂げた。特に宣伝知識生産者として彼らが国内メディアで培った影響力は、アメリカ軍の監視下におかれた占領期の国内新聞社や通信社で在京二世がのし上がる要因となっていた。例えば戦後のジャパン・タイムズ社の上層部には多数の日系人がおり、東ケ崎潔は社長を、村山有が社会部長と渉外部長を歴任した。朝日新聞の英字紙「アサヒ・イブニング・ニュース（Asahi Evening News）」主幹の地位もハワイ出身の芝均平（Kimpei Shiba）が占めていた。このほか同盟通信社解体後に設立された共同通信社でも日英語に通じる北米出生者が頭角を現しており、在京の主要新聞社においても彼らの存在はめずらしくなかった[65]。また戦時中、外務省ラジオ室で敵国放送傍受と内容分析の任務に当たった敵之館卒業生たちは機材や人材をそのまま引き継ぎ、1946年から彼らの自主経営のもとでラヂオプレス社として活動した。ラヂオプレスは諜報機関を持たない戦後日本で、海外（特に共産圏の）短波放送を傍受し、その情報を国内報道機関に販売しており、戦中の宣伝知識生産者としての在日二世の役割を民間企業というかたちで継承していた[66]。そのほか占領軍の管理下におかれた政治の世界でも、アメリカ経験を持つ者には様々なチャンスが訪れた。松本瀧藏は1946年に実施された戦後初の総選挙で衆議院議員に選出され、のちに外務政務次官を務めるまでになった。彼はその卓越した英語力とハーバード大学閥のコネをもとに、GHQとの交渉における日本側の主要人物と目される存在でもあった。そして松本は公職追放者のパージ解除にも尽力し、戦後日本のスポーツ界復興においても大きな役割を果たした[67]。このように名実ともに「日本人」として生きることとなった「日系人」たちは、アメリカ出生者であることに由来する属性や社会資本を継続的に活用しながら日本社会の中枢で生活していったのである[68]。

注
（1）ドウス昌代『東京ローズ』サイマル出版会、1977；上坂冬子『特赦　東京ロー

ズの虚像と実像』文藝春秋、1978；下嶋哲朗『アメリカ国家反逆罪』講談社、1993；立花譲『帝国海軍士官になった日系二世』築地書館、1994；門田隆将『蒼海に消ゆ』集英社、2011、などがノンフィクションの例である。回顧録（日本語訳）としては、メリー・キモト・トミタ『ミエへの手紙』朝日新聞社、1999；佐野巌『シベリア抑留1000日』彩流社、1999。英語による学術研究は以下の二点を参照。Michael Jin, "Beyond Two Homelands: Migration and Transnationalism of Japanese Americans in the Pacific, 1930-1955", Ph. D dissertation, University of California at Santa Cruz, 2013, 211-241; and Anne Carly Buxton, "Garden of Roses: Nisei Women as Collaborators in Transwar Japan", Ph. D dissertation, University of Chicago, 2016, ch. 2.

（２）例えば1980年代半ばにアメリカ日系人社会から厳しい批判を受けた『二つの祖国』に見られるような、「二世」の心情や行動を日本人の尺度から推測的に語るナラティブが一般的である。山崎豊子『二つの祖国』新潮社、1983、およびNHK 大河ドラマ『山河燃ゆ』(1984)をめぐる問題については以下を参照。http://encyclopedia. densho.org/Two_Homelands_(book)/ （2019年7月3日に確認）。

（３）ここでいう戦時中の在日二世のエスニシティの喪失と差異の保持という共時的歴史プロセスは、在日朝鮮人や台湾人が皇民化への圧力のもとで主流社会に受け入れられるため、または生存のため一般の日本人よりその「日本人性」を顕わにする動き（overcompensation）に似ていた。

（４）戦前と戦中の日系人史の継続性については、ユウジ・イチオカ（ゴードン・チャン、東栄一郎共編、関元訳）『抑留まで』彩流社、2013、17-20、29、を参照。

（５）村山有『終戦のころ』時事通信社、1968、23。

（６）「移民百年三分の一の舞台裏（十七）」『米布時報』210（1969年9月）、10；「移民百年三分の一の舞台裏（十八）」『米布時報』212（1969年11月）、9。

（７）「在留敵国人の実情調査に関する件等」（日付なし）；特別高等課「滞邦許可台帳」（昭和14年以降）、ともに国立公文書館所蔵。

（８）『新世界朝日新聞』1937年9月12日、1941年2月12日、1941年5月27日。

（９）Goro Murata, "About Nisei in Japan," *Pacific Citizen*, July 1941, 7.

(10) Eiichiro Azuma, *Between Two Empires*, New York: Oxford University Press, 2005, 158.

(11) 沢田美喜『黒い肌と白い心』日本経済新聞社、1963、133-134；渡辺考『プロパガンダ・ラジオ』筑摩書房、2014、51-52。

(12) ドウス『東京ローズ』、55-56。

(13) 沢田『黒い肌と白い心』、135-136。

(14) ドウス『東京ローズ』、56。

(15) 「ヒロシマ打電第1号（2）2つの国」『中国新聞』2000年10月7日；「ヒロシマ打電第1号（3）日米開戦」『中国新聞』2000年10月8日；鳥居英晴『国策通信社

「同盟」の興亡』花伝社、2014、487、607-608。

(16) 北米移民にまつわる「棄民」イメージの問題と二世の社会的偏見については以下を参照。Azuma, *Between Two Empires*, 99, 151-153。

(17) 在日二世連合会については以下を参照。『黎明』1‐1‐2、1943年1月、16-30；小沢武雄、山下草園「移民百年三分の一の舞台裏」『日本とアメリカ』21‐9、1967年9月、12、15-17；「移民百年三分の一の舞台裏（十三）」『米布時報』204、1969年3月、9；「移民百年三分の一の舞台裏（十七）」、10；沢田『黒い肌と白い心』、134；村山有『ラヂオプレス（RP）の誕生とその歩んだ道』（未出版原稿）日付なし、15-16、Tamotsu Murayama file, *Pacific Citizen*, Los Angeles.（ユウジ・イチオカ教授提供）；"Announcement of formation of Nisei Association of Nippon," *Current Life* 2‐2, November 30, 1941；Richard T. Kenmotsu, "The Forgotten Nisei," *Pacific Citizen*, December 19-26, 1975, A‐8。最初の資料『黎明』は、在日二世連合会の会報として日英両語の合冊で発行されたものである。著者の知る限り創刊号のみが存在する。

(18) 在日二世の「在り方」「真価」という表現は以下の資料より引用。「移民百年三分の一の舞台裏（十七）」、10；松本瀧藏「在日二世諸君へ」『黎明』、6。

(19) 二世の日本留学と架け橋論の関連については、東栄一郎「二世の日本留学の光と影」、吉田亮編『アメリカ日本人移民の越境教育史』日本図書センター、2005、223-229、を参照。

(20) 東栄一郎「東京における在日北米二世の指導層と社会組織形成」、吉田亮編『越境する「二世」』現代史料出版、2016、22-23、32-45。

(21) この単純化された論理の例は、佐野眞一『巨怪伝』文藝春秋、1994、222、を参照。

(22) 二世連合会の設立を助けた沢田美喜や外務省官僚など日本側賛同者も、その同情的な態度にもかかわらず、基本的に日系二世を日本人と同一視する考えを持っていた。つまりこの種の寛容な日本人と国粋主義的日本人との違いは、それほど本質的には大きなものではなかったという点を筆者は指摘したい。沢田たちは二世の異質性を許容しながらも、彼らが帝国臣民としても存在し得るとする「多元主義」的思考を持っていたといえよう。しかし二世の異質性を敵国的要素（非国民）と見ることはなくても、日本側関係者は連合会を通じて二世の日本人性を本源的なものとして社会に印象付けようと企図していた。

(23) 小沢、山下「移民百年三分の一の舞台裏」、12、15。のちに軍部や官憲からの圧力によって連合会の名称から「在日」の文字が削られた。

(24) 1942年12月の時点で在日二世連合会のメンバーは関東地方に830名、関西地方に111名、広島県に705名、そのほかに328名と報告されている。一部の二世は連合会を「時局便乗の組織」と見たり、「少数（既存の二世リーダー）の野望を満す為に創設されたもの」などと批判したりして参加を拒んでいた。松本「在日二世諸君へ」；

Takizo Matsumoto, "A Message to Nisei in Japan," and "From Membership Drive Committee," *Reimei* 1-1-2, January 1943, 2, 32-33.

(25) 安曇穂明「雑念の国」『日本とアメリカ』21-6、1967年6月、7-9。東ケ崎については、東「東京における在日北米二世の指導層と社会組織形成」、27-28、も参照。

(26) 佐野『巨怪伝』、219-222。

(27) 「移民百年三分の一の舞台裏（十三）」、9。在日二世連合会の会報『黎明』(1943)の誌面にはこのような二面性を見ることはできないが、当時の検閲と言説統制に鑑みるとそれも当然といえよう。したがって一次資料には表れないニュアンスを拾い上げるには、戦後のものも含めた多様な資料を発掘する必要があろう。

(28) 小沢、山下「移民百年三分の一の舞台裏」、16。

(29) 沢田の一面的な二世「祖国愛」の記述に関しては、沢田『黒い肌と白い心』、133-134を参照。

(30) 「移民百年三分の一の舞台裏（十七)」、10；小沢、山下「移民百年三分の一の舞台裏」、16。

(31) 小沢、山下「移民百年三分の一の舞台裏」、16-17。第二世救済委員会の活動では沢田美喜が主導的な役割を果たした。日米開戦直後、「意味もなくいじめられる二世」を目撃した沢田は強い義憤に駆られ、彼らのイメージ好転と義援金集めを目し「ハワイの晩鐘」という舞台劇を製作した。この演劇は憲兵や特高の嫌がらせを受けながらも外務大臣の助力もあり、当時の人気俳優、長谷川一夫主演の新演技座旗上げ興行として上演された。戦時中にもかかわらず敵国を舞台にした「ハワイの晩鐘」は、沢田がその脚本を自ら著し「アメリカへ渡った一世の苦心や、勉学のため日本に子供を送ったこれら一世たちの祖国に対する真情を日本人に知らせ」ることを目的としていた。もちろん沢田たち後援者の目には、そのように立派な日本人である北米移民が育てた二世留学生たちも、同様の「祖国愛」を保持する存在であった。「ハワイの晩鐘」に関しては、沢田『黒い肌と白い心』、133-134；村山有『アメリカ二世』時事通信社、1964、239-240；小沢、山下「移民百年三分の一の舞台裏」、16-17；「在日二世連合会事業概要報告書」『黎明』(1943)、20を参照。沢田の回想と村山が語る長谷川の回顧は矛盾するが、ここでは実際に連合会に関わった沢田の証言を引用した。

(32) 「在日二世連合会事業概要報告書」、16-20。

(33) 「在日二世連合会事業概要報告書」、19；小沢、山下「移民百年三分の一の舞台裏」、16。

(34) 戦時中の日本での在日二世の「真価」（在り方）と「特殊性能」（有用性）についての議論は以下を参照。「決議」『黎明』(1943)、1；松本「在日二世諸君へ」。

(35) Takashi Fujitani, *Race for Empire : Koreans as Japanese and Japanese as Americans during world War II*, Berkeley : University of California Press, 2011,

96-108, esp. 107.

(36) 松本瀧藏「大東亜戦争とアメリカ生れの第二世の動向」『財政』7-12、1942年
12月、58-60。このほか海軍軍令部でも「数十名」の二世を情報収集要員として採
用した。沢田『黒い肌と白い心』、136。

(37) ドゥース『東京ローズ』、62-67、94；村山『アメリカ二世』、238、249-250。また
彼らの上司であるラジオ・トウキョウ国際部長の地位は東ケ崎潔が占めており、村
山有も論説員として働いていた。

(38) 「移民百年三分の一の舞台裏（十七）」、10。

(39) 三浦総領事から有田外務大臣宛、1940年4月25日、「本邦移民関係雑件米国之部
第二巻」外交史料館。

(40) 森野正義（調査部第六課）「墨米感想報告」、1941年11月25日、外交史料館。

(41) 東「東京における在日北米二世の指導層と社会組織形成」、28；藤井龍樹『昭南
創世記』拓文堂、1943、8-9、20；鳥居『国策通信社「同盟」の興亡』、182、184-
186、607-608。

(42) 宇野に関しては、イチオカ『抑留まで』、153-170、を参照。

(43) "Fighting Enemy's Propaganda," *Reimei*, 1943, 14.

(44) 「敵之館の由来及び現況」『敵之館ニュース』1、1940年8月10日、1-2、敵之
館コレクション、横浜海外移住資料館；村山『ラヂオプレス（RP）の誕生とその
歩んだ道』、5-6；池田徳眞『プロパガンダ戦史』中央公論社、1981、19-28；Kay
Tateishi, "A Typical Nisei," *Amerasia Journal* 23, Winter 1997-1998, 203。引用
は『敵之館ニュース』、1ページより。

(45) 千葉外務部長（台湾総督府）から有田外務大臣宛、1940年3月25日、「本省職員
養成関係雑件第二巻」外交史料館。敵之館卒業生はアメリカ市民権を失い、戦後も
日本に留まったが、彼らは引き続き架け橋の概念を引用し、日本の「スパイ」また
は弁明者だったとのレッテルに異議を申し立てた。外務省情報部長河相達夫はあく
までも架け橋理念を敵之館の指針として教え込んでいたので、その影響が今なお、
元在学生の主張に根強く残っているといえよう。また、このことは架け橋概念の政
治的な有用性を端的に示していた。敵之館のメンバーの戦時及び戦後の経験につい
ては、廣田郁郎「戦う『二世学校』物語」『文藝春秋』34-4、1956年4月、262-271；
粂井輝子「親交の連鎖」、小島勝編『在外子弟教育の研究』玉川大学出版部、2003、
128-156を参照。ノンフィクション作家の下嶋哲朗は、川北友弥に関する単著と同
じく、外務省（国家）に騙され利用された日系二世という陰謀論的語りで敵之館の
「悲劇」を描いている。下嶋哲朗「外務省の犯罪」『現代』31-4、1997年4月、276
-296。

(46) "Plan to Recruit 20 here in Language Schools Exposed," 『同胞』、1939年8月
15日（英語欄）；Tateishi, "A Typical Nisei," 202-204；千葉から有田宛、1940年3
月25日；下嶋「外務省の犯罪」、280-281。外務省では当初は敵之館二世が徴兵対象

となることを避けるためアメリカ単一国籍者を求めていたが、これは実際には困難なことであった。

（47）Tateishi, "A Typical Nisei," 203；『敵之館ニュース』1、1940年8月、1、及び、『敵之館ニュース』5、1942年6月15日、19。

（48）『敵之館ニュース』5、1942年6月15日、19、及び、『敵之館ニュース』6、1942年12月26日、17；池田『プロパガンダ戦史』、27。

（49）池田『プロパガンダ戦史』、6-19、36-38、特に7、14、36；鳥居『国策通信社「同盟」の興亡』、454-459、650-655；渡辺『プロパガンダ・ラジオ』47-52；Jin, "Beyond Two Homelands," 214-225。

（50）"Fighting Enemy's Propaganda," 14.

（51）松本瀧藏「二世より観たる敵米国の実情」『日本講演』676、1943年6月30日；Takizo Matsumoto, *The American Ventures in East Asia*, Tokyo：Meiji University Press, 1943, 8. 明治大学商学部教授であった松本は「商業宣伝（PR）」の専門家でもあったので、対外プロパガンダに関する論文も発表している。松本瀧藏「国際宣伝の再検討」『宣伝』8725、1942年5月、11-14。

（52）Matsumoto, *The American Ventures in East Asia*. 引用は7ページより。

（53）松本「二世より観たる敵米国の実情」、5-9。松本の国内講演は1943年中も行われ、その5月7日分も小冊子として発行された。講演内容は本文で引用した1942年版とほぼ同じであるが戦況の悪化を反映してか、反米・反白人の表現はより激しいものとなっている。例えば「母の教え」として松本が講演会聴衆に伝えた言葉は、白人に対して「優越感を持て」や「毛唐に負けぬように」であった。松本瀧藏「二世の立場より観たる敵国アメリカ」『文明協会ニュース』200、1943年6月20日、2-3。別の雑誌論文中でも松本は同じ論旨を展開するが、母の言葉の代わりに父の「白人に負けるな、強くなれ」という教えを「二世としての体験」の根幹として語っていた。松本瀧藏「米国及米国人」『汎交通』44-8、1943年8月、19。

（54）松本「二世より観たる敵米国の実情」、5-9、17、27。松本「米国及米国人」、20、26-27も参照。

（55）別の講演でも松本はアメリカの長所や「正しい考えを持った米国人」や恩人についても語っていた。松本「二世の立場より観たる敵国アメリカ」、4、26。

（56）Kazumaro Uno, *Corregidor : Isle of Delusion*, Shanghai：Mercury Press, 1942；ウノ・カズマロ（柴田賢次郎、望月元雄共訳）『コレヒドール最後の日』成徳書院、1944；Tatsuki Fujii, *Singapore Assignment*, Tokyo: Nippon Times, 1943；藤井『昭南創世記』。藤井の著作の日本語版も第三者によって翻訳されたものと考えられる。

（57）二世の忠誠の意味に関する議論は、イチオカ『抑留まで』、153-156、168-170、を参照。

（58）藤井『昭南創世記』、3-23、257。

(59) John Lim, "Japanese Journalist caught in the Whirlpool of War," *Singapore Business Times*, 1085, in folder 2, box 84, Yuji Ichioka Papers, JARP Collection, UCLA ; Kenmotsu, "The Forgotten Nisei," A-5.

(60) 鬼頭イツコ『布哇史ものがたり』東都書籍、1943、序。

(61) 同上、おぼえがき、2-3。

(62) 三池登、高原四郎『私の生れたハワイ』成徳書院、1942、1-9。共著者として記されている高原四郎は日本人ジャーナリストで、三池の日本語での執筆補助や添削や校正に深く関わったと考えられる。在日二世連合会の会報は『私の生れたハワイ』が1943年初めの時点で「ベストセラーとなっている」と伝えている。"Personals," *Reimei*（1943）, 16.

(63) 三池、高原『私の生れたハワイ』、9、264、268-269。

(64) もちろん在日二世の中にはアメリカ市民権保持を認められ、戦後すぐに「帰米」したものも存在した。特に徴兵の対象にならなかった女性や家族の助けがあり仕事をしなかったものは、直接的に戦争に加担したり「反米」活動に従事したりすることがなかったため市民権を失う可能性が比較的少なかった。そのような在日二世の体験例としては、トミタ『ミエへの手紙』を参照。また一部の在日二世は戦時中の反米活動や日本国籍取得が「強制（duress）」下で発生したと主張し、アメリカ市民権回復を認められるケースもあった。

(65) 村山『アメリカ二世』、235-239；鳥居『国策通信社「同盟」の興亡』、182、465。

(66) 池田『プロパガンダ戦史』、37-38；村山『ラヂオプレス（RP）の誕生とその歩んだ道』、17-20を参照。

(67) 佐野『巨怪伝』、220、373-374、383-387。

(68) ここで最後に本章の核を占める日本人と日系人の思考のギャップの問題について、戦後との継続性という視点から論じたい。1945年8月以降の在日二世は社会活動の面ではほぼ完全に日本人となり、二世連合会のような団体を作ることもなければ、その権益やアイデンティティを守ることもしなかった。しかし彼らの内面がそれほど単純に主流社会に同化していたわけではないことは、わずかに残ったオーラルヒストリーなどから垣間見ることができる。例えば薮之館二回生として外務省ラジオ室に勤務した経験を持つフランク浴本は、戦後60年余り後、ノンフィクション作家の「戦争に荷担したと思うか」という問いに、以下のように返答していた。

　　　日系二世だから複雑なものがありますよ。…（でも）アメリカに対して自分を非国民だなんぞとは思ってないわね。日本に対してもそれはない。置かれたなかでベストを尽くし、自分に正直に生きればいいと思っただけだね。

このインタビューを行った日本人は、自らの戦争責任を語るのではなく「自分に正直に生きた」と返した浴本の「一言の意味すること」の真意がわからないと結んだ。日本の「戦争に荷担」したかという問いに対し、それがすなわちアメリカへの「非国民」的行為とは見なされないというレトリックで返した浴本の思考は、単一国家

アイデンティティを持つ通常の日本人には理解し難いかもしれない。しかしこの思考は彼が「日系二世だから」持っていた「複雑なもの」、つまりアメリカと日本を二項対立的に見ることを拒絶する戦前の架け橋論的アンビバレンスそのものであった。多くの在日二世もフランク浴本同様、表面上は日系人の痕跡を消し去って戦後社会を生きていたが、心の奥底にはその葛藤の痕跡を抱え続けていたのではないだろうか。渡辺『プロパガンダ・ラジオ』、306-307、を参照。

第2章　1940年代ハワイの神道系新宗教の越境性
——天理教と金光教を事例に——

　　はじめに

　19世紀末以降、数々の宗教が移民の流れを追うように日本からハワイ、そしてアメリカ大陸へと渡っていった。第二次世界大戦以前の日系宗教のハワイ・アメリカ大陸布教において、最大の集団であったのは伝統仏教であった。とはいえ、複数の新宗教教団もまた各地の日系移民社会の中で布教を展開した点は、近代日本の宗教史の一部として看過できないだけでなく、日系移民社会の文化の多様性を示すものとしても重要であろう。

　本稿では、ハワイにおける神道系新宗教教団（天理教、金光教）の活動について、「越境性」という視点から、とくに1940年代の動向の特徴を明らかにしたい。戦前日本のいわゆる「国家神道[1]」体制下で、教派神道に属していた（もしくは、属すことを強いられた）創唱宗教系の教団の、ハワイという異文化環境および日米間の戦争という時代状況における困難とその復興のありように注目する。

　さて、藤井健志は、移民が関わる宗教について「チャーチ」型と「セクト」型の2つに分類した。「チャーチ」型とは移民コミュニティの主流であり、コミュニティの成員たちは自動的に参加するような宗教であり、他方「セクト」型」とは非主流の宗教を意味する[2]。こうした藤井による類型を参照するならば、ハワイの日系移民社会における伝統仏教や神社神道（＝日本の伝統宗教）は「チャーチ」型と括ることが可能であり、他方、天理教・金光教を「セクト」型のマイノリティ集団と見なすことができる。日系移民という現地社会におけるマイノリティ集団（エスニック・マイノリティ）の内部の「マイノリティ宗教」であった、天理教や金光教が果たしていた役割とそれらが抱えていた困難とはいかなるものであったのだろうか。当然のことながら、それは日系移民社会（お

よび日本社会）の「チャーチ」型宗教であった伝統仏教などとは、かなり異なるものであったに違いない。

　本稿では、とくに次の問題関心を中心にして天理教と金光教のハワイにおける展開過程を考察したい。すなわち、20世紀前半のハワイにおいて、仏教・神社神道・キリスト教といった主要な宗教集団とは異なる周縁的立場にあった天理教と金光教の特徴を析出する。両教団の、ハワイにおいて「国家神道」と同一視された神社神道のあり方との差異や日系移民社会における社会的役割を明らかにしたい。それに加えて、両教団における日本の本部等との独自の越境的ネットワークのハワイ布教への影響についても検討を試みる。

　なお、本稿の「2　天理教の事例」および「3　金光教の事例」は、筆者の既出の論考の内容を大幅に加筆修正したものである[3]。また、資料からの引用に際しては、引用者（筆者）による注記は〔　〕内に行い、文章の途中からの引用もしくは中略については〔中略〕などと表記した。

1　主要な先行研究の検討

　ここではまず、具体的な事例の考察を行う前にハワイの天理教および金光教についての主要な先行研究を紹介し、その諸課題を整理しておきたい。

　ハワイの日系宗教について包括的に調査した、東京大学と東京教育大学の共同研究プロジェクト[4]の中心的人物の一人であった井上順孝は、ハワイの日系諸宗教の布教開始時期を3つの「波」に区分した。「第一波」は、19世紀末から20世紀初頭の時期であり、現地の日系移民からの要請もあり、主な伝統仏教の諸宗派（浄土真宗本願寺派、真宗大谷派、真言宗、曹洞宗、浄土宗、日蓮宗など）がハワイで活動を開始し、多数の神社がハワイ諸島各地に創建された。つづく「第二波」は、排日移民法が成立した1920年代半ばから日米開戦（1941年12月）前までの時期であり、天理教、金光教、生長の家といった新宗教教団や、伝統仏教の天台宗や華厳宗がハワイにおいて布教を始めた。そして「第三波」は、第二次世界大戦後の1950年代以降の時期であり、天照皇大神宮教、世界救世教、立正佼成会、創価学会、PL教団など、日本の主だった新宗教教団が、ハワイ

において正式に活動開始する⁽⁵⁾。

　このように、「第二波」に分類される天理教や金光教の諸教団は、日系移民社会の主流宗教であった伝統仏教諸宗派や神社神道とはそのハワイ布教の開始時期にずれがある。さらに本稿に関心において参考になるものとして、井上は、「第二波」の諸教団がハワイにおいて布教を始めた要因として、①各集団の信者が現地の日系移民社会の中にもともといたという潜在的ニーズ、②病気の平癒や祈願の成就などの祈祷的機能の需要、③ハワイ各地のプランテーション労働者であった日系移民たちが新たな仕事を求めて都市部へ移動していく中で日系移民社会に宗教コミュニティの間隙が生まれたという社会変動、の３つを挙げている⁽⁶⁾。

　また、前述したように両教団は、神道系の創唱宗教である新宗教であり、近代においては「教派神道」の一部を構成していた（後述するように、戦後、天理教は教派神道のグループからは離脱する）。そのためハワイの神社史に関する諸研究の中でも言及されてきた。ハワイに多数あった神社について網羅的に調査し、とくにハワイ出雲大社、ヒロ大神宮、ハワイ金刀比羅神社、ハワイ大神宮、ハワイ石鎚神社、マウイ神社の諸事例について克明にまとめた前田孝和の研究においても、わずかではあるものの天理教や金光教について言及されており、いわゆる「神社」（神社神道）とは区別される集団として記述されている⁽⁷⁾。

　また、島田法子による研究でも、「教派神道⁽⁸⁾」に連なるハワイの天理教や金光教を、日本政府の行政権が及ばない存在（近代日本の神社神道と区別される存在）と見なしており、帝国日本からのその自立性に注目している⁽⁹⁾。

　さらに、ハワイの金光教については、John Gerald Tamashiro の博士論文⁽¹⁰⁾や宮本要太郎による近年の研究⁽¹¹⁾があり、ごく端的なものではあるものの、筆者による研究の中でも取り上げている⁽¹²⁾。いずれの研究も、基本的な歴史は叙述されているものの、1930–40年代の活動状況、とりわけ信者たちの動向については詳細に検討したものではない。また、筆者はこれまでハワイの天理教の歴史についても研究を進めてきたものの、1940年代の状況についてはそれほど掘り下げて論じてこなかった⁽¹³⁾。本稿は、こうした先行研究の課題を埋めようとするものである。

2　天理教の事例

　天理教は、安産の守護や病気治しなどの「たすけ」を行っていた教祖中山み
き（1798-1887年）によって、1838年に現在の奈良県天理市の地において立教さ
れた。親神である「天理王命」による世界と人類の創造の地点が、中山家の住
居のあった地、聖地「ぢば（おぢば）」である（現在の奈良県天理市内）。『みかぐ
らうた』、『おふでさき』、『おさしづ』を啓示書・原典とする。立教以来、国家
権力からさまざまな迫害を受けたものの、1888年に神道本局所属の天理教会と
して国家に公認された。そして、1908年に教派神道の一派として独立を果たす。
第二次世界大戦後は、「復元」という号令のもとに教祖本来の教えに戻ろうと
する動きが起こった[14]（なお、1970年に教派神道連合会を退会している）。

　前述した井上順孝が指摘しているように、天理教がハワイで布教活動を始め
た背景には、現地の日系移民社会内における信者たちの存在があった。教団本
部公認の教会が発足するのは1929年のことになるが、それ以前から労働目的で
ハワイに渡っていた周東系統の大教会（山口県）や本島系統の大教会（香川県）
に連なる移民男性信者たちによる布教がすでになされていた[15]。

　その一方で、当時、日本の教団本部や大教会等においても海外布教への意欲
が高まっていた[16]。というのも、1896年に内務省が下した天理教制圧の訓令（「秘
密訓令」）以降、日本国内における布教が困難になっていたため、教団のトップ
である二代真柱中山正善のリーダーシップにより、天理外国語学校や海外伝道
部が設置される（1925年）など、教団をあげて朝鮮半島や中国大陸をはじめと
する海外布教の気運が高まっていた。海外布教を精力的に推進した本島大教会
長の片山好造[17]の例のように、各地の教会のレベルでもそれは同様であった。
その結果、ハワイに関しては、1929年に上野作次郎（福岡県出身・本島系統）夫
婦がホノルル教会を設立し、現地の日系移民の信者たちが教会へ集うように
なった[18]。『天理教ハワイ伝道史』（1957年）によれば、その後、1931年には日
系移民信者の支援によってハワイへ渡った布教者たちによって、本島系統4教
会、周東系統1教会の計5教会が新たに設置される。

　さらに、1933年における教団トップの二代真柱中山正善のハワイ訪問は、天理教信者のみならず日系移民社会に大きな影響を与えたという。中山正善一行はシカゴで開催された万国宗教大会に出席する際にハワイへ寄港した。次の教団資料からの引用は、その訪問のインパクトを次のように説明している。

　真柱様の御渡米が契機となつて、ハワイの伝道は大飛躍を起す旬が与えられたのであつた。而してハワイ在留民のややもすれば偏見に陥らんとする天理教観を一変させることが出来たのは、教信徒の歓喜感謝おく能わざるところであつた[19]。

　『天理教ハワイ伝道史』（1957年）によれば、中山正善一行のハワイ訪問後、本島系統6教会、防府系統（山口県）の天理教日布布教所（のちのホノルル港教会）が新たに設置されていることから、天理教の教勢が急速に拡大していったことがうかがえる。しかし、そういった布教活動の活発化は、一方で問題も生んでいくこととなる。日本において米国での布教を希望する信者たちが急増していった結果、宗教者のビザにもかかわらず現地で労働を行い裁判となって強制送還される事例も発生したという。そのため、次第に渡米ビザの発給も厳しくなってしまい、渡米できなくなる布教師が多数発生するという事態となった。それにより、教会長が不在の「無担任教会」が数多く生まれ、さらには現地の教会施設を本部に無断で移転させてしまうといった問題まで発生したため、教団本部は米国布教における多くの教会の統制の必要性を考えるようになった。そこで教団本部は、1934年にアメリカ伝道庁を設置し、翌年、ハワイの各系統の教会を同伝道庁のハワイ支部（初代支部長　上野作次郎）の傘下に置き、さらに伝道庁内に「天理教校[20]よのもと会アメリカ支部」も設置された[21]。以下に中山正善（二代真柱、当時のよのもと会会長）のアメリカ伝道庁設置に際しての「告辞」の一部を引用しておこう。

　殊に現代の世界情勢を見ますのに混沌として帰趨を知らず、洋の東西を挙げて不安に襲われている中に、世界の視聴が期せずして日本の動向に集中され

ているのであります。私は此処にも亦人類更生、即ちよろづ立て替え〔人類の心の立て替えを通じて社会変革を実現しようとする天理教の思想〕の神意が急迫していることを痛感するのであります。平和外交政策や国際経済協商等、当局者は世界の円満な将来のため、種々御腐心して居られますが、然し此の落着かない情勢から本当に人類を救い上げるのは一体誰の役割でありましょうか、──私はこれこそ世界人類の親里たるぢば〔奈良県天理市内に所在する聖地〕から一列救済の「世界だめの教え」を説き聞かせられた、親神様〔天理教の教義における天地創造の神である天理王命〕の道を奉ずる者、私達の勤めであると断言したいのであります。根の国〔天理教の信仰の中心となる国〕日本人は今迄有色人種として侮蔑的な眼で見られて来ましたが、今日こそ私達は親神様の御言葉道り〔ママ〕に根の国として真面目と兄姉の国柄としての威容とを枝葉の国〔日本から天理教の教えが伝えられていく国々〕に知らしめる時が来たのであります[22]。

　こうした言葉からは、神道的な皇国思想にもとづいた当時の日本の正統的なナショナリズムとは異なる、天理教独自の世界観を読み取ることができる。だがその一方で、ハワイの天理教において、伊勢神宮や橿原神宮などの当時の日本の「聖地」訪問も行われていた点は興味深い。1936年の1月から2月にかけて奈良県の教団本部で挙行された教祖五十年祭に合わせて実施されたアメリカ伝道庁の団体参拝ツアー（1935年12月末〜1936年5月初め）には、計91名中ハワイからは11名が参加し、奈良県天理市の「おぢば」のみならず、橿原神宮、伊勢神宮への参拝も行っている[23]。『天理教ハワイ伝道史』（1957年）によれば、この時期にも、周東系統4教会、防府系統1教会、ノースアメリカ系統1教会、天元系統1教会、本島教会1教会、尾道教会1教会の計9教会が新規設置されている。

　このように日系移民社会の内部で教勢を拡大させていった天理教であったが、個々の信者の入信の契機は、井上順孝が論じていたように「病気治し」（祈祷的実践）が多かったようである。例えば、マウイ教会の2代教会長の女性の体験談では、目の不自由だった子どものために初代会長のもとを訪れたことが

きっかけで天理教の教えを知り、布教者の道へを進んでいったことが語られている[24]。

　とはいえ他方で、当時の日系移民社会には天理教への偏見も存在していた。そもそも、ハワイの天理教の初期信者たちの中には、日本社会における天理教への偏見・差別から逃れるために国境を越えて移民した者もいたとされる。しかしながら、ハワイの地においても、天理教信者たちは偏見にさらされることがあり、しばしば自分の信仰を隠すことを余儀なくされたという。そして、信仰の問題が最も顕在化したのが、仏教式が主流であった葬儀に際してであったとされる[25]。国外のハワイの日系移民社会においても、「セクト」型の宗教であった天理教は、あくまでマイノリティの周縁的存在であったのだ。

　そして、マイノリティではありつつも、ハワイの日系移民社会の中で広がりを見せていた天理教ではあったが、1941年12月 7 日（現地時間）の日米開戦以降、その活動の停止を余儀なくされた。ハワイの天理教においては、のちにこの時期を「暗黒時代」と形容している。

　　〔日米開戦後〕とりわけ神道に対する圧迫はひどく、ハワイに在る加藤神社、
　　厳島神社、出雲大社等は土地まで没収され、布教は全く許されなかつた。天
　　理教も神道の一派として布教を禁止され、ひどいところは御分霊〔教会等に
　　安置される御神体〕まで没収されてしまつたほどである。日本の宗教としては
　　仏教だけが布教を許され、戦時中は葬式は勿論結婚式まで仏教が一手販売し、
　　仏教は全く戦争のために大きく発展したかの観があつた。これに対して天
　　理教の道はまことにみじめなもので、折角の信徒も離散し、会長が抑留されて
　　いる間は、家族の者も布教は全く許されず、まことに戦争下のハワイの道は
　　暗黒時代であつた。若しこの日米戦争がなかつたならば、今日の天理教は更
　　に大きくなつていたであろう[26]。

　米国当局は、他の一般的な神社神道と同様、教派神道に属していた天理教も、国境を越えて帝国日本と繋がっている集団として危険視し、その活動をほぼ全面的に禁じた（それは後述する金光教も同様であった）。当局から警戒されつつも

一定の活動は容認された仏教教団とは、大きく状況が異なっていたことが分かる。

　日本海軍によるパール・ハーバー襲撃後、ハワイの日系移民たちは敵国人と見なされ、移民コミュニティ全体が軍の監視下に置かれた。それだけではなく、宗教者や日本語学校の教師、ジャーナリストなどの日系移民社会の指導的な立場にあった人びとは連行され、強制収容所に抑留された。ハワイの天理教においても、教会長、布教所長、役員ら十数名が強制収容所へ送られ、その多くがニューメキシコ州のサンタフェ強制収容所に抑留された（教会長の１人はローズバーグ強制収容所内で死去）[27]。ここでは、いくつかの教会の事例を紹介したい。

①ノースホノルル教会の事例（オアフ島）
FBI が教会へ来た時、会長はおつとめ着を着たままであった。スーツに着替える間、FBI は銃を向けつきまとい、会長を連行していった。会長は米本土〔ニュー〕メキシコ州サンタフェの収容所に抑留の身となり、布教は禁止、教会は閉鎖された。家主は立ち退きを迫っていたので、御分霊は夫人の実家、ヌアヌ街近くのパウオアロードのK宅〔匿名化は引用者による〕に安置させて頂いた。〔中略〕夫人は２人の幼児と実家で暮す事となった。一時は信者の行き来も途絶えたが、日本の敗色が濃くなった戦争末期には、数人の主だった信者が集まって来て隠れておつとめをするようになった。広子は夫が抑留されていることで雇主は嫌がって雇ってくれないのであるが、日本人の商店で職を得た。又後には、ドールパイナップルの缶詰工場で監督の立場で働いて生計を立て、二児を育て会長の留守を守った[28]。

②オアフ教会の場合（オアフ島）
1941年12月７日、日米の戦争となり、S会長〔匿名化は引用者による〕は、二、三回拘引され取り調べを受けた後、帰宅を許された。開戦から１年７ヵ月後、1943年６月11日、息子のN〔匿名化は引用者による〕が逮捕、連行された。Nは、モイリリ交差点の近くサウスキング街で理髪店主、日本人ホノルル理髪店同盟会（会員119名）の理事長、教会の土地建物の所有名義人、天理教の教

師であった。FBI の審問会の記録から類推すると、「神道を献身的に信仰し、天理教の教師の資格を持っている者は、米国の公共の平和と安全にとって危険な存在である」と断定したのである。庶民的で且つごく普通の温厚なる日本人でしかないにもかかわらず理不尽なる扱いと言わざるを得ない。N は、天理教人としての矜持を失わず、真面目に収容所生活を終えて1945年11月、帰還した[29]。

③ラナイ教会（オアフ島）の事例
1941年12月7日、日本との戦争が始まった時、警官と会社のボーシ・フレーザー氏と通訳がやって来て、教会は閉めて布教はしてはならないと言い渡していった。それだけのことで取調べも連行もしなかった。住宅と教会とは別になっており、田舎のことで誰も見張っているわけではないので、お供えもしておつとめもつとめた。お参りに来る人もあった。戦争中とはいえかなり安気なものであった[30]。

④マウイ教会（マウイ島）の事例
1941年12月7日、戦争が始まって何回か FBI が来て、おやしろの中に何が入っているかなどと A〔匿名化は引用者による〕に聞いて取調べたが、身体も不自由であり、アメリカ市民であること、そして会長は婦人の年寄りということで抑留はしなかった[31]。

　同じ天理教の教会であっても、所在する地域や教会関係者の状況等により戦争時の抑圧の経験は異なっている点は注意が必要であろう。とはいえ、日米間の戦争によってハワイの天理教が被ったダメージが甚大であったことは間違いない。
　戦争終結後、1945年10月頃から抑留されていた日系移民たちが釈放され始め、教会長たちもハワイへ戻ってくるようになった。戦時期にその活動が禁止されていた影響だけでなく、教派神道に属していた天理教に対する忌避感が、戦後のハワイの日系移民社会に蔓延していたため、他の宗教への改宗が多発したと

いう[32]。とはいえ、その後の復興はかなり早かった。たしかに米国における天理教は「暗黒時代」を経験したものの、帝国日本の勢力下にあったアジア地域から全面撤退せざるを得なかった教会や、戦後もハワイで長らく活動が再開できなかった神社神道[33]とは異なり、抑留されていた教会長たちの帰還後、布教活動をすみやかに再開することができた。

　さて、大戦後、日本の天理教にも大きな変化が起こった。二代真柱中山正善は、戦前の「国家神道」体制下のあり方から脱却して、本来の教祖の教えに立ち戻ろうとする「復元の理」を主張して、国内外における活発な布教活動を鼓舞した[34]。それに加えて、ハワイにおいては独自の伝道庁の設置を求める声があがっていた。そうした流れの中で、中山正善が1951年に海外巡教の際にハワイを訪問し、1954年に教団本部はハワイ伝道庁の設置を認可した（初代伝道庁長井上護國）。この時期になると新たに設置される教会の教会長に日系二世が就任したり、既存の教会の教会長を二世が継承したりするなど、現地の信者たちの世代交代も進んでいった[35]。

　本節の最後に、1950年代までの天理教のハワイにおける展開の特徴についてまとめておきたい。まず、天理教は、主要な日系宗教諸教団よりもハワイ布教の開始時期は遅かったものの、教団をあげての積極的な海外布教を推進し、ハワイ布教も日本の教団本部や大教会からのサポートを受けて展開された。主流宗教とは異なる独自の教義・世界観や呪術的実践（病気治し）を有していたため、日系移民社会において周囲からの偏見があったものの、その独自性ゆえに新たな信者たちを獲得していくこともできた。戦前の米国において天理教は、神社神道と同様のカテゴリーに括り入れられていたがゆえに、戦時期には厳しい抑圧の対象となった。しかし、戦後は神社神道とは異なる存在と見なされるようになり、かつ日本側からの越境的な支援も受けたため、ハワイにおける天理教の復興は早かった。さらに1950年代に入ると二世の活躍が目立つようになり、信者の世代交代も進行していった。

S　金光教の事例

金光教は、1855年に教祖赤沢文治（のちの金光大神、1814–1883年）が喉の病を契機に神意を感得したことにより、1859年10月に現在の岡山県で立教された創唱宗教である。人の願いを神へ、神の思いを人へと伝達する「取次」が、その救済の中核となっている。1868年、教祖は神号として「生神金光大神」を名乗るようになり、1873年には神名が「天地金乃神」と定められて、「天地書附」が示された。1883年の教祖没後、組織は教派神道の一派である神道事務局（のちの神道本局）所属の金光教会となった。1900年に別派独立し、1941年には宗教団体法により神道教派の一教団となる。そして、第二次世界大戦後の1946年、宗教法人法にもとづく宗教法人となり、現在に至っている[36]。

金光教においては、1902年の台湾・朝鮮での布教開始後、満洲・ハワイ・北米へと海外布教を展開していった。ハワイ・北米地域については1930年頃より日系移民社会の中で教会が創設され始め、日米開戦直前には、朝鮮・台湾・満洲が北米・北支・中支等の海外布教管理区に、また南洋・南支・香港・シンガポール・ハワイが直轄区に指定されるまでに至った[37]。

天理教の海外布教のキーパーソンとして、二代真柱中山正善や本島大教会長だった片山好造らがいたように、金光教においては片島幸吉（当時の金光教本部青年会幹事長）という人物がハワイ・北米布教において大きな役割を果たした。片島がハワイを視察し日本語学校などで講演をした際、現地の金光教信者たちの存在を知ったことがきっかけとなり、1926年に「真道会」がホノルルで発足する。

以下に挙げる数字は、片島のハワイ・北米視察の報告（1926年）に記載されている、当時、日本から現地へ渡っていた金光教信者の人数である。

バンクーバ5名　メルスベル1名　シヤトル10名　サクラメント不詳　タコマ6名　サンフランシスコ4名　ポートランド2名　フレスノ3名　ロスアンゼルス15名　其の他各地5、6名　ハワイホノルル附近15名　マウイ1名

ヒロ2名[(38)]

　教団本部公認の正式な教会が設置されるのは、1929年のことである。その年、布教のためにハワイへ渡った九州福岡県出身の小倉教会（その上位にある親教会は甘木教会）の児玉政行によってオアフ島にホノルル教会が設立される。さらに翌1930年にも、西田美房（よしふさ）によりハワイ島にヒロ教会が創設される。次に児玉と西田の経歴について詳しく紹介しておきたい。

　児玉政行（1903-1973年）は、1903年11月に福岡県浮羽郡吉井町（現・うきは市）で児玉家の長男として生まれた。その後、児玉一家は台湾へ移住。政行は11歳の時に腸チフスを患ったものの全快したことから、父は政行がゆくゆくは金光教の教師となることを願うようになった。1921年、政行は甘木教会の教会長であった安武松太郎のもとで修行を始め、1926年に教義講究所（現・学院）で金光教の教師の資格を取得する。1928年にはハワイへ渡って布教に着手し、一旦帰国。帰国中に結婚。翌1929年に夫婦でハワイへ移住して本格的に布教を開始した[(39)]。

　他方、西田美房（1890-1981年）は、ハワイへ渡る前は旧満洲の大連で商売を行っていた。しかし、24歳で肺炎を患ったことが契機となって金光教大連教会（教会長・松山成三）に通うようになり、30歳の時には同教会の修行生となった。さらに教義講究所で教師資格を取得。その後は大連教会へ帰ったものの、片島幸吉からの勧めによりハワイ布教を決意し、1929年にハワイ島ヒロへ渡る（翌年には妻も長女を連れて来布）。翌1930年、西田はヒロ教会を設立する[(40)]。ここでは、ヒロ教会の開設当初の西田の苦労を物語るエピソードを引用しておきたい。

　〔1929年に西田美房が、〕ヒロ市プウエオ街に於いて金光教ヒロ布教所として開教された開教当時は、参拝の人もなく、毎朝5時より夜11時まで結界奉仕され、食事は1日1食、朝御神飯をお供えして、夕食にそれを頂いておられた。その頃町の人の噂で、金光様の先生は、信者もなし毎日座っておるが、近いうちに死ぬだろうと云われていた[(41)]。

　こういったエピソードからも分かるように、天理教と同様、金光教も仏教や神社神道を主流宗教（「チャーチ」型の宗教）とする日系移民社会の内部においては「セクト」型のマイノリティ集団であった。そうした周縁的なマイノリティ宗教であった金光教に日系移民が入信した契機は、これもまた天理教と同じように「病気治し」などの祈祷的実践が多かったようだ。そういった入信にかかわる体験談をいくつか挙げておきたい。

①安産と病気治しの事例（ホノルル教会の信者）
　……〔1927年当時〕私は、にんしんいたしておりましたので、お取次を頂きました。すると〔児玉政行が〕神様がおさずけくださったのだから大切に致す様にお話し下さいました。そして、となり知らずのおかげを頂く様に教えて下さいました。おかげで、おなかも痛まず無事長男を安産させて頂き、お取次のありがたい事をお教えしていただきました。また、長女Ｍ〔匿名化は引用者による〕の７才の頃、目に星が時々でておりまして、医者にかよっておりましたが、なかなか良くなりません〔中略〕親先生〔児玉政行のこと〕のお取次を頂きまして、一生懸命に信心させて頂きましたら、あれほど毎年左眼に出ておりまして困っておった星が出なくなり全快のおかげを頂きました[42]。

②眼の不自由さからの回復の事例（ワヒアワ教会の信者）
　……〔近視で色覚に障がいのあった妹のＴ[43]（匿名化は引用者による）は、〕其の頃1928年にＫ〔匿名化は引用者による〕様に連れられてリリハ街の金光教会に導かれました、妹は毎日お参りして児玉〔政行〕先生にお取次して頂きました。ある日教会から帰る途中眼鏡のガラスが落ちました、ところが眼鏡がなくなっても良く見えたのでびっくりしてただちにふり返って教会へもどり児玉先生にお陰を頂いたお礼を神様に申上げて頂く様お願い致しました。普通の人の様に眼の見えることを心から喜んでそれから神様の御用をさせて頂くことを決心致しました[44]。

③兵役の無事の祈願の事例（ヒロ教会の信者）

私〔金光教ヒロ教会信者〕は1944年第二次世界大戦の時、長男・T〔匿名化は引用者による〕が軍隊に入隊した際にヒロ教会におまいりしてTが戦争に行っても無事にもどって来ます様におねがいしたのが、金光教の信心の始まりでした。おかげTはニューヨークより軍船で戦争に行く日に終戦になったので、戦争に行かずにすみ、通訳兵として日本に渡り軍務をすませて無事布哇に戻って来ました。これが私の入信の動機となって今日迄、金光教の信心をさせてもらっております[45]。

このように金光教は、ハワイの日系移民社会においてマイノリティ宗教ではありつつも、「病気治し」のような現世利益的な需要に対応することによって信者を獲得していったのである。とはいえ、他の日系宗教教団と同様に、金光教のハワイでの活動は、現地において完全に自立・独立したものではなく、日本の本部や親教会等との越境的な関係性の中で展開したものであった。例えば、1933年10月に実施された日本の岡山県の本部への「教祖大祭ハワイ参拝団」には、計25名の信者が参加している。

さて、その後、ホノルル教会の児玉政行の弟子たちが、オアフ島ワイパフ（1938年）、カウアイ島リフエ（1940年）、オアフ島ワヒアワ（1941年）に新たに布教所を開き、別のルートでもハワイ島コナ（1936年）に布教所が設置された（括弧内は開所の年）。かくして日米開戦前までに計6ヶ所の布教拠点が創設された。ちなみに、天理教と同様、組織形態が「おやこ型」である金光教においても、日本の上位の教会（親教会）の影響力は大きく、現在ハワイに存在する全6教会のうち5教会が、福岡県の甘木教会を親教会としている[46]。

だが、1941年12月7日（現地時間）、日米間の戦争の火蓋が切って落とされる。ホノルル教会の児玉政行らのハワイの金光教の布教者たちは、連行されて拘束された。児玉政行は、米国本土に拘留され、ウィスコンシン、テネシー、ルイジアナ、モンタナ、ミズーリ等の収容施設を転々として約2年間にわたる抑留生活を送った[47]。

次に挙げる引用文は、ホノルル教会の児玉政行の妻が当時のことを振り返っ

た回顧の一部である。

　1941年12月7日の夜ホノルル教会長も軍当局の手に依って連行されました。最後の言葉として「良く御祈念しておいてくれい」とたのみ私は一言の言葉も許されなかった。12月24日オアフ島サンドアイランドより1枚のハガキを受けとる事が出来まして命に別状のない事がわかりました。1942年早々に米大陸に送られ、最初がウィスコンシー、テネシー、ルイジアナ、モンタナ、ミゾリーと点々として移動抑留生活が約二ヵ年つづきました。後1943年9月の始め頃、第二交換船 M・S・グリプスホルム号に乗船、10月13日に書かれた手紙が私達への最後の便りでありました。其の後日本船に乗りかえ、11月14日日本に帰国されました[48]。

　他の神道系団体と同じように、戦時期は米国当局によって教会は閉鎖させられ、その活動は停止を余儀なくされた。ただし、ホノルル教会とヒロ教会については、抑留された教会長の妻およびその子どもたちが、教会内で生活することは認められた[49]。

　他方、日本の教団本部では、米国で抑留された布教者たちの消息が大きな関心事であった。日本の教団側でも、たびたび抑留者の安否確認や慰問電報の送信等を行った。そして、1942年6月3日、本部教庁から東京出張所長へ向けて「在米主管者に対する通信及び安否に関する件」が送信される。翌1943年9月、児玉政行は第二次交換船に乗船し、同年11月に日本へ帰国する。文部省宗教課で事情聴取を受けた後、児玉は教団本部で勤務した[50]。

　戦争の終結後、抑留されていた布教者たちもハワイへ戻ってきた。ただし、教会長の児玉政行が日本へ帰国してしまっていたホノルル教会では、ハワイ在住の妻が児玉と連絡を取り合えるようになったのは1946年9月頃以降であった。児玉がハワイに帰還する1950年までの9年近くもの間、篤信の二世信者らが、多くの子どもを抱えながら教会の活動を行っていた児玉の妻のことを支えた[51]。ハワイ島のヒロ教会でも、教会長の西田美房は米国本土に約4年間抑留されたのち、1945年12月、今度は日本へ帰国させられた。その後、日本で約6

年間、過ごすこととなった。1951年、ようやく西田はハワイ帰還を果たすが、それまでのおよそ10年間、西田の妻は教会を守りつつ子どもたちを育てた[52]。

その他、ワヒアワ布教所（オアフ島）では、布教者の二世女性が、日米開戦後に連行されてハワイのサンドアイランド抑留所に収容され、その後は同じくハワイのホノウリウリ収容所に移動させられて抑留された。この二世女性は、1945年8月に4年間の抑留生活を終えて帰還。1948年に信者の自宅において布教所を再開し、1951年にワヒアワ教会の設立を果たす。また、ワイパフ布教所（オアフ島）でも、布教者の男性が日米開戦後に連行されて抑留された。彼は1946年にハワイに帰還したのち、ワイパフ教会を設立した[53]。

前述した、児玉政行のホノルル教会への帰還（1950年）とそれに続く西田美房のヒロ教会への帰還（1951年）が果たされると、1954年3月にホノルル教会に金光教ハワイ教務所（現・金光教ハワイセンター：Konkokyo Hawaii Center）が設置され、所長・児玉政行、次長・西田美房がそれぞれ就任した[54]。

その後の注目すべき動きとしては、ワイルク教会が挙げられる。カウアイ島コロアで生まれた二世女性Nは、戦前、結婚して5人の子どもに恵まれたものの、夫に早く先立たれて生活の困難に直面する。そうした中である布教者から金光教の教えに導かれた。さらに、ホノルル教会へ通うようになり、そこで教会長の児玉政行の指導を受けた。1950年代には日本へ渡って教団本部と甘木教会で修行し、教団本部の学院（以前の教義講究所）において教師資格を取得する。ハワイへ戻ったNは、マウイ島ワイルクで布教を始めた。Nは、布教に苦労しながらも信者を獲得し、1962年8月にワイルク教会を設立した[55]。

前節同様、本節でも末尾で、1950年代までの金光教のハワイにおける展開の特徴について概括しておこう。その特徴は天理教の事例とかなり類似している。金光教も、主要な日系宗教諸教団よりもハワイ布教の開始時期は遅いものの、教団をあげての積極的な海外布教を展開していった。主流宗教とは異なる独自の教義・世界観、呪術的実践（病気治し）を持ち、日系移民社会においては周縁的なマイノリティ集団ではあったものの、その独自の救済財を通じて信者を獲得していった。戦時期は神道系の教団として米国当局に危険視され、活動はほぼ停止せざるを得なかったものの、戦後は日本側からの支援も受けつつ着実

に復興していった。

おわりに

　本研究では、1940年代を中心にして、ハワイにおける天理教と金光教の展開過程を考察してきた。そこには、日系移民社会の主流の伝統仏教や神社神道とはかなり異なる、新宗教としての両教団の特徴を看取することができる。神道系の教団であり、近代日本においては教派神道に属した天理教と金光教ではあるものの、当時の天皇制を中心とした「国家神道」からの影響は、少なくともハワイに関しては薄かったといえる。そこには、両教団の日系移民社会における周縁性を指摘することができるだろう。日系移民社会の主流であり、コミュニティの核となり得た伝統宗教、すなわち「チャーチ」型の宗教は伝統仏教と神社神道であり、少数派の「セクト」型の天理教と金光教は、それらがカバーしていなかった、もしくは排除していた周縁的領域において布教活動を展開していたのである。

　1つの家の成員たちが氏子として居住地域の神社に関与すると同時に、檀家として寺院にも属するといったことがごく一般的な日本と同様、ハワイの日系移民社会も複数の宗教への重複帰属はよく見られるものであった[56]。それゆえに、当時のハワイの日系宗教の内部においては、コミュニティの公的領域に深く関わる「チャーチ」型の伝統宗教と、個々人が抱く苦悩の解決というニーズを満たす、私的領域を主とする「セクト」型の新宗教、という重層構造が理念型的には存在していたと見なせる。

　とはいえ、天理教と金光教のハワイでの展開を、そうした日系移民社会における周縁性のみに注目して検討することは不十分である。両教団とも当時の日本の正統的なナショナリズムとは差異化される（ときには衝突しうる）教義や世界観を有していた。その一方で、近代の帝国日本の海外への膨張という流れに乗って、教団ぐるみで海外進出を志向しており、ハワイもその一環であった。両教団とも、当時の日本の本部や上位の教会との独自の越境的なネットワークを活用して、ハワイでの活動を展開していったのである。

しかしながら、天理教と金光教はともに、日米の交戦時には米国当局から、帝国日本との関わりを警戒されて厳しく抑圧された。そうした米国当局の判断の妥当性を論じることは、本研究の範ちゅうを超えるものではある。だが、教派神道の中でも独自の教義体系と組織を有していた両教団については、米国当局による処遇が神社神道とは微妙に異なっており、大戦後の活動再開はすみやかであり、かつ日本の本部等からのサポートも早期に得られた点は注目に値するだろう。そうした戦後復興の背景には、天理教と金光教が有していた神社神道とは異なる独自の信仰と日本側の諸組織との越境的ネットワークが影響していたものと考えられる。

【付記】本稿は、2019〜2022年 JSPS 科研費 JP19K02517（研究代表者：吉田亮、研究分担者：田中智子、物部ひろみ、竹本英代、高橋典史）による研究成果の一部である。

注
（1）近代日本において、天皇崇敬と神社神道を結びつけて創出された国民教化・統合のため国家的制度としての「国家神道」については、以下の研究を参照されたい。村上重良『国家神道』岩波書店、1970。島薗進『国家神道と日本人』岩波書店、2010。
（2）藤井健志「移民の宗教の〈社会的形態〉とエスニシティ——台湾系仏教運動を手がかりとして」吉原和男／クネヒト・ペトロ編『アジア移民のエスニシティと宗教』風響社、2001、161-189。
（3）「2」のハワイの天理教については、次の2つの論考をもとにしつつ、その内容を大幅に加筆修正したものである。高橋典史「日系移民社会と日系新宗教——ハワイの天理教の場合」『一橋研究』33（1）、2008a、47-60。同「ハワイの日系新宗教における信仰継承——天理教の教会長を事例に」『宗教と社会』第14号、2008b、23-43。「3」のハワイの金光教に関しては、次の論考の該当箇所をもとにしつつ、その内容を大幅に加筆修正したものである。高橋典史「現代日系宗教のハワイ布教の課題と模索——日系人宗教者の育成に注目して」『移民研究年報』第16号、2010、3-21。なお、これらの論考を加筆修正したものは、以下の単著に収録されている。高橋典史『移民、宗教、故国——近現代ハワイにおける日系宗教の経験』ハーベスト社、2014。
（4）柳川啓一・森岡清美編『ハワイ日系宗教の展開と現況—ハワイ日系人宗教調査中間報告書—』東京大学宗教学研究室、1979。同編『ハワイ日系人社会と日本宗教

　　—ハワイ日系人宗教調査報告書—』東京大学宗教学研究室、1981。

（5）井上順孝『海を渡った日本宗教』弘文堂、1985。

（6）井上（1985）31-31。

（7）前田孝和『ハワイの神社史』大明堂、1999。

（8）教派神道に関する基礎的研究としては以下のものなどがある。井上順孝『教派神道の形成』弘文堂、1991。

（9）島田法子『戦争と移民の社会史——ハワイ日系アメリカ人の太平洋戦争』現代史料出版、2004。

（10）Tamashiro, John Gerald, 1985, *Konkokyo, A Japanese Religion in Hawaii*, Ph. D. Dissertation, Honolulu: University of Hawaii.

（11）宮本要太郎「ハワイにおける日系新宗教の現状と課題——金光教を事例として」『関西大学文学論集』第61巻第2号、2011、31-49。

（12）高橋（2010；2014）。前者の一部でハワイの天理教と金光教について取り上げており、それを加筆修正したものが後者に収録されている。

（13）高橋（2008a；2008b）。両者を加筆修正したものが、高橋（2014）に収録されている。

（14）井上順孝・対馬路人・西山茂・孝本貢・中牧弘允編『新宗教教団・人物事典』弘文堂、1996、216-218。

（15）天理教ハワイ伝道庁編『天理教ハワイ伝道史』天理教ハワイ伝道庁、1957、17-21。同編『創立四十周年記念誌（"40th Anniversary Tenrikyo Headquarter of Hawaii"）』天理教ハワイ伝道庁、1994、36。*Hawaii Pacific Press*, January 1, 1998（Honolulu）.

（16）天理教の海外布教の全体像については、森井敏晴が網羅的かつ詳細にまとめている。森井敏晴『天理教の海外伝道—「世界だすけ」—その伝道と展開』善本社、2008。

（17）片山好造の事績に関しては以下が詳しい。高野友治「伝道者——片山好造伝」『高野友治著作集第二巻　大きな旗じるし』天理教道友社、1979。

（18）天理教ハワイ伝道庁編（1957）26-31。なお、上野作次郎の事績に関しては以下が詳しい。飯田照明『ハワイ伝道の曙——上野作次郎と津志』天理教道友社、1984。

（19）天理教ハワイ伝道庁編（1957）55。

（20）天理教本部による同教の教師（布教師）の養成機関。

（21）天理教ハワイ伝道庁編（1957）64-68、78-79。

（22）天理教ハワイ伝道庁編（1957）83。

（23）天理教ハワイ伝道庁編（1957）88-90。

（24）天理教ハワイ伝道庁編『天理教ハワイ伝道庁五十年史　管内教会史篇』天理教ハワイ伝道庁、2006、128。

（25）『まこと』Vol.43　No.6, 1996. June, pp.16-17（Honolulu）.

(26) 天理教ハワイ伝道庁編（1957）121。

(27) 戦時期の天理教布教師の抑留に関しては、山倉明弘による一連の研究が先駆的で最も重要な研究である。山倉明弘「日米開戦と天理教アメリカ伝道庁長橋本正治」『天理大学学報』第177号、1994、1-22。同「天理教布教師瀬戸直一の語る戦時抑留体験」『天理インターカルチャー研究所研究論叢』第8号、1999、21-71。

(28) 天理教ハワイ伝道庁編（2006）372。

(29) 天理教ハワイ伝道庁編（2006）148-149。

(30) 天理教ハワイ伝道庁編（2006）50。

(31) 天理教ハワイ伝道庁編（2006）129。

(32) 天理教ハワイ伝道庁編（1994）8、36。

(33) 前田（1999）、島田（2004）など。

(34) 高野友治『天理教伝道史10（海外篇）──一調査資料として』天理教道友社、1975、235。

(35) 天理教ハワイ伝道庁編（1994；2006）。

(36) 井上ほか編（1996）80-82。

(37) 金光教の海外布教の概要については、次を参照。井上順孝・孝本貢・対馬路人・中牧弘允・西山茂編『【縮刷版】新宗教事典　本文篇』弘文堂、1994（1990）、634。また、金光教の北米およびハワイにおける歴史については、井上順孝や金光清治によるものが基礎文献である。井上順孝「北米における金光教の展開─上─」『神道宗教』第107号、1982a、26-53。同「北米における金光教の展開─中─」『神道宗教』第109号、1982b、36-63。同「北米における金光教の展開─下─」『神道宗教』第110号、1983、53-80。金光清治「北米日本人移民の信仰と生活世界」『金光教学』第37号、1997、85-142。同「日系金光教信奉者の抑留とその諸相──一世信奉者の体験を中心にして」『金光教学』第39号、1999、36-72。

(38) Konko Missions in Hawaii, 1976, 50*th Anniversary Konko Missions in Hawaii*, 60.

(39) 金光教ホノルル教会編『ホノルルの人』金光教ホノルル教会、1988。宮本（2011）37-38。

(40) Konko Missions in Hawaii（1976）27. 宮本（2011）38-40。

(41) Konko Missions in Hawaii（1976）27.

(42) Konko Missions in Hawaii（1976）24.

(43) 二世女性であるTは、1910年にハワイ島コハラに生まれる。幼い頃の怪我により眼に不自由さを抱えて成長する。1928年、裁縫のインストラクターだった日系移民女性に導かれてホノルル教会の児玉政行と出会う。1933年の教祖大祭ハワイ参拝団にも参加して、教団本部と甘木教会で修行。翌1934年に本部の教義講究所に入り、ハワイへ帰郷後の1935年に金光教の教師資格を取得した。1940年よりオアフ島ワヒアワに布教所を開いて布教を始めた。Konko Mission of Wahiawa, 2010, *70th An-*

niversary Celebration Konko Mission of Wahiawa, 9 -10, 42.

(44) Konko Missions In Hawaii（1976）35.

(45) Konko Missions in Hawaii（1976）24.

(46) Konko Missions in Hawaii（1976）20.

(47) Konko Missions in Hawaii（1976）21, 23.

(48) Konko Missions in Hawaii（1976）23.

(49) Konko Missions in Hawaii（1976）20.

(50) 金光教ホノルル教会編（1988）10、54。金光（1999）。

(51) Konko Missions in Hawaii（1976）23. 金光教ホノルル教会編（1988）10。

(52) Konko Missions in Hawaii（1976）27.

(53) Konko Missions in Hawaii（1976）18, 35.

(54) Konko Churches of America and Konko Missions in Hawaii eds., *Konko Kyo's 50 Years in America*, 1976, 76.

(55) Konko Missions in Hawaii（1976）42.
The History of the Konko Mission of Wailuku
URL：http://konkomissionshawaii.org/wailuku.htm（2019年 7 月31日閲覧）

(56) 真田孝昭「コナにおける日系宗教と日系人の宗教帰属」柳川啓一・森岡清美編『ハワイ日系人社会と日本宗教──ハワイ日系人宗教調査報告書』東京大学宗教学研究室、1981、24-45。

第3章 エメリー・アンドリュース(Emery Andrews)牧師の活動を通してみるシアトルの日系コミュニティ──1940年代を中心に──

はじめに

　ワシントン州シアトルにはインターナショナル・ディストリクト（ID）と呼ばれる地域がある。そこは100年以上前、日本からの移民労働者を始めとするアジアからの移民が集住した地域でもあった。現在のIDにも、中国系、日系、ベトナム系など多様なアジア系のレストランやスーパーマーケットがあり、日系の豆腐屋、中国系の肉屋や惣菜屋など様々な店が集まってはいるが、第二次大戦前とは様相が異なっている。第二次大戦前のシアトルではニホンマチの存在がかなり大きかったのである（資料1）[(1)]。

　20世紀前半、シアトルは日本からの移民の北の入り口であった。サンフランシスコほどの人数ではなかったが、シアトルにも出稼ぎ労働のため日本人が多くやってきた。彼らの中には、郊外の様々な農場や鮭の缶詰工場、また鉄道敷設現場で働いたものも多くいた。一方シアトル市のアメリカ人家庭に住み込み書生をしていたものもいた。そうした若者の中からキリスト教への情熱が芽生え、日本人キリスト教会の設立につながった[(2)]。

　一世によるシアトルの日本人キリスト教会の沿革については、各キリスト教会による歴史や周年記念のパンフレットなどに書かれてきた[(3)]。そして、日系キリスト教史の中でもいくつもの研究がなされてきている[(4)]。しかし、日系キリスト教会における二世への伝道については、まだ研究が少ないといえよう。また太平洋戦争の勃発により、西海岸の日系人約12万人が内陸部につくられた10カ所の強制収容所に移動させられた際、収容所内での宗教行事等については、日本語で書かれた一世による記録[(5)]に見ることができる。しかし、特に収容所内のキリスト教礼拝や各種行事については、二世牧師による記述や日本語が堪能だった神父の記録などがいくつかあるが、体系的な研究は希少であり、

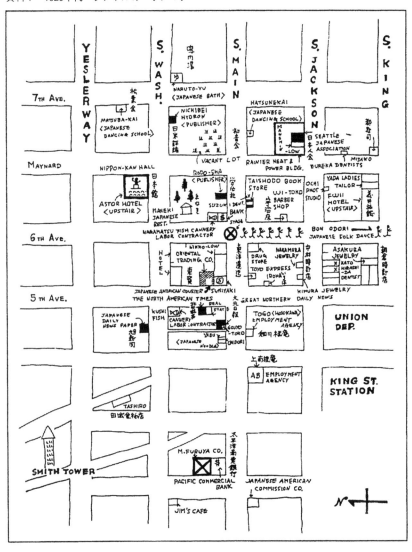

Blankenship の研究⁽⁶⁾がその一つとして数えられよう。

　本稿は、シアトルの日本人バプティスト教会（JBC: Japanese Baptist Church）で1929年9月から英語担当の牧師として精力的に活動し、アメリカ生まれの日系二世と関わりを深めていったエメリー・アンドリュース牧師（Emery Andrews：1894-1976）に注目し、特に1940年代という日系人の苦難の時代、アンドリュース牧師が次第に成人しつつあった二世の人生にどのように関わり、日系コミュニティでどのような役割を果たしたのかを明らかにする試みである。

1　エメリー・アンドリュース牧師の背景

　エメリー・アンドリュースは、ネブラスカ州アルビオン（Albion）で1894年7月に生まれた。カリフォルニア州のモデスト（Modesto）で少年時代を過ごし、10歳で地元のファースト・バプティスト教会（First Baptist Church of Modesto)の一員となった。1913年に説教資格をとり、1916年にはメアリー・ブルックス（Mary Brooks）と結婚した。1917年にはロサンゼルス・バイブル・インスティチュート（Bible Institute of Los Angeles）を卒業し、モデストのファースト・バプティスト教会で正式に牧師に任命された。ロサンゼルス・ジュニア・カレッジ在学中に、マイノリティであるイタリア系やメキシコ系のコミュニティで奉仕活動をしており、若い頃からマイノリティへの深い理解を育んだ。1919年には長女が誕生し、一家はシアトルに移り、彼はワシントン大学に通いながら、コスモポリタン・ミッション（Cosmopolitan Mission）で4カ国から集まっていた移民のグループのために活動したという。1922年に社会学の学士号をとって大学を卒業すると、故郷のモデストに戻り農場を手伝った。約2年後、レニア山の近くに位置する叔母の農場に移り、そこでカウボーイとして過ごした。1926年夏に家族でシアトルに戻り、ワシントン大学にてパートタイムで授業を受けながらトラックの運転手などをして生計をたてた。その後次女、三女に恵まれ、1929年9月1日から日本人バプティスト教会 JBC の英語担当牧師として着任した。この時アンドリュース牧師は35歳。1931年にはワシントン大学で教育学の学士号を取得。1935年夏にはバークレー・バプティスト神学校で

学んだ。そして1937年に長男エメリー・ブルックス（Emery Brooks Andrews）が誕生したのである。

　このように、JBCで日系コミュニティと関わるまでのアンドリュース牧師は、早い時期に牧師になることを志すも、カウボーイやトラックの運転などにも従事し、社会学と教育学で学士号をとるなど学ぶことにも熱心であったことが見てとれよう。豊富な経験と知識をもってJBCにやってきたアンドリュース牧師は、家では日本語、外では英語で育っていた日系二世の若者たちへの英語礼拝を担当し英語による教会活動を行った[7]。ボーイスカウト活動や農業の経験を持ち、マイノリティのコミュニティでの奉仕活動経験もあり、ましてや運転手の経験までも持っていたアンドリュース牧師は、大変人懐こく、JBCでの牧師としての活動のみならず、日系コミュニティの子どもたち相手のボーイスカウト活動も始め、日系の老若男女に知られるようになっていく。アンドリュース牧師はコミュニティでアンディ（Andy）と呼ばれ、親しまれた[8]。本小論ではこれ以降、アンドリュース牧師をアンディ牧師と表記する。

2　アンディ牧師と日系コミュニティ

　「アンディについて覚えていることを教えてください。」と年配の二世に尋ねると、「アンディといえばあのブルーボックスよね。」という返事が戻ってくる。「ブルーボックスとはなんですか。」この質問の答えを聞いていると、アンディ牧師がなぜ日系コミュニティで知る人ぞ知る存在になったのかがわかってくる。

　ブルーボックス（Blue Box）とは、アンディ牧師が日系の子どもたちを乗せて、シアトル市内のみならず、キャンピングのために北はレニア山を望む場所から南はカリフォルニアまで走っていたバスのことである。このバスは子どもたちにとって乗り心地の良くない古いものだった。しかし子どもたちに計り知れない楽しい時間と思い出をくれた。そのバスのいわれはこうである。中国人バプティスト教会所有の幼稚園バスが売りに出され、日本人バプティスト教会のアンディが買うことのできる160ドルという値段で売ってくれることになっ

た。日本人バプティスト教会も1928年製の幼稚園バスを持っていたが、古くなっていた。アンディ牧師は購入した中国人バプティスト教会の車のモーターと車台（シャシー）を残してそれ以外を取り外した。そしてJBCのバスの車体をとりつけた。胴長の箱のような車体には両サイドに窓がついており、中にはシートが両サイドについていた。もともとフォードの1930年代製のトラックであるからヘッドライトはフロントから出っ張った二つの眼のようだった。当初は青色をしていなかったがすぐに青く塗り替えられたため、ブルーボックスという呼び名になったという。アンディ牧師の息子であるブルックス・アンドリュース牧師（以後ブルックス牧師と表記）は、自らの人生を振り返った回顧録の中で、「父はこうしてバスを改造するに当たって、二つの文化を結婚させるのに成功した（a successful marriage of two cultures）のである」と語っている[9]。つまり中国系と日系の二つの文化が合わさったものがブルーボックスだというのである。

　JBCでは保育園（nursery school）を併設しており、ブルーボックスは日系コミュニティの子どもたちを保育園へと送迎していた。このバスは保育園児にとって楽しい時間を演出してくれる「アクター」のひとつだったのである。また、アンディ牧師はJBCの牧師としての仕事に加え、献身的にボーイスカウト活動をサポートしていた。JBCのメンバーの子どもでなくても、ボーイスカウト活動に参加する二世の子どもたちもいたようで、他の日系教会のメンバーだった二世も戦前アンディ牧師のバスに乗せてもらったと語ってくれた。その昔、山や川へキャンプに行くとブルーボックスの両脇にテントをくくりつけ、大人も子どももそこで眠った。食事はすべて屋外で簡単に料理して食べたという。アンディ牧師がそれまでのボーイスカウト・リーダーとしての経験や、農業や酪農で培ったスキルを存分に発揮していたのだろうと想像できる。息子のブルックス牧師は、キャンプへ行くまでのブルーボックスの旅がいかにスリリングで楽しいものだったかを、今で言えばディズニー・ランドのライドのようだったと述べている[10]。こうして、二世の成長を見守り、十代、二十代になっていく二世の悩みを聞いてくれるアンディ牧師の存在は、ますます大きなものになっていった。

1941年12月7日、日本軍による真珠湾攻撃のニュースは、アメリカ在住の日系一世、二世にとってあまりに大きな衝撃であった。そして敵国人となってしまった一世は、これからどうなるのか、より先鋭化するであろう反日感情が彼らの今後の生活にどのように影響するのかを恐れた。ブルックス牧師の回顧録によると、翌日の12月8日の朝、JBCの主任牧師である橋本牧師がアンディ牧師の自宅を訪れたという。橋本牧師はアンディ牧師の顔を見るなり涙を流し、「申し訳ない」と言ったという(11)。その後どうすべきか二人の頭にはいろいろな考えが去来したのだろう。

　真珠湾攻撃後、日系コミュニティのリーダー格であった一世や親日的と見られた帰米二世の中には、突然やってきたFBIによって連行されたものが何人もいた。一世は疑心暗鬼になり、警官やFBIがやってくる前に、あらぬ疑いを拭い去ろうと日本につながる所持品を燃やしたり、壊して埋めるものすら出てきた。大切な家族の晴れ着姿の写真、大事にしてきた日本人形や日本の歌のレコード、日本語の書籍などが灰になった。しかしそうしたからといって日系人の外見が変わるわけではなかった。二世たちはアメリカ人であるはずの自分たちがどうなるのか、大きな不安感に襲われた。アンディ牧師はそんな一世や二世たちの気持ちを共有しつつ、励ましたのであろう。しかし、日系コミュニティをさらに混乱に陥れたのは、翌1942年2月19日にローズベルト大統領により発令された行政命令（Executive Order）9066号であった。これにより、西海岸諸州で軍の定めた沿岸区域に居住する日系人は軍の指定する内陸部の強制収容所（当局からは「転住センター（Relocation Centers）」と呼ばれた）へ移住しなくてはならなくなった。その総計は12万人近くである。JBCに来ていた多くの日系家族はこの知らせを受け、いつ、どこへ、どのようにして移動しなくてはならないのか、情報が乏しいため困惑した。この行政命令9066号では、今住んでいる家や経営している店舗、商品、耕している畑、そしてすでに植えつけたが収穫はまだまだ先である作物など、これからどのようにすればよいのかわからなかったのである。

　4月から5月には、各地域に順番に「民間人追放命令（Civilian Exclusion Order）」が出され、町中の電信柱や塀などに貼られた。手に持てる荷物だけを持っ

資料2　JBC の体育館の使用許可書

<u>P E R M I T</u>

The undersigned owner of certain personal effects, the inventory of which is hereto attached, who is about to be evacuated from this area by the United States Government, is asking for permission to temporarily place said property in the gymnasium of the Japanese Baptist Church, located at 901 East Spruce Street, Seattle, Washington. The owner agrees that as soon as practicable he will arrange for the future disposition of said property and will promptly notify the Washington Baptist Convention of such arrangement. He further agrees that said Convention shall, in its discretion, determine when said permission shall terminate and is hereby authorized, in that event, to make the best disposition of said property possible.

It is also understood that said premises are not adequately prepared for storage and that the Washington Baptist Convention shall not be responsible for any loss or damage to said property, and that it shall be the obligation of the owner to take care of any cost or expense in the future disposition of said property.

Dated at Seattle, Washington, this_____ day of April, 1942.

_____ O W N E R

<u>C O N S E N T</u>

The undersigned, being the owner of the above-described premises, hereby consents to the above-named owner leaving said personal property in the premises subject to the conditions therein contained. It is also understood and agreed that the undersigned is giving such permission without charge and purely as a friendly service.

WASHINGTON BAPTIST CONVENTION
By_____

てどこかへ移動させられることがわかると、何を持っていったらよいのか、荷物をどこに預けたらよいのかという相談がアンディ牧師のところにもち込まれた。この軍の定めた指定区域に居住する日系人は「外国生まれも、そうでないものも（alien or non-alien）」、つまり「外国生まれの一世だけでなくアメリカ市民権をもつはずの二世も」移住せねばならないと、この「命令」に書かれていた。それは、JBC に来ているものはアンディの家族を除いて全員が強制的に移住させられるということであった。JBC には若者たちがスポーツをすることができるようにと体育館があった。そこで JBC では、この体育館に彼らが収容所には持っていけないが廃棄せずに保存しておきたいものを保管することにしたのである。教会ではアンディ牧師を中心に、ワシントン州のバプティスト教会の連合組織であるワシントン・バプティスト・コンベンション（Washington Baptist Convention）と相談し、これらの大事な荷物を無料で預かることを決定し、行動に移した。体育館には10フィート四方にテープで区切りがつけ

資料3　ピュアラップ仮収容所へ連れて行かれた全人数

Civilian Exclusion Order No.	Date of CEO	Dates of Evacuation	Total Number Evacuated*	Principal County	Civil Control Station
17	April 24	April 28–May 1	1,182	King	2100 Second Avenue, Seattle
18	April 24	April 30–May 1	770	King	1319 Rainier Avenue, Seattle
36	May 3	May 8–May 9	918	King	Japanese Chamber of Commerce, 316 Maynard Avenue, Seattle
37	May 3	May 8–May 9	1,149	King	Buddhist Temple 1427 Main Street, Seattle
40	May 5	May 10–May 11	1,392	King	Washington Hall, 14th Avenue & East Fir Street, Seattle
57	May 10	May 12–May 16	836	King	Christian Youth Center 2203 East Madison Street, Seattle
58	10-May	May 12–May 16	1,052	Pierce	City Hall Auditorium, South Meridian Street, Puyallup

　* In addition, 249 arrived from other areas of Washington and Oregon (18), from Justice Department camps (80), and from Alaska (151).
　Source: Civilian Exclusion Orders, Calvin F. Schmid papers.

られ、1区切りごとに使用者の名前が書き込まれた。そして持ち主の名前が書かれた荷物が運び込まれた。そして預けた人は預けたものの目録をつくり、体育館の使用許可書（PERMIT）（資料2）[12]に署名した[13]。その書面には、ワシントン・バプティスト・コンベンションがこれを預かるのは無料であり、純粋に友情からの奉仕（friendly service）であると書かれ、コンベンションのコールドウェル氏（H. L. Coldwell）の署名がなされていた。これを知った日系家族は、大きすぎたり重すぎたりして手には持っていけないが捨てられないもの、すなわちミシン、タイプライター、琴、大事な服の入った箱、など、預けるものの品目や箱の個数などを急いで書き入れて預けた。この際、JBCのメンバーばかりでなく、荷物の保管を頼みたい日系人が次々に訪れ、アンディは荷物をどんどん預かったのである。そして日系家族はそれぞれ手に持てるものを持って最初の仮収容所であるピュアラップ仮収容所（ピュアラップ集合センター　Puyallup Assembly Center）へ向かった。その移動は資料3[14]のように着々と進められ、5月31日までにワシントン州から7300人ほどの日系人がピュアラップへ移

動したのである。

　ピュアラップはシアトル市から南に56km、タコマ市から東に16km に位置
し、ワシントン州の農畜産物品評会（ステート・フェア）であるピュアラップ・
フェアを1900年から行ってきた場所である。野球場や競馬場などの施設が併設
され、フェアのための家畜動物を飼育する建物もあった。ここが1941年のフェ
ア終了後連邦政府管轄となり、陸軍がこのフェアグラウンドを管理下におき、
日系人集団立ち退きの際の仮収容所としたわけである。ここに移動した日系人
は家族ごとに与えられていた番号に基づき、それぞれの「部屋（apartment）」
を割り当てられた。モニカ・ソネは『二世娘（Nisei Daughter）』の中で、「私た
ちの家<ruby>ホーム</ruby>はワン・ルームで18フィート（約5.5m）×20フィート（約 7 m）の大きさ
で入り口のドアと反対側に小さい窓がついているだけだった。そこは小さなス
トーブ以外何もなく、床は土の上に直接ツーバイフォーの床板がはられている
だけだった。タンポポがすでに床板の隙間から顔を出していた[15]」と初めて見
た部屋の様子を描いている。そこに彼女の家族 5 人が暮らしたのである。この
ピュアラップは軍の希望的観測を込めてか、「キャンプ・ハーモニー（Camp Har-
mony）」と名付けられたというのは皮肉である。

3　ミニドカ強制収容所の日系人に寄り添うアンディ牧師と　その家族

　5 月の母の日礼拝の日、JBC の礼拝堂はもぬけの殻だった。アンディ牧師
はいつものように説教壇に立ち、誰も座っていない会衆席を見渡していた。日
曜学校の少年、少女、先生たち、若者たち、聖歌隊、さらに顔見知りのいろい
ろな人々。彼はそこにいるはずのみんなの顔を思い浮かべた。そして翌日から
彼のピュアラップ訪問が始まったのである[16]。中に入る許可証がなかなか発行
されなかったので、張り巡らされた鉄条網（barbed wire fence）の外側 3 フィー
ト（約 1 m）のところに立ち、日系の友人たちは 3 フィート内側に立って面会
した。収容所のゲートを通して特定の収容者に渡すように頼んだプレゼントは、
民間雇いの守衛によって開けられてしまっていたという[17]。ピュアラップの食
事は良くなかったようだ。モニカ・ソネは入所してすぐの雨の晩、キャンプの

半分の人が食中毒で外のトイレに走って行かざるをえなくなり、大変な騒ぎになったことを記している[18]。監視兵はあまりに多くの人々が外に出てきているため、暴動でも起こっているのかと思ったという。

　同年８月の半ばにはピュアラップ仮収容所からの収容者移動が開始された。行き先はアイダホ州のハント（Hunt）に造られたミニドカの強制収容所（転住センター　Relocation Center）であった。入所者は決められた順番で２日と１晩かけて鉄道で内陸のセージブラシが生えた砂漠のような場所に連れていかれ、そこからバスで収容所に入った。アンディ牧師はピュアラップであれば自宅から通うことができるが、JBCの仲間たちがアイダホに移動することになると聞き、自らも家族を連れて移動することを決心した[19]。JBCからはアンディ牧師だけでなく、ミッショナリーのエスタ・マクロフ（Esther McCullough）もミニドカの奉仕活動に献身したのである。

　ここで転住センター（Relocation Centers）の名称について一言付け加えておきたい。太平洋岸諸州の軍指定区域から移動を命じられた日系人約12万人は、軍によってまず「集合センター（Assembly Centers）」に連れていかれ、２～３カ月後に「転住センター（Relocation Centers）」と呼ばれた施設に入った。内陸部に建設中の「転住センター」が出来上がるまで短期的に彼らを収容するために使用されたのが「集合センター」であった。どちらも強制的に移住、収容された場所であることがわからないような呼び名になっているのがわかる。しかしその実態は日本人の血を引き継いでいるという理由だけで「逮捕令状」もなく、「裁判手続き」もなしで「強制的に自由を奪われ」有刺鉄線の中に閉じ込められたものであった。いかに当時の軍が「集合」や「転住」という美辞麗句で呼んでいたとしても、それは民主的な手続き抜きで「強制的に収容された場所」以外の何ものでもなかった[20]。本稿でも日系人が収容された場所はその実態に合わせて、「集合センター」を「仮収容所」、「転住センター」を「強制収容所」と呼ぶことにする。

　アンディ牧師が初めてアイダホ州ハントを訪れた時、道案内がなくてもミニドカ強制収容所に容易に着くことができたという。収容所からの砂埃が何マイルも先から見えたので、遠くからでもよく場所がわかったというのである。ミ

ニドカ収容所内部に居住することができたのは政府関係の仕事をもついわゆる公務員に限られていたので、キリスト教関係者は収容所内に居を構えることは原則できなかった。そこで収容所から20マイル離れたツイン・フォールズ(Twin Falls)にアンディ牧師は奉仕センターとなる大きめの家を貸りた[21]。

　ハント近郊のツイン・フォールズは大変保守的な町で、近郊に「敵国人」の収容所ができることを快く思っていない雰囲気があったようだ。実はアメリカ西海岸から強制移動させられた日系人の3分の2がアメリカ生まれの二世であったのだから「敵国人」の収容所というのは正確な表現ではない。オハイオ州には日系人がもともと少なかったので日系人の情報は希少だったのだろう。それ故近郊に、米軍がポスターなどで「宣伝」しているような、ずる賢く出っ歯で眼鏡のジャパニーズが来るのを諸手を挙げて受け入れるということは無理な話であった。実のところツイン・フォールズに引っ越してきた白人のアメリカ人であるアンディ牧師に対してさえ、快く思わないものがいたのである。

　ある日、ツイン・フォールズのカフェに食事をしようと入店したアンディ牧師だったが、店員はメニューすら持ってこなかった。オーダーしようとすると店の奥から店主が出てきて二人は口論となった。そして店主は日本人好きという評判のたっているアンディ牧師に出す食事などない、と腕ずくで追い出しにかかり、結局アンディ牧師の襟首をつかんで店外に放り出した。すでにツイン・フォールズの借家で暮らしていたアンディ一家であったが、このカフェの店主はそれからアンディ家の玄関先までやってきては嫌がらせをしたという。「TRAITOR, TURNCOAT, JAP LOVER！(裏切り者、反逆者、ジャップ好き！)」と家の前で罵声を浴びせたというのである。結局それだけでは気が済まなかったのか、店主はアンディ牧師一家が住んでいた借家を買い取り、大家としてアンディ一家を追い出したのだった。その結果、アンディ一家は通りを隔てた反対側の家に引っ越さざるをえなかった。さらにアンディ牧師は、ほどなく引越し先に面会に訪れた2人のFBIエージェントによって3時間も質問ぜめにあったという[22]。

　アンディ牧師とその家族は、上記のエピソードの引越しを入れてツイン・フォールズで2回引越しし、子どもたちは近郊の学校に通った。アンディ牧師

はツイン・フォールズ滞在期間に成し遂げた仕事として、1946年5月10日付の
書類にこう記している。

　　3年半の間に10,818回の訪問（visits）をし、3,538通の手紙を書き、644の
　会議に出席し、104回の礼拝を行い、79人の若者に洗礼を施し、49の結婚式
　を執り行い、151,416マイル（242,266km）を移動し、ブルーボックスで5,240
　人を乗せて移動させ、我が家に7,202人の訪問者を迎え、12の葬式を執り行っ
　た[23]。

　ミニドカ収容所に住む約1万人の日系人には、仏教や各教派のキリスト教の信
者がいた。プロテスタントは教派（denominations）を越えた協力関係を築き、
収容所内での礼拝などの活動は合同で行う方針だった。一方カトリック教徒は
チベサー神父を中心に礼拝を執り行っていた[24]。そのような中でアンディ牧師
とメアリー夫人は収容所近郊のツイン・フォールズに家を持つという利点をい
かし、独特の役割を果たすことができた。
　アンディ牧師は、シアトルの日系コミュニティにとって馴染み深いブルー
ボックスに乗ってツイン・フォールズにやってきた。そして入所者の外出許可
がとれるようになると、一世、二世をブルーボックスに乗せて街に買い物に出
たり、自宅に連れていってポトラック・パーティなどをした。しかし、アンディ
牧師が15万マイルも移動したとあるように、家はツイン・フォールズに構えて
いても、牧師自身はバプティスト・ホーム・ミッション（ABHMS: American
Baptist Home Mission Society）のもと、ミニドカ以外の日系強制収容所も訪問
し、収容所を出て大学に行きたいとか仕事を得たいと思っている二世たちのた
めに、中西部や東部の都市にも赴いている。しかし、アンディ牧師の名前が日
系の間で感謝の念とともに語られる背景には、彼がJBCに預かった荷物の運
搬人の役割をかってでたという事実も大きいようだ。日系の人々はシアトルの
JBCの体育館に預けてきたものがミニドカでの生活に必要になると、シアト
ルに行くついでに持ってきてくれるようアンディ牧師に依頼したのである。こ
うした依頼はアンディ牧師に収容所内で簡単には会えなかったため、手紙で行

われていた。

　　アンディ、ご迷惑をかけて申し訳ないです。JBC の体育館に保管しても
　らっている箱があるのですが、そこに私のミシンが入っています。アンディ
　が時々シアトルに行っていると聞きました。今度いらっしゃる時に持ってき
　ていただけますか[25]。

アンディ牧師のところには荷物を預けた家族から上のような手紙がどんどん届
いたのである。こういった依頼を一手に引き受けたアンディ牧師は、他の地域
への出張の合間をぬってブルーボックスを運転し、ミニドカ収容所とシアトル
の間をなんと56回も往復したのである[26]。

4　二世の若者とアンディ牧師夫妻の絆

　前節で触れたように、アンディ牧師はツイン・フォールズにいた3年半の間
に3,500通あまりの手紙を書いたとある。ワシントン大学のスペシャル・コレ
クションにはエメリー・アンドリュース・ペーパーズが所蔵されており、そこ
には彼のもとに来た多くの手紙も保存されている。アンディ牧師自身が書いた
手紙のカーボン・コピーもまじっており、保存されている手紙の数は極めて多
い。アンディ牧師夫妻がいかに強制収容された日系のために尽力したかを示し
ている。手紙の中にはもちろん、バプティスト組織 ABHMS 関連のワシント
ン州やニューヨークの上司への活動報告の手紙も含まれるが、二世の若者たち
から来た様々な依頼や相談の手紙が多くある。牧師夫妻はそれに対して善処し
ようと努力した。また必要な時は丁寧に返事をしていたようである。ミニドカ
の人々の近況を書いたニューズレターを作り、次第に各地に移住していってち
りぢりになった二世たちに送り続け、また誕生日カードなども送っていたこと
が、アンディ牧師（夫妻）あての手紙の中身から推測できる。
　例えばアンディ牧師に持ち込まれたものには、ベインブリッジ島民である日
系人たちからの嘆願があった。ベインブリッジ島の220人あまりの日系人は軍

事的な理由から、ほかのワシントン州の日系人よりも1カ月以上も早く3月30日に真っ先に強制移動させられた。ほかのワシントン州の日系人が5月にまずピュアラップ、そしてその後ミニドカ強制収容所に移住させられたのに対して、ベインブリッジ島民はカリフォルニア州のマンザナー強制収容所へ送られた。そのため知り合いの多いミニドカに転所させてほしいとの希望がベインブリッジの日系人からあがり、アンディ牧師にも1943年の2月に嘆願の手紙が届いたわけである[27]。この件は、ベインブリッジ島民の声がWRA当局にも届き、最終的には彼ら希望者のミニドカへの転所が実現している。

大学への進学や大学教育継続のため、さらに仕事の経験をつむために、二世の若者の出所が奨励されるようになると、どうすべきか相談してくる手紙が多くなった。また大学や仕事が決まってJBCの二世が収容所の外に出ていくことになると、その行き先にあるバプティスト教会に紹介状を書き、メンバーシップの移動の手続きをするのがアンディ牧師の仕事のひとつであった。そこでアンディ牧師への手紙には、紹介状を書いてもらった教会に行ったことが書かれているものも多い。

二世の手紙の中には就職のための推薦書を書いてほしいとアンディ牧師やメアリー夫人に依頼するものがかなり多かった。例えばメアリー夫人への手紙には、二回も収容所外の職業相談所（Outside Employment Office）に行ったがうまくいかなかったという、二世の女子高校生からと思われる手紙がある。職業相談所ではまず学校を終えてから行くようにとアドバイスしたようである[28]。当然のアドバイスのように聞こえるが、有刺鉄線の中に閉じ込められていたことを考えると、メイドとしてでも外に出たいと考えたこの高校生の気持ちはやるせない。

一方、結婚してもうすぐ子どもが生まれ母親になるという二世からのアンディ夫妻あての手紙では、子どもが生まれてしばらくしたら子どもと三人で収容所から出ていきたいので、アンディ牧師に夫の保証人になってほしいと依頼してきている。夫がアンディ牧師の名前を出所願いの身元保証人の欄に書くので、当局から連絡がくるはずというのである。その手紙には早く子どもに生まれてきてほしいという思いや、メアリー夫人からいただいたおくるみの毛糸と

おそろいで、赤ちゃん用に自分で靴下を編んだということなどが書かれている[29]。

　収容所から出て仕事につくというのは、二世の、特に独身女性にとっては大きな決心であったようだ。ある二世女性はメアリー夫人あての手紙を1943年2月末に書いている。Dearest Mrs. Andrews(最高に親愛なるミセス・アンドリュース)で始まる手紙の中には、翌週には自分の友達があと三人もツイン・フォールズに行くことになるとあり、自分もツイン・フォールズで働きたいと述べている。しかしそれに続いて、自分も収容所を出たいという気持ちはあるが、父が自分の収容所からの出所をどう考えるかが心配であり、外に出るなら近い町のほうがいいかもしれないと述べている。それから8カ月後の10月末、同じ二世女性は、アンディ牧師夫妻あての手紙の中で、カンザス・シティのWRA事務所に到着したばかりだと報告している。彼女は近郊のツイン・フォールズではなく、ずっと離れた場所に仕事を求めて単身で移住したことがわかる。そしてさらに到着の1週間後には、YMCAのマネージャーの家で下宿を始めたこと、仕事から帰って皿洗いをしたり、子どもたちの世話をすることで、部屋代と食事代の代わりにしてくれ、まるでホームのようだ、と書いてきている。また、どの程度近いかは不明であるが、近郊に二世の仲間が何人かいる様子も手紙に書かれている。さらにこの手紙の最後には、カンザス・シティには仕事がたくさんあるので、ミニドカからもっと多くの二世が働きに来るべきだと述べている[30]。このように先に東部や中西部の都市に仕事に出た二世が現地の就職状況をアンディ牧師に書き送り、次の二世の若者たちが続いたのではないだろうか。もちろん全ての手紙が移住先での楽しい暮らしを報告しているわけではないことは付け加えておきたい。

　アンディ牧師自身が書いた手記にも、鉄条網に閉じ込められた日系人が収容当初は外に出られなかったこと、そして次第に二世が外の社会で理解され労働力として重宝されるようになった経緯が書かれている。1942年の夏にミニドカ強制収容所に到着した日系人は、その年の秋アイダホ州南部の農場が労働力不足であることを知っても、収容所外の社会の安全性への不安と恐怖心があって、実際に働きに行ったのはごく少数であった。しかし働きに出た日系労働者側は、

アイダホの農民が思っていたより友好的であると知り、それを収容所の同胞に伝えた。一方、地元の農民側も、収容所にいるジャパニーズが宣伝ポスターのように出っ歯でもないし角も生えていないことをその目で見て、日系労働者との間に友好関係が芽生え、その結果アイダホ州南部の作物は多くの日系労働者のおかげで救われたという[31]。

　また、アンディ牧師は若い二世がどのような仕事を得ることができたのか以下のように伝えている。

　　多くの若い二世は収容所を出て東部で多種多様な仕事についた。そういう仕事は二世たちがそのために職業訓練を受けていたのにも関わらず、西海岸ではつくことのできなかったような仕事ばかりだった。また、看護師の訓練学校に行ったり、秘書やボーイスカウトのディレクターとかクリスチャン・センターの教員になるものもいた。軍に入隊した青年は海外の戦場に派遣される前に収容所に戻って来て、自分の家族を収容所から出して移住させた。大学に行くために出所した若い二世は多かった。軍隊にいる二世青年には戻って来て結婚し、新居を収容所から出て新しい場所に構えたものもいた。医師や専門職のものは、様々な場所へ移住していった[32]。

アンディ牧師は中西部や東部に行くことがあると、移住した二世の住むデンバー、カンザス・シティ、シカゴ、ニューヨークなどをめぐり、二世たちに面会した。もちろんアンディ牧師には、入隊した二世からの相談や報告の手紙も来ている。アンディ牧師と二世の若者たちとの文通の内容にはそういう交流がみてとれる。アンディ牧師夫妻の存在は、ミニドカに送られた日系二世の若者にとって大きな支えになったことは想像に難くない。

5　JBC の再開と白人教会への統合問題

　1944年12月、アメリカ西海岸沿岸の軍指定区域から日系人を排除した命令が解除され[33]、翌年から日系人が帰還できることになった。しかし戦前から根強

くあった排日気運が解消されてはおらず、当初収容所から以前の居住地域に恐る恐るでも戻ってきた日系人は少数だった。先に帰還してきた者はいわゆるモルモットであったといえよう。実際帰ってきても畑が荒らされていたり、墓地が汚されていたり、置いてきた荷物が盗まれていたり、ということもあり、街には「No Japs（ジャップお断り）」という差別的な貼り紙がまだあちこちに貼られていたのだという。帰還した日系農民がなんとか畑を耕して作物を育て、収穫して市場に持っていっても、それを買ってもらうこともできなかった[34]。日系の農民からは買ってくれなかったというのである。フレンド派の活動家でワシントン大学の教員であったフロイド・シュモー（Floyd Schmoe: 1895-2001）氏とアンディ牧師とは戦前からの知己であったが、日系人が帰還し再定住するにあたり、2人はワシントン大学生のボランティア組織として日系移住プロジェクト・ワークキャンプ（Japanese-American Relocation Project Work Camp）[35]をつくり、収容所から帰ってきた日系家族の家や庭の掃除、そして壁などに書かれた差別的文言をペンキで消す作業をした。アンディ牧師と大学生ボランティアは日系の農場に行き、草むしりや溝掘りをし、耕作も手伝った。収穫した野菜を日系農民が売りにいっても買ってくれないので、アンディ牧師がトラックで野菜を売りにいく役をしたこともあった[36]。

　実はすでに1943年はじめから、教派を越えたキリスト教の教団関係者は、戦後の日系キリスト教活動をどうするべきか会議を続けていた。そしてこの年の12月にコロラド州デンバーで、各教派の日系人と白人の牧師たちが一堂に会して「アメリカのキリスト教会における日系人の将来」を検討した。すでに強制収容所の中では教派を越えたプロテスタントの合同礼拝が行われており、これが理想的だという考えも聞かれた。日系人の強制移住につながった人種を隔てる誤解や不信感を軽減するためには、教会を人種を越えて統合するのがよいという考えを多くの白人、日系人牧師が共有していた。もし教会で白人と日系人が隣り合わせで礼拝をすれば偏見も減り、寛容さが生まれ、それが町の労働現場にも広がっていくだろうというのが牧師たちの願いだったのだ[37]。一方、日系教会というエスニック・チャーチが必要だと考える人も多く、その中に強制収容所内で活動した経験をもつ各教派の白人牧師も含まれた。一方、日系人だ

から日系の教会を求めるというわけでもなく、平和な教会、国、社会をつくるためには人種統合は必須と考える日系人牧師もいた。つまり、エスニック教会かまたは人種統合された教会かについては、人種の別によってくっきりと支持者が分かれるわけではなかったのである。そしてこのデンバーでの会議で採決がとられ、人種統合が多数を占める結果となった[38]。教会の合同組織であるHome Missions Council や Protestant Church Commission のメンバーである教会はこの会議のすぐ後と、しばらくたって実際に西海岸への日系人の帰還が始まった1945年1月中旬にあらためて、組織の方針通知を受け取った。そこでは国中の白人牧師に自身の教会へ日系人を迎え入れることを求め、加えて地域の教会組織のトップの人々には、エスニック・グループで固まっている教会を再開させないようにと伝達した。こうした方針のもとに、シアトルでも日系の再定住（resettlement）が始まったのである。

　上記のように、1945年の前半に帰ってきた日系人が直面したいまだに差別の残る環境で、シアトルの教会評議会（SCC：Seattle Council of Churches）はデンバーの方針に基づいて、各教派の日系教会の再開を一切認めなかった。白人の教派を越えた組織であるSCCは、各教派組織預かりとなっていた日系教会の建物の使用法を率先して決定していった。各教派の日系教会は自らのメンバーが帰還すれば教会を再開し、戻ってきた人々のために奉仕活動をし、物質的救済ばかりでなく魂の救済もしたかった。しかしながらそれは叶わなかったのである。

　一部の日系教会の建物は、帰ってきても住む家のない日系家族のためにホステルの役割を果たすよう命ぜられた。例えばシアトルのメソディスト教会は教育館を開いてホステルとし、1年以上人々の宿を提供した[39]。同様に監督教会（Episcopalian）、組合教会（Congregational）の建物がホステルとして使用された[40]。また、SCCより日本人バプティスト教会（JBC）を開いて一年間、教派を越えた連合礼拝をもてという指示を受け、メソディスト教会の町田牧師がその主任牧師に任命され、1年間続けられた[41]。これは一世のための日本語での礼拝であった。

　シアトルに帰還した日系キリスト教信者たちは、排日的雰囲気の残る中だか

らこそ同胞とともに過ごしたいと考え、自らの教派の日系教会の再開を望んで
いたとも考えられる。JBC 会員のそういう気持ちを十分理解し、JBC 再開を
心底望み、その方法を自分なりに画策していたのはアンディ牧師であった。当
初彼は、1）JBC を帰還者のホステルに転用すること、2）日系人の職を確
保し日系人に対するボイコットを未然に防ぐための代理人を探すこと、3）牧
師の家庭訪問を増やし、教会メンバーのミーティングを行うこと、4）人種統
合をすすめる教会のメンバーとして定着するまで日系人メンバーを教会まで送
り迎えすること、などを提案していたのである⁽⁴²⁾。つまり、アンディ牧師は人
種統合に協力していたのであるが、自分が JBC 会員に関わりながら進めたい
と種々の提案をしたといえよう。しかし、バプティスト教会はホステルとして
使用することは許されず、逆に一世の合同日本語礼拝の場所とされてしまった。
二世は白人教会に行くように促されていたが、2、3回は白人教会に出席して
も、結局行くのをやめてしまったものが多数だった⁽⁴³⁾。これこそが二世たちが
何を求めているかの答えであった。彼らは日系の各教派の教会の再開を求めて
いたのである。アンディ牧師だけでなく、バプティストのミッショナリーとし
てミニドカ収容所にも同行していたエスタ・マクロフも SCC とその下部組織
である帰還日系人のための連合教会（UCM：United Church Ministry to Return-
ing Japanese）の人種統合優先の指示を疑問視し、二世の運営委員会の意見を
尊重したいと述べて顰蹙をかった。マクロフについて日系人と親しくつきあい
すぎたために客観性を欠いているというコメントは、当時統合派がよく使った
表現だったという。マクロフのような白人ミッショナリーは強制収容所での経
験があるため、グローバル・チャーチというゴールが見えなくなっていると
うのだった⁽⁴⁴⁾。

　アンディ牧師に対してはもっと直接的に批判が集中した。アンディ牧師が
SCC の人種統合プランにわざと非協力的な態度をとって進展をおくらせてい
るという根も葉もない噂まで広がり、アンディ牧師はニューヨークにいる教団
の上司に、自分に向けられた糾弾に対してその不当性を明らかにする手紙を、
怒りをあらわにしつつ書いた⁽⁴⁵⁾。アンディ牧師は JBC の再開を当初からずっ
と望んでいたのかもしれない。しかし、自分はバプティスト・ホーム・ミッショ

ンの牧師であり、日系人が強制収容されていた間も、その組織のもとで二世を
できるだけ早く収容所の外に出して教育や仕事につかせることに尽力してき
た。その組織が人種統合のために二世の白人教会への出席を求めるのであれば
と、シアトルに帰還してから彼もその方針にそって行動してきた。それにもか
かわらず、非協力的だと疑われて、アンディ牧師も怒り心頭だったのである。
その後、二世を白人教会に通わせることで「統合」するという計画は思い通り
に進まなかったし、教会が再開されないために二世が教会から、そしてアンディ
牧師から裏切られたと思っていることに耐えられなくなり、アンディ牧師は、
バプティストのホーム・ミッションの上司にあてた手紙の中で、1946年5月1
日という期限を切って、自分独自の道を歩もうとする。

　　日系人にとって、彼らの教会が再開されるべきか否かは一度も疑問視など
　されたことはないのです。間違いなく彼らは自分自身の教会に戻りたいので
　す。政府は彼らの家、ビジネス、収入、安全を取り上げ、彼らの荷物の半分
　は盗まれてしまいました。彼らは連れ回された上に、鉄条網の中に閉じ込め
　られたのです。彼らが信頼できるもので残っていたのは彼らの教会だけでし
　た。しかしそれさえも白人教会のリーダーに作られた方針によって取り上げ
　られたのです。彼らの信頼は裏切られたのです(46)。

アンディ牧師はどこに行っても、メソディストだろうと、仏教徒だろうと、
バプティストだろうと、そして教会ではない場所でも、「いつ教会がオープン
するのか」と聞かれた。それ故どれほど JBC の再開が期待されているのかよ
くわかった。さらに彼が一番気にかけてきた二世たちが、せっかく帰還したシ
アトルで拠り所を失っていることが一番残念であった。アンディ牧師としては、
JBC は前年春に再開しているべきだったのだ。そうすれば、コミュニティ・
センターとしての機能を十分に果たすことができただろうからである。JBC
には体育館、社交室、ゲーム室、図書室、ホステル、保育室、礼拝堂があり、
人々の需要を十分に満たせる設備がある。ハワイに戻る途中の二世兵士がどこ
にも立ち寄るところがなく、白人用の飲食店にも入れないので、有色人種用の

店に入ってトラブルに巻き込まれ、刑務所に入れられたなどと聞くと、教会がオープンしてなかったからと思われてならなかったのである[47]。実はシアトルでは非行にはしる日系の若者の数が増加していることも、アンディ牧師には心配だったようだ。さらに幼稚園の再開を待っている母親たちがいることも、上の手紙の中で続けて述べたアンディ牧師は、最後に次のように宣言する。

　　私はこれらの二世が人種統合という、理想的理論を試すためのモルモットにされるのに嫌気がさしています。……5月1日になったら私は自分の手枷をはずします。ホーム・ミッション（American Baptist Home Mission Society）が私をサポートしてくれるのならそれは素晴らしいです。しかしもしそうならないなら、私は自分の道を行きます[48]。

こうして JBC が再開したのは1946年の4月であった。JBC の元会員が投票して再開を決定したのである。そして JBC 以外の日系教会の多くが再開を果たしたが、日本人ホーリネス教会と救世軍は再開ができなかったという[49]。

　SCC などが提唱した、白人教会に二世を招き入れて「人種統合する」という方針では、人種の違いに寛容な社会を作り上げることはできなかった。日系教会というエスニック組織は、戦前から白人のホスト社会との架け橋の役割を担ってきたが、戦後結果的に統合されなかったことにより、その役割を引き続き担い続けることができたといえよう。また、白人のアンディ牧師という存在自体が、実は日系コミュニティと白人ホスト社会との架け橋的役割を果たしていたともいえないだろうか。

　　おわりに

　アンディ牧師は1949年から51年にかけて毎夏、アメリカの落とした原爆により焼け野原となった広島に赴き[50]、自らの手で家を立てるプロジェクトに参加した。この家は「ヒロシマの家」と呼ばれ、敵国同士の人々が協力して、平和という目的のために建てた希望の象徴であった。アメリカ・フレンド派奉仕委

員会の活動家であり、ワシントン大学の教員であったシュモー氏が、戦後帰還した日系人をボランティアで援助したことは先に述べた。シュモー氏は原爆を落とした国の国民であることを悲しくも恥ずかしくも思い、償いの気持ちもこめてこの「ヒロシマの家」プロジェクトを始めた[51]。アンディ牧師は、シアトルでマイノリティの日系コミュニティのために何かをしなくてはいられず、その援助に積極的に関わってきたわけだが、国境を越えて奉仕をする「ヒロシマの家」プロジェクトは、これまでのアンディ牧師の行動の延長線上にあったのであろう。

　アンディ牧師は1955年にJBCの英語担当牧師を引退した。しかしその後もボーイスカウトのリーダーは続け、生涯日系コミュニティのために尽くした。「白人だが日本人の心を持つ牧師」[52]とまで呼ばれたアンディ牧師は1976年、82歳で死去した。

〈謝辞〉

　2001年、筆者がシアトルに滞在した際、エメリー・ブルックス・アンドリュース牧師は、ご自身の父親であったエメリー・アンドリュース牧師の貴重な資料を見せてくださった上、多くのお話を聞かせてくださった。ここに記して、心より感謝申し上げたい。ありがとうございました。

注

（1）David A. Takami, *Divided Destiny : A History of Japanese Americans in Seattle*, Seattle and London : University of Washington Press, Wing Luke Asian Museum, 2009(1998)27. The original was in Kazuo Ito, *Issei : A History of Japanese Immigrants in North America*, Seattle : Executive Committee for Publication of Issei, 1973.

（2）1899年5月、シアトルの日系バプティスト教会（JBC）創設。1904年にはシアトル日本人メソディスト教会（美以教会）、1907年、シアトル日本人長老教会とシアトル日本人組合教会、1908年、シアトル日本人聖公会が生まれ、1912年には、日本人プロテスタント教会の連合組織であるシアトル日本人基督教会同盟組織が正式に発足した。

（3）Seattle Japanese Baptist Church, Fiftieth Anniversary 1899-1949, May 22-

29, 1949：ブレン・メモリアル・メソヂスト教会創立六十周年史編纂委員『図竉
ブ ′ー・、・・バ モ リ アル・メ ソ ヂ スト 教 会 創 立 六十 周 年 史』ブ レ ン・メモ リ アル・メ
ソヂスト教会、1967年：河野寿平編『シアトル日本人基督教会同盟　六十周年記念
誌』シアトル日本人基督教会同盟、1974年。

（ 4 ）同志社大学人文科学研究所『北米日本人キリスト教運動史』PMC 出版、1991年
など。

（ 5 ）小平尚道『アメリカ強制収容所―第二次世界大戦中の日系人』　フィリア美術館
2004年（1980年）。

（ 6 ）Anne M. Blankenship, *Christianity, Social Justice, and the Japanese American
Incarceration during World War II*, Chapel Hill : The University of North Caro-
lina Press, 2016.

（ 7 ）戦前、日系コミュニティの日本人キリスト教会で活動した日本人ではない牧師・
神父は、就任前にアジア地域で宣教活動経験があり、日本語に堪能な場合が多かっ
た。しかしアンドリュース牧師にはそういう経験は皆無であった。Louis Fiset,
Camp Harmony : Seattle's Japanese Americans and the Puyallup Assembly Center,
Urbana and Chicago : University of Illinois Press, 2009, 13.

（ 8 ）E. Brooks Andrews, *Balancing On Barbed Wire*, vol. 1 , Vancouver : VPGI,
2015, 51–57.

（ 9 ）E. Brooks Andrews, vol. 1 , 100.

（10）E. Brooks Andrews, vol. 1 , 103.

（11）E. Brooks Andrews, vol. 1 , 24.

（12）PERMIT, Emery Andrews Papers in JBC Archives.

（13）E. Brooks Andrews, vol. 1 , 42–43.

（14）Fiset, 58. Table 2. Total Persons Taken to Puyallup Assembly Center
through May 31, 1942.

（15）Monica Sone, *Nisei Daughter*, Seattle : University of Washington Press, 1953
（1979）, 173.

（16）E. Brooks Andrews, vol. 1 . 28 ; E. Andrews' Statement dated 5/10/1946, p.
2 in Emery Andrews Papers, JBC Archives.

（17）ピュアラップ訪問に加え、アンディ牧師はコロラド州デンバー、ポートランド
仮収容所（オレゴン州）、ストックトン、タンフォラン、パインデール、サンタア
ニタにあった仮収容所（カリフォルニア州）を訪問している。E. Andrews' State-
ment dated 5/10/1946. p. 2 . in Emery Andrews Papers, JBC Archives.

（18）Monica Sone. 178.

（19）長女はシアトルに残り、次女、三女と長男のブルックスを連れて妻メアリー（Lit-
tle Mary と呼ばれた）とともに移住した。

（20）Densho, *Terminology*, https : //densho.org/terminology/　9/3/2019.

(21) E. Andrews' Statement, p. 2 .

(22) E. Brooks Andrews, *Balancing On Barbed Wire*, vol. 2. *Valley of Weeping*, 2015. 10–11.

(23) E. Andrews' Statement, p. 3 .

(24) Blankenship 69.

(25) E. Brooks Andrews, vol. 1 . 43.

(26) *ibid.*, 101.

(27) Box 2, E. Andrews Papers (1908–1) Special Collections, University of Washington.

(28) *ibid.*

(29) *ibid.*

(30) *ibid.*

(31) E. Andrews' Statement, p. 4 .

(32) *ibid.*

(33) 1944年12月17日 Public Proclamation 21により西海岸沿岸地域から日系人を追放する命令が無効になった。

(34) E. Andrews' Statement, p. 5 .

(35) Blankenship 191.

(36) 北米報知　1/1/1999。

(37) Blankenship 172–173.

(38) Blankenship 176.

(39) ブレン・メモリアル・メソヂスト教会創立六十周年史編纂委員　120。

(40) Blankenship 190.

(41) ブレン・メモリアル・メソヂスト教会創立六十周年史編纂委員　120。

(42) Blankenship 191.

(43) Blankenship 196.

(44) Blankenship 197.

(45) Andrews to Wadsworth 29 Oct. 1945. Box 1 . E. Andrews Papers.

(46) Andrews to Caldwell, 25 Mar. 1946. Box 1 . E. Andrews Papers.

(47) *ibid.*

(48) *ibid.*

(49) Blankenship 204.

(50) シュモー氏とアンディ牧師は、ヒロシマの家プロジェクトのあと、もう一つの原爆投下の地ナガサキにも家を建てた。そしてこのプロジェクトは韓国にも家を建てるプロジェクトへと発展した。

(51) 北米報知　1/1/1999. 高木（北山）眞理子　「ヒロシマの家（Houses for Hiroshima）—シュモー博士とアンドリュース牧師—」『愛知学院大学人間文化研究所報』

　第39号　2013年。
(52) 北米報知　1/1/1999。

第4章　南カリフォルニアにおける日本語学校の再興

はじめに

　1930年代、カリフォルニア州の各地において日本語学園は「全盛時代」であったが、1941年12月の日米開戦により日本語学園は閉鎖された。『南加州日本人七十年史』によれば、戦時中の日本語教育は、ツール・レークやクリスタル・シティの両キャンプの中で行われたものの、他の転住所では所内の教育部管理の下でハイスクール以上の子女に対して行われた程度であったという[1]。

　戦後、南カリフォルニア州では、1946年頃から日本語学園が再開され始め、1948年2月に再興した羅府第一学園を先駆として、次々と学園が復興していった。1951年10月には日本語学園協同システムが創設され[2]、開校した学園を総合経営したほか、各地でも学園が再開されていった。しかし従来の研究では、1940年代の日本語学園の実態について注目されることはなかった[3]。本章では、日本語学園が戦後に再興される過程を羅府第一学園を事例にして分析し、戦前から戦後の日本語学校の変容を明らかにしていきたい。

　羅府第一学園は、1911年に羅府日本人会によって創設され、日本人会代表の小室篤次牧師と島野好平を園長として発足した[4]。羅府第一学園は、ロスアンジェルスで最初に設立された学園である。島野は、南加日本語学園協会長として教育界に尽力し、日米開戦により検挙されるまでの30年以上にわたり学園の園長を務めた[5]。島野は1943年11月にサンタ・フェ収容所で病没するも、戦後は杉町八重充（1898-1967）によって羅府第一学園は再建され、この学園を母体として日本語学園協同システムが創設された。1940年代を通して羅府第一学園に携わった人物は杉町である。本章では、杉町の思想と行動に着目しながら、1940年代の羅府第一学園の実態を分析していく。

　まず第一に、1930年代を中心に戦前の南カリフォルニア地域の日本語学園の

状況についてみていく。第二に、杉町の自伝ともいえる『アメリカに於ける日本語教育』（大島一郎、1968年）から[6]、杉町の戦時中の動向と思想について明らかにする。第三に、戦後の羅府第一学園が再建されていく過程を『加州毎日新聞』の記事から検討する。

　以上を通して、1940年代の南カリフォルニア地域の日本語学校の変容（類似点ならびに相違点）と、戦後に日本語学校が再建された意味について考察する。

1　戦前の日本語学園の状況

　カリフォルニア州では、1927年に私立外国語学校取締法が違憲とされ、日本語学園は政府の規制に従うことなく自由に運営されるようになった[7]。1930年代、南カリフォルニア地域では新しい日本語学園が設立されて、特に日本語学園が多い地域となり、全体の約92％の学園で日本の国定教科書を使用した教育が実施されていた。1932年以降、『羅府新報』では「学園の時代」という見出しも散見されるようになる。

　こうしたなかで、羅府第一学園園長であり南加日本語学園協会会長の島野好平は、「本協会の使命に就て」と題して、「日本語学園の黄金時代といはれる今日こそ私どもの最も警戒を要するとき」として、日本語学園について四つの使命を取り上げた。第一に、日本語学園の経営の合理化についてである。第二に、教師の質の問題である。特に教師の選考のあり方と父母と教員の関係性を課題としている。第三に、使用する日本語教科書についてである。日本の国定教科書が多くの学園で使用されている状況に対して「在米教育者の怠慢」と戒め、加州日本語読本の使用を推進し、南加、中加、北加日本語学園協会の連合会が加州日本語読本を改良していくことをあげている。第四に、児童の徳育、修身教授の問題である。学園における修身科の設置については可とするが、日本の国定修身教科書が使用されている状況を批判している。「在米児童の徳育は日本道徳の美点を採用するはさることながら主眼を米国市民教養という点に置き、十分なる研究を遂げ徳目も選び、方法も講ずべし」と徳育を研究していくことが目指された。

　1937年に入ると、南加、北加、中加の日本語学園協会が連合して、改訂版の日本語教科書の編纂を推進していくことが協議された。1938年の南加日本語学園協会の総会では、杉町八重充の提案で教材として在米日本人苦闘史の編纂や二世の教員部の設置なども提案された。苦闘史の編纂は二世に日本人としての民族意識を植えつけるためであり、二世の教員部の設置は二世の教師に対する便宜と連絡を図り、将来の協会の推進力を養うためであった。

　1930年代後半になると、二世だけでなく二世を親とする三世が学園に就学してくるようになった。1938年10月の『羅府新報』には、島野が「第三世の教育」と題する論文を発表した。島野は、耳と口から始めて目と手へ移る新しい日本語教授法と、在米日本人のための新しい教科書を編纂していく意欲を語った。そして新しい教科書の内容については、二世だけでなく三世の教材として「狭隘なるものではない」日本精神を構想した。

　1939年に入ると、南加日本語学園協会では三世を射程に入れて日系児童のための日本語教材の選択、初歩教授の方針、会話篇の編纂など、新しい日本語教材を編纂する取り組みが開始された。また二世に対する職業斡旋や日本留学、日本の国情を理解させることを目的として日本語の実力試験が実施された。1940年に入っても、日本語の実力試験、職業問題の参考とする動向調査、母国見学団など、二世に対する取り組みは相次いで実施された。10月14日に可決された国籍法の改正以降は、他の団体や公立学校と連携しながら、「善良なる米国市民を養成する方針」から、日本語学園で星条旗や米国人偉人の肖像画を掲げること等が議論され決定していった。

　1941年2月の南加日本語学園協会の総会では、新教科書の編纂、学園生徒に日本国籍の離脱を奨励すること、米国国家に忠誠を表す標語を設定すること、二世教師の養成の奨励等が可決された。3月の同協会の理事会では教科書編纂委員会が設置され、中加と北加の日本語学園協会と交渉を開始し、5月に日本語学園協会連合大会が開催された。大会では南加日本語学園協会の案が可決され、三つの協会が連合して日本語教科書を作成していくことや、北米の日本語教育関係団体を網羅する総合団体を創設すること、新教科書については南加日本語学園協会が中心的な役割を持つことが決定した。教科書の編纂事業は、時

局に対応して日本語学園を忠良なる日系市民の教育機関であることをアピールするために急速に展開していった。

　島野によれば、二世の日本語教育の方針としては、「一体的錬成教育」、「即生活行事教育」、国民科国語の要素など、1941年4月から実施された日本の国民学校の教育制度を応用し、言語（日本語）、生活、道徳教育が一体化した教育が目指されていた。

　7月には南加日本語学園協会が教科書の編纂事務所を開設し、教科書の編纂作業が開始された。主任編集者は、島野、杉町、吉住保政、井上通政、青木得聞、松澤敦の6名であり、巻一の編纂は8月中旬に完了した。

　8月28、29日には、全米日本語学園代表者会議が開催され、南加、中加、北加日本語学園協会、西北部、山間部の教育団体からなる全米日本語教育会が発足した。これ以降は、全米日本語教育会の事業として教科書の編纂事業は続けられた。12月までに6冊の原稿が完成していたが、12月7日の日米開戦の勃発により編纂事業は中断し、新しい教科書は公刊されなかった。

　新しい加州日本語読本は、二世だけでなく三世以降の日系人児童を対象として作成された[8]。具体的には、日本の最も善い所を選択し、米国人にも推奨し、米国の文化に貢献すべき内容が取り入れられた。

　米国に寄与すべき「日本道徳」として、「尊長敬老」「勤労耐久」、日本文化の代表的な価値あるものとして、「国家に対する忠誠、年長者に対する尊敬、親に対する孝行、感謝の心、忍耐心」等があげられていた[9]。

　また、完成していた巻一には、日本語学園の児童となれる「たのしさ」「うれしさ」、その躍動する喜びに内容を与える生活指導の「しつけ」、日本民族の自覚を培う「お正月」、善良なる米国市民の自覚を培う「学園に翻る米国旗」「国旗掲揚式」「ハロウィーン」「クリスマス」「クリスマスツリー」など、米国市民養成の補助教育として日本の行事とともにアメリカの生活暦や行事が描かれていた。

　また目次の項目には本来の意図が見えないように工夫が施され、躾、習慣、兄弟愛、礼儀、スポーツ精神、市民教育などが盛り込まれた。年長者に対しては、一貫して敬語が用いられ尊敬語が使用された。新しい日本語教科書は、生

活文を主体として、子どもが自分の生活と関連づけながら日本語と道徳を学ぶものであった。

2　杉町八重充の抑留体験

日米開戦にともない、カリフォルニア地域の日本語学園は閉鎖され、日本語学園関係者は検挙されていった。ここでは、1934年から羅府第一学園に携わり、島野とともに南加日本語学園協会で新教科書の作成にも関係していた杉町八重充の抑留体験を中心に、彼の動向と思想についてみていきたい。

（1）抑留まで

まず、抑留されるまでの杉町について概観する[10]。杉町八重充は、1898年10月に佐賀県出身の屯田兵である杉町巳之吉の長男として北海道野付牛村で生を受けた。彼は北海道開拓民の子どもとして、農場を経営する父親が集団移民やアイヌとともに働き援助している姿を見ながら育った。杉町は、1911年に野付牛尋常高等小学校尋常科を卒業後、北海中学に進学した。杉町の家は曹洞宗であり、祖父は高台寺の檀家総代をしていた[11]。杉町は中学生の頃に初めて禅学の初歩を学ぶも、中学3年生の頃に組合教会の牧師の娘が英語教師となったことから、彼女からアメリカの文化や生活を学び、組合教会にも通うことになった[12]。そして、「禅宗から迷い出て、キリスト教を懐疑の眼で見」、中学5年生の頃には「神第一主義からさまよい出た」という[13]。杉町は「仏教もキリスト教も愛と真理による人間の更生を論じている」[14]と宗教を相対化して捉えていた。また当時、人生の愛読書となる高山樗牛の『哲人何処にありや』を読んだ[15]。杉町の中学時代は、兄と慕われていた人の死や母親を亡くすなど[16]、近親者の相次ぐ死に直面するなかで、自らの人生やこれからの生き方について悩み苦しみ模索していた時期であった。

杉町は北海中学を卒業後、明治大学予科政治経済科に進学した。大学時代にはクロポトキンの相互扶助を読み、「人間は自分の事を考えるよりも、協同的計画に依って改善する外に方法はない」ことを学んだ[17]。杉町は大学時代、学

生運動やストライキを起こし、警察に幽閉され、その結果、社会主義者と見なされ放校処分を受けた[18]。その後、同じく解職された明治大学政治部部長の植原悦二郎らとともにアメリカに渡った[19]。

　1922年12月に杉町はワシントン州立ワシントン大学の政治科に入学し、在学中はシアトル北米時事の記者として働いた。途中、政治学から社会学に転学し[20]、1928年に大学を卒業した。その後は羅府新報の記者となり、1930年に南カリフォルニア大学大学院に進学して、M. A. の学位を取得した。1934年からは児童心理の実地研究を行うために羅府第一学園の教師となり、日本語学園とつながりを持つことになった。翌年には、羅府第一学園を兼務しながらパサデナ学園長とパサデナ日本人会の幹事も務めることになった。

　杉町は、1937年に社会事業の視察のために欧米各国を歴訪した。半年ほどドイツに滞在した時に戦争が開始されることを予見して日本に帰国するも、日本に社会学と政治学の洋書を持ち込んだために、再び社会主義者や共産主義者と疑われた[21]。その後、中国に渡り[22]、1939年に再びアメリカに戻り、パサデナ学園長、パサデナ日本人会書記長、羅府第一学園教師として復帰した。同年、杉町は『少年保護に対する診断面接の理論と実際』を財団法人日本少年保護協会から出版した。杉町は日本語学園や日本人会に携わりながら、「一生の事業を探し」、日本人の問題ある子どもたちのために「子供の家」を建設する決心をした[23]。理由は、成年の検束者のなかに日本人の子どもが出てきたことや、青少年のギャングの問題に注目していたからであった[24]。

　杉町は政治家を目指して東京の大学に進学したが、社会主義者として放校処分となり、その後、渡米した。ワシントン大学に進学するも政治学から社会学へと専門を変更し、社会事業や教育事業に携わりながら、社会事業の研究を積み重ねていた。そのなかで杉町は、日本人少年の保護という社会福祉の事業家として生きていく決意を固めていたのであった。

（2）抑留体験

　開戦後、杉町は最初に郡監獄に検束された[25]。その後、1942年5月にニュー・メキシコ州のサンタ・フェ収容所で聴取を受け[26]、ローズバーグ収容所に護送

された。ローズバーグ収容所では杉町は市長に選出された[27]。彼の仕事は、午前と午後に抑留者を就労に出すという当局の要請に対応することであった。杉町は市長として、鉄条網の外の労働を強制する当局に対して、他の市長とともにジュネーブ条約を論拠として対抗した。杉町は、市長として抑留者（日本人）を護る敵国人捕虜として生きていた。

　1942年8月には、シーゴビル収容所に移送された[28]。ここではすでに収容されていた妻と再会した。杉町はシーゴビル収容所について、全米の転住所や他の敵国人収容所と比較して最上の設備であると述べている。さらに杉町によれば、この収容所は元来、アメリカ政府の女囚感化院であり、大陸からの日本婦人とその子ども、ペルー、コロンビア、パナマ等で検束された日本婦人とその子ども、そしてドイツ人が収容され、官吏たちが全て大学出身者で社会事業の専門家であったいう。そのため所員も全て社会事業科卒業生でマスターの学位を取得した者もおり、杉町は彼らと友達のような関係を築いたという。彼は1942年11月頃、ガダルカナルの日記を読んだことで、日本の敗戦を意識し戦後の準備にとりかかった。

　杉町の仕事は、朝7時から夜12時まで、良人の呼び寄せや、出所良人のところに帰すための公聴会の手続き、財産の調査、ペルー政府との交渉、ペルーにいる家族との連絡、パナマやコロンビアとの交渉などであった。杉町の労働は多忙で、二週間の入院生活を送ったという。

　退院後の杉町は、収容所内の学校視察を行った。杉町は、日系人150名、ドイツ人50名の生徒に対して、3名の英語教師によって午前中のみ授業が行われていることや、生徒の大多数がスペイン語使用者であること、教師は英語で話す先生のみという状況をみて、子どもたちの将来を考えて学校改革案を提出した。その内容は、日本に帰国する者に対する純日本学校（日本語学校）、ドイツへ帰国する者にはドイツ学校（ヒトラ式の学校）、米国にとどまる者には純米国学校（米国式学校）への改組である。この提案をオラーク（J. L. O'Rourke）所長が政府当局に提案し、杉町の案は戦時中の敵性外国人の子弟教育方針として採用された。こうしてケネディー・キャンプから文部省派遣の教師とその他の教育事業に関係することができる者が派遣され、教科書作成費として五千ドルが

送られてきた。さらにオラーク所長との信頼関係により、正月用の食物の配給を受けたり、日本人を軍隊の下に置くか司法省の文官の管轄とするかについて意見を求められた。

1942年8月から1943年夏までの約一年のシーゴビル収容所において、杉町は戦時中の収容所内の子どもたちの学校改革案と日本人の取り扱い方についてオラークを通じてアメリカ政府と交渉を行った。杉町は、「アメリカ人の偉大性を初めて知った、アメリカ人の理解力……正しい事には敵国人の提案でも平気で採用する。この態度に私は信頼と尊敬とをもって米国の為に心から帽子をとった」と述べている[(29)]。杉町はシーゴビル収容所でオラークと出会い、戦時中の日本人の教育に携わりながら、国籍に関係なく、人と人との「信頼」や「尊敬」によって「正しい事」が実現していく経験を得たのである。

1943年8月、杉町はテキサス州のクリスタル・シティ収容所に移送された[(30)]。杉町が最初に直面したのは、日本人小学校と中学校の建設であった。収容所には、すでに公立小学校と中学校があり、午前9時から午後3時までアメリカの公立学校と同一の授業が行われていた。また同市の高等学校長のテイトが教育局長として赴任しており、日本語は公立学校が終わってから1時間ほど勉強することが定められていた。

杉町は日本人自治会の副総務と教育部長を兼任し、純日本語学校を設置していく交渉にあたった。しかしシーゴビルの状況を話しても日本人が信じず、コレア所長も手続きをふむことはなかった。クリスタル・シティ収容所には日本帰国者が三分の二以上いた。日本人学校から帰宅した生徒は1時間は英語の勉強をすることになっていたが、日本語だけでよいと反対する者たちがいた。こうした状況のなかで、杉町は公職を辞して社会病理学の翻訳と読書三昧の生活に入っていった。

収容所内では、日本の少尉によって軍事教練が取り入れられたり、ガール・スカウトが先鋭化していった。日本人学校は僧侶に占領され、キャンプの右翼化と勝ち組が表面化していったという。他方、ハイスクールの卒業式でダンス・パーティを催すことが公式に発表された。日本人学校、実科学校、ボーイ・スカウト、ガール・スカウト、図書館、茶道部、相撲部などは、日本道徳の根源

をなす家族主義を中心とした教育方針により、ダンスへの出席を禁じる声明を発表した。当局は護衛つきで祝賀ダンス・パーティを開催したが、翌日からストライキが始まり、日本人学校と公立の小中学校は休校となった。事態は悪化し、藤井龍智総務は司法省移民局ハリソンにオラーク所長の処置に対して抗議文を送った。しかし事態は解決せず、杉町は解決研究委員会の委員に加わり仲介役としてオラークと単独交渉に臨んだ。杉町は、喧嘩両成敗、相互の誤解ということでオラークと藤井の仲介をとり、ダンスによるストライキは解決した。杉町は、「国境を忘れ、アメリカ人であることを忘れ、日本人であることを忘れ人間対人間の赤裸々な中に於てのみ正しい解決は出来る」と述べている[31]。その後、杉町は収容所の状況に「馬鹿らしさ」を感じながら、1944年11月28日に妻とともに出所した[32]。

クリスタル・シティとシーゴビルの収容所の状況は異なっていたが、杉町はシーゴビルでの経験を貫きながら、クリスタル・シティ収容所においてもオラークとの交渉に臨んだ。杉町は後に次のように語っている[33]。

戦時中敵国人捕虜収容所に於て、市長、総務またはスポークス・マンとして収容所々長に対して要求または交渉する場合、「何が正しいか」を発見することが屡々あった。私は長い思想的闘争と経験の結果、特にSeagerill（シーゴビル）およびCrystal（クリスタル）City（シテイー）のCamp（キャンプ）の所長オラーク氏との交渉の間にお互いの信頼と友情のみによって、事件の解決を見る事が出来る。正直に非利己心の中にのみ何が正しいかが発見される。日本人であることを忘れ、アメリカ政府の代表であることを忘れ、人間としてどうあらねばならないか……このような立場にしばしば追いこまれた結果、生存競争の理論に立脚する社会には永久に平和はこない。相互扶助……この世界を協同システムの根本理論に置くにあらざれば永久に人類の幸福は来ない。との思想的転回がこの戦争中に生れ、所謂協同システムの実践的教育哲学がふみ出されたのである。

杉町はとくにシーゴビルとクリスタル・シティ収容所の体験のなかで、「何

が正しいか」「生きること」「平和」を目的とした時、大学時代に読んだクロポトキンの思想のなかで「相互扶助」を「人類の幸福」の哲学として導き出していったのである。

3　羅府第一学園の復興

（1）パサデナ学園の再興

　杉町はバージニア州で終戦をむかえた[34]。彼は1946年の秋に羅府第一学園の理事長であった笹島英樹から電報を受けてロスアンジェルスに行き、学園の土地の問題を処理した[35]。島野は戦後の羅府第一学園を杉町に任せると朝倉準二副理事長に言い残していたのである。

　杉町は、1947年の夏にパサデナに帰還した。『加州毎日新聞』には、9月に開催された巴市在留民相談会の模様が掲載されている[36]。9月6日の相談会では、杉町の人口調査に基づき、パサデナ日本人会の名称はパサデナ日系人会と改称された。また、日本語学校と庭園学校の開設、在郷軍人感謝会の開催と同組織の後援、平和謝恩会の開催などが決議された。

　戦前、杉町はパサデナ日本人会の西村末治会長の元で書記長やパサデナ学園長を務めていたことから、社会事業の研究家として西村に呼び戻された。杉町は、ジャパニーズ・コミュニティ・センターの設立のため、二世三世と何代にもわたる日系人の組織を構築していった[37]。

　杉町は相談会において、日本語学校が必要な理由として、第一に戦争中のアメリカにおける日本人の文化事業のなかで日米に偉大な功績があったこと、第二に進歩的国民は数ヶ国語を知らなければならないこと、第三に日系人の特権であること、第四に結婚後の家庭のトラブルを回避できること、第五に子どもの「不良防止に有効」をあげた[38]。また杉町は、戦前の日本語学園の問題点を指摘し、パサデナでは学年は3年生程度までの学園とし、それ以上はロスアンジェルスの学校に送ることとした。杉町は戦前の学園のように数校が乱立して不経済なやり方を「絶対にしない様にしたい」と述べた。相談会では、「軍国主義的日本の教科書」は二世の教材として利用しないこと、1941年に作成され

ていた日本語教科書の「あの精神を延長発展せしむる」こと、3学年までの日本語学園の再興などが可決された。

　10月にハワイで外国語学校禁止法の無効判決が下ると、カリフォルニアの日本語学校にもこの判決が適応されることになった(39)。パサデナ学園は11月8日に開校し、生徒数は70名に達した(40)。生徒の増加が予想されたが、部屋も足りない状態で開始された。机は戦前のものを再利用するなど不十分な状況であり、学園父兄には学校設備を整備するといった自発的援助が求められた。

　パサデナ日系人会では、日系人会学園基本財産確立組合や第一、第二貯蓄金融組合が組織された(41)。杉町は学事報告や第一組合の支配人、貯蓄金融の研究委員なども務め、パサデナ日系人会の経済的再建に尽力していった。その後、杉町は1949年5月までパサデナ学園長を務めた。パサデナ学園の二代目園長は朱雀野有造が就任した。杉町は同年6月にパサデナ学園からパサデナ市北ガーフィールド街1120に新居を購入して移転し(42)、6月からは羅府第一学園長の専任となった。

（2）羅府第一学園の目的

　1947年10月19日、羅府第一学園の総会が開催され、学園再興の件と開校準備委員が選定された(43)。杉町は総会の書記として出席し、開校準備委員に選出された。杉町はパサデナ学園の開校と並行して羅府第一学園の再興にも携わっていった。

　羅府第一学園は、1948年1月に財団法人となり、2月に開校した。校舎はロスアンジェルス・ジャクソン街432番地の住宅の内部を教室に改築したものを仮校舎とした(44)。杉町が園長で、週日部（午前3時から6時、9日開校）の教務主任に島野かほる、土曜部（午前9時から午後3時、7日開校）の教務主任に星宮外介が就任した。学校の方針は、「児童に日本語を語学として教へ善良なる米国市民となる様性格の発達に最善の注意をなす」とされた(45)。注目されるのは、羅府第一学園が単に日本語を教える語学学校ではなく、米国市民養成のために性格教育に力点が置かれているところである。杉町は、「日本語を教ふると共に彼等の成長に従いよき人生の友として、彼等の性格の発達、職業の選択

等人生の航路を誤らしめない様に善導する広義の学園」として(46)、羅府第一学園を作り上げていった。

　夏には夏期学校の生徒募集がなされ、「暑中休暇中お子さん方を街頭に放任して置く代りに半日学園に送りませう」と広告が出された(47)。夏期学校は、子どもの非行予防のための呼びかけでもあった。こうして夏には180名の生徒が通学し、一級一担任制で授業が行われた(48)。9月には校舎が狭いことから、生徒の一部を中央学園のホールに移して土曜から授業が開催された(49)。中央学園は1946年の冬から元中央学園教師の川上夫人が私学として再開していたが、羅府第一学園と合併した。羅府第一学園の生徒は開校9ヶ月後には230余名に達した(50)。中央学園と両方で週日部は3名、土曜部は5名の教師が授業をしていた。しかしジュニア・ハイスクール以上の生徒の申し込みもあり、中央学園は土曜部だけでなく週日部も開始することになった。

（3）教科書の内容

　初年度、教科書は杉町が自ら考案していった。内容は、「日常生活に触れた現実を題に取り、教科書を読みながら親孝行を教えたり、日米親善、世界平和、米国建国の精神、何故に良い青年でなければならぬか、父母の苦心、其他を織込んだ教訓」とした(51)。「世界平和」は新しい内容であるが、「親孝行」は、戦前から見られた徳目である。そこで、内容について分析してみよう。「親孝行」は、次のようである(52)。

　　我我は子供に戦前の如き孝行論を強いない。然し赤児の時代から今日まで育ててくれた親に対して、如何に協同的態度をもつべきかを教える。相互の為に協同的システムをつくらんとする態度こそ、親の求めるものであり、その様なシステムをつくることが子供の義務ではあるまいか。子供が親の立場を理解し、親は子の立場を理解し、どちらが正しいとか悪いとか言うことではなくして、家庭生活を幸福にするには何が正しいか、どうしたらよいか、平和と調和の家庭生活をするには、何が正しい行き方であり考え方であるかを、はっきり考えるようになって、そこにはじめて真の幸福があることを知

りはじめて来たのである。同じ観点から兄弟姉妹また友人との関係に於ても、同じ論理と理解を持ち結果を見ることが出来る。

　我々が児童をあずかつてなす唯一の方法は、子供は家庭員として如何に協同するか、親と子との協同システムを如何につくるか、その精神的心構えと技術を如何に教えるかにある。

　内容は、日本道徳の親に対する孝行ではなく、親と子の「協同」が説かれている。つまり戦前の「親に対する孝行」と意味が変容していることがわかる。次に「敬老論」をみていこう[53]。

　従来家庭に於ては、敬老及び長幼の序が道徳として重要視された。然しこれもお祖父さんだから偉い。お父さんだから、お兄さんだから尊敬しなければならないという考え方から、一歩進めて互いに他の家族の人格を尊重する。互いに家族の人々の気持をよくし、満足させる。それぞれの立場、苦労を理解し公平にかつ互いに助け合い、子供達にどうしたら協同システムをおじいさんとつくり得るか、彼等に考えるように教えて置けば、老人に対して心からいたわり、またおじいさんやおばあさんは幼き子等に対して惜しみなく愛を与えるであろう。特別な人だけを特別に尊敬することは、他の人を下に見ることが当然起つてくるので、民主的な家庭をつくることにはならない。

　これも戦前の「尊長敬老」とは異なり、子と父、自分と兄、子と祖父母との協同論に置き換えられている。さらに「夫唱婦随論」については、以下のように説明されている[54]。

　従来の日本の家庭には男性が何もかも女性より優勢的待遇をうけた。然し男女は必然的に家庭を中心に考える時に、その分担する仕事は相違があつた。然し人間として相互に協力し責任を分担することによつて、家庭の幸福が生れるものであるならば、女性が質的に向上しなければならない。子供らが成

長するに従つて「うちのお母さんは何も知らない。駄目だ」との印象を与えるようでは、家庭に真の幸福は生れない。母だけが雑用で疲労し肉体的にも精神的にも余裕のない家庭生活は、単に母ばかりでなく、家庭全体の不幸である。

　従来の男尊女卑を前提とした夫唱婦随論ではなく、母親の地位と質の向上が説かれている。このように新しい教科書の徳目は「協同」の論理を入れた内容に変わった。杉町は、抑留中に「相互扶助」や「協同」を哲学として見出し、「新しい道徳理論、道徳観即ちデモクラシーの原理による人間関係を土台として、人間の行為基準を子供達に身につけるようにしなければならない」[55]と、アメリカ民主主義の原理として、個々の人格を尊重した「協同」を道徳の内容としたのである。

　しかし、「父母の苦心」や日常生活は戦前からすでに取り入れられた内容であった。日本語を通じて礼儀や躾を教えるところは1941年の日本語教科書の編纂方針を踏襲していたと考えられる。

　また教科書の文字については、カタカナ書きから始めることとした[56]。戦後の国語教科書はカタカナ書きから平仮名書きに変わったが、杉町は戦前の加州日本語読本と同じカタカナ書きを採用した。

　南カリフォルニア地域では、1948年2月の時点で5校の日本語学園が開校されていたが、いずれの学園も教科書が不足している状況であった[57]。1948年2月から日本語学園関係者による教科書相談会が開催され、杉町は教科書不足の解消に奔走した。1949年3月に開催された教科書相談会では、杉町は戦前の教科書と羅府第一学園の10冊の教科書編纂のことやカリフォルニア州の公立学校の教科書研究の報告を行い、カリフォルニア州教育局の検定を受けるために教科書編纂に取りかかる必要があると述べた[58]。そして相談会では、編纂主任を杉町が担当することや、各学園の受持担任を編纂委員として下級生用から順次編纂すること、発音仮名遣いにすることなど、本格的な教科書編纂に取りかかることが決議された。1950年4月には、各学園相互の連絡と研究向上の団体を組織する米国日本語教育会が創設され[59]、杉町は同会の会長に選出された。以

降、同会の事業として新しい教科書が研究されていくことになった。カリフォ
ルニア州では戦前から連合団体が教科書を編纂していたが、戦後もこれを継承
するかたちで実施されたのである。

（4）学校経営の改革

羅府第一学園は、その後も他の学園を分校として拡大していった。1951年ま
での状況は、以下のとおりである。

1948年	2 月	ジャクソン432　羅府第一学園、週日部と土曜部開設
	9 月	羅府中央学園分校土曜部開設（羅府中央学園内）
1949年	8 月	ロスコー（サンバレー）分校開設（ロスコー・トレーラー・キャンプ内）
	10月	ロスコー（サンバレー）分校に土曜部開設
1950年	4 月	ジェファーソン分校開設（仮校舎　西ジェファーソン街の車庫）
	10月	新校舎の土地を購入し、校舎と商店の建築を開始
1951年	10月	羅府中央学園毎日部が協同システムに参加
	10月	第一学園協同システムを日本語学園協同システムと名称変更

1949年6月の羅府第一学園の理事会では、学園の永久的基礎と学園中等部卒
業生に奨学資金制度を確立するために貯蓄組合を組織することが決定した(60)。
この方法は、パサデナ学園の財団法人巴市日系人会の学園確立基本財産組合を
模倣したものであり、経営基盤を確保するために、貯蓄信用組合制度を導入し
たのである。この組合は、1951年8月にカリフォルニア州政庁から日本語学園
信用貯蓄組合として公認された。

杉町は戦前から課題であった学校の乱立や経営の問題を、個別の学園を合同
して一つのシステムで運用する協同システム（Unified system）によって改革し
ていった。戦後、教科書や教室や教師が足りない中で、社会事業の手法を用い
た合理的な学校経営が実行されたのである。

（5）教師の選出

それでは、羅府第一学園の教師ではどのような人物が採用されたのであろう

か。創設当初の羅府第一学園では、ロスアンジェルスに在住し、元日本語学園のよき教師として尊敬されていた良教師のみの総合学園が目指されていた[61]。教師は学歴、人格、経験において一流で、特に品行に重きをおいていた[62]。日本語を教えながら教師の人格を生徒に注ぎ込むために、人物本位の教師が求められていたのである。さらに「充分に米国の事情に通じ、彼等の友となり、将来を相談する」教師を求めていたが[63]、杉町は学園教師の給与の問題と学園教師には他の職業のように失業と養老の保障がないことから、よい教師が得られない現状を吐露している[64]。羅府第一学園が合同した学園の多くの教員は、戦前から日本語学園で教えた経験を持つ一世の教育リーダーたちであった[65]。

おわりに

　戦後の日本語学園の再興は、戦前の南カリフォルニア地域の日本語学園の課題を一つずつ克服し、再編していく過程であった。

　南カリフォルニア地域の日本語学園は、1930年代に全盛期をむかえていたが、経営のあり方、教員の問題、日本語教科書の問題、道徳教育の問題など、多くの課題が指摘されていた。1930年代後半期から、学園には三世が修学するようになり、二世だけでなく三世以降の日系児童に対する新しい日本語教科書内容や教授法などが開発されようとしていた。1941年には、時局に対応するために、急遽、新しい日本語教科書の編纂事業が進められたが、日米開戦のために事業は中断された。

　戦時中、日本語学園の関係者たちの多くは抑留された。そのなかで、抑留された日本人の教育や労働に携わり、アメリカとの交渉役を務めた杉町は、抑留体験のなかで戦後の教育哲学として「相互扶助」と「協同」を導き出した。

　終戦後、杉町はパサデナに戻り、まずパサデナ日系人会の再組織化の方策の一つとしてパサデナ学園を再興した。杉町は、戦前の日本語学園の課題を克服すべく「協同」という教育哲学を使いながら、戦後の日本語学園の再建に取り組んでいった。羅府第一学園の実態をみると、戦後と戦前の日本語学園の類似点と相違点は次のようになる。

　まず類似点として、教員については、戦前戦後を通じて一世の教育リーダーたちが継続して日本語学園の教師となったことがあげられる。また教科書の編纂方針も1941年の編纂方針が戦後にも引き継がれていった。

　相違点としては、教科書の徳目の内容があげられる。戦前と同じ徳目であっても、その意味する内容は民主主義の原理による人間関係を前提とした「協同」という新しい概念が提示された。また学校の経営のあり方は、戦後の教科書や教員や教室等の不足から、経営の合理化を図る目的で個々の学園を合同する協同システムが採用され、社会事業の手法が取り入れられた。

　最後に戦後に日本語学校が再興されていく意味についてまとめたい。戦後の日本語学園は、単に日本語を教える語学学校ではなく道徳教育を重視した学校であった。そのため、子どもの犯罪を予防する場として、また二世、三世に対して礼儀や躾、職業指導を施す精神教育を提供する場となった。加えて戦後の日系人社会のなかで一世が主導して活躍できる場でもあり、二世女性の子育てを支援する場として、機能していったと考えられる。

注
（1）南加州日本人七十年史刊行委員会編『南加州日本人七十年史』南加日系人商業会議所、1960、279。
（2）田中によれば、1984年の時点で「南カリフォルニアでは日本語学園協同システムが大きな勢力を持ち、北部、中部カリフォルニアではこれに匹敵する組織は存在しない」と述べている。田中圭治郎「戦後アメリカにおける日本語学校―カルフォルニア州の日本語学園協同システムとハワイ教育会を中心として―」東京学芸大学海外子女教育センター『国際教育研究』5、1984. 6、21。
（3）同時期のハワイの日本語学校については、島田による研究がある（島田法子「日本語学校―ハワイ日本語学校の解体と復活―」『戦争と移民の社会史―ハワイ日系アメリカ人の太平洋戦争』現代史料出版、2004、105-133）。
（4）羅府第一学園については、南加州日本人七十年史刊行委員会編（1960）293。
（5）島野については、南加州日本人七十年史刊行委員会編（1960）、288、293。「故島野好平」佐々木さゝぶね『抑留所生活記』羅府書店、1950（奥泉栄三郎監修・小沼良成編刊『初期在北米日本人の記録』2（北米）、57、文生書院、2007）。
（6）杉町八重充『アメリカに於ける日本語教育』大島一郎、1968。杉町については、田丸が同書を用いて生涯をまとめている。しかし、日本語学校の再興に焦点をあて

たものではない（田丸誠「杉町八重充とその時代」（『史稿』39、北見市史編さん事務室、2010）。

（7）1930年代の日本語学園については、竹本英代「カリフォルニア州における日本語教科書の編纂事業—南加日本語学園協会を中心に—」（吉田亮編著『越境する「二世」—1930年代アメリカの日系人と教育—』現代史料出版、2016、53-76）を参照。

（8）1941年に編纂されていた新しい教科書の内容については、竹本英代「1941年全米日本語教科書の編纂に関する資料分析」（『福岡教育大学紀要』65、2016.2、15-26）を参照。

（9）杉町八重充（1968）117。

（10）分析に対しては、適宜、田丸誠（2010）を参照した。

（11）杉町八重充（1968）43。

（12）杉町八重充（1968）65-71。

（13）杉町八重充（1968）71。

（14）杉町八重充（1968）73。

（15）杉町八重充（1968）80。

（16）杉町八重充（1968）74-83。

（17）杉町八重充（1968）316。

（18）杉町八重充（1968）91-93。

（19）杉町八重充（1968）93-94。

（20）杉町八重充（1968）97。

（21）杉町八重充（1968）101。

（22）杉町八重充（1968）102。

（23）杉町八重充（1968）104。

（24）杉町八重充（1968）105。

（25）杉町八重充（1968）116。

（26）杉町八重充（1968）120。

（27）ローズバーグ収容所内のことについては、杉町八重充（1968）121-130。

（28）シーゴビル収容所内のことについては、杉町八重充（1968）130-136。杉町は1954年に米国籍を取得した。

（29）杉町八重充（1968）136。

（30）クリスタル・シティ収容所内のことについては、杉町八重充（1968）137-146。所内の教育状況については、ライレイの研究がある（Karen L. Riley, *Schools behind barbed wire*, New York: Rowman & Littlefield, 2002）。

（31）杉町八重充（1968）144。

（32）「自治会発表」『自治会時報』85、クリスタルシテイ自治会、1944.11.28、2。

（33）杉町八重充（1968）187-188。

（34）杉町八重充（1968）146。

(35) 杉町八重充 (1968) 151-152。

(36)「在留民相談会　（　　）」『加州毎日新聞』3673、1947．9．10、3。

(37)「在留民相談会　（三）」『加州毎日新聞』3675、1947．9．12、2。

(38)「在留民相談会　（四）」『加州毎日新聞』3676、1947．9．13、2。「在留民相談会　（五）」『加州毎日新聞』3677、1947．9．15、2。

(39)「布哇外国学校禁止法　憲法違反で無効なりと判決　大陸の日本語学校へも適応」『加州毎日新聞』3713、1947．10．27、1。

(40)「入学申込者何と七十名」『加州毎日新聞』3716、1947．10．30、3。

(41)「パサデナ日系人会　基本財産確立組合　今年度の新陣容成る」『加州毎日新聞』4090、1949．1．25、1。

(42)「パサデナ通信」『加州毎日新聞』4199、1949．6．3、2。「杉町園長新住宅」『加州毎日新聞』4201、1949．6．6、2。

(43)「第一学園総会　財団法人組織決定　開校準備委員選定」『加州毎日新聞』3707、1947．10．20、3。

(44)「羅府第一学園　二月九日授業開始　杉町氏が学園長」『加州毎日新聞』3788、1948．1．28、3。「羅府第一学園　土曜部も週日部も予定通り開校」『加州毎日新聞』3795、1948．2．5、3。

(45)「週日部土曜部　生徒募集」『加州毎日新聞』3788、1948．1．28、3。

(46) 杉町八重充「学園の開設に関し親しき友に贈る（二）」『加州毎日新聞』4094、1949．1．29、1。

(47)「夏期学校　生徒募集」『加州毎日新聞』3918、1948．6．30、3。

(48)「終戦後、最初催された第一学園お話会　人物本位の教育が光る」『加州毎日新聞』3969、1948．8．30、3。

(49)「羅府第一学園　中央学園跡へ拡張　二ケ所で教授」『加州毎日新聞』3987、1948．9．21、1。

(50)「羅府第一学園　各方面で好人気　此際生徒の登録を希望」『加州毎日新聞』4025、1948．11．4、3。

(51)「終戦後、最初催された第一学園お話会　人物本位の教育が光る」『加州毎日新聞』3969、1948．8．30、3。

(52) 杉町八重充編『協同』2、日本語学園システム、1959、5、10。

(53) 杉町八重充編 (1959) 10。

(54) 杉町八重充編 (1959) 10。

(55) 杉町八重充編 (1959) 12。

(56) 杉町八重充編『協同』1、日本語学園協同システム、1952、55。

(57)「日本語学園関係者　教科書相談会　土曜夜都ホテルで開催」『加州毎日新聞』3807、1948．2．19、3。

(58)「日本語学園の教科書編纂　本格的に進行」『加州毎日新聞』4135、1949．3．19、

1。

(59)「北米日本語教育会　創立総会開催　来る廿三日（日）午後二時」『加州毎日新聞』4464、1950.4.18、3。
(60)「羅府第一学園　理事会の決議事項　貯蓄組合も組織」『加州毎日新聞』4203、1949.6.8、2。
(61)「羅府第一学園の再興　南加第一の学園　各方面で大歓迎」『加州毎日新聞』3768、1948.1.5、1。
(62)「終戦後、最初催された第一学園お話会　人物本位の教育が光る」『加州毎日新聞』3969、1948.8.30、3。
(63)杉町八重充「学園の開設に関し親しき友に贈る（四）」『加州毎日新聞』4096、1949.2.1、1。
(64)杉町八重充「学園の開設に関し親しき友に贈る（五）」『加州毎日新聞』4097、1949.2.2、1。
(65)たとえば、島野好平の妻の島野かほるは元羅府第一学園幼稚科教師、星宮外介は元ミドリ学園長であった。

第5章　日系人と仏教の越境
——1940年代シカゴに誕生した2つの仏教会——

はじめに

　1942年2月に発令された大統領令9066による日本人・日系人強制退去と強制収容の命令は、日系社会に多大な影響を及ぼした。アメリカ本土の西海岸に住む約12万人の日本人と日系人は、それまで築き上げてきた家や仕事を手放し内陸の収容所に移動させられることになった。それは1880年代から続いていた日系社会の崩壊を意味し、日系人の生活を根絶するものであった。これまで、この日系アメリカ人の強制収容の実情と経緯については、公の機関や研究者によって多方面から調査、研究が行われてきた[1]。

　戦時中の日系仏教徒の活動については、ダンカン・R. ウィリアムズ（Duncan R. Williams）の *American Sutra* に詳細に論じられ[2]、収容所内では、仏教のアメリカ化や宗派・宗教を越えた動きも見られたとされる。テツデン・カシマ（Tetsuden Kashima）の *Buddhism in America* では、仏教会閉鎖とメンバーの収容という危機的状況に直面した浄土真宗本願寺派米国仏教団が、収容所内でも活動を継続させ、組織の刷新を通してアメリカの仏教として変化していく様子が記されている[3]。また仏教徒や宗教活動の様子を写真などで綴った *Memories* は再版を重ねている[4]。

　そのような中、収容所から早期転出が許可された3万人以上の日系アメリカ人がいたといわれる。早期転出とその後の中西部・東部への再転住は、日系人の収容を担当するアメリカ政府機関 WRA （War Relocation Authority、戦時転住局）による政策である。日系アメリカ人の処遇について WRA は収容直後から考えていたとされるが[5]、西海岸は軍事的理由で立入禁止であったため、西海岸以外の都市で再転住の候補地が検討された。再転住は1942年に始まり、初めはコロラド州デンバーやユタ州ソルトレークシティなど西海岸に近い都市への転

出が多かったとされる。その後、シカゴにも多くの人が向かうことになった[6]。

　シカゴに最初の再転住者がやってきたのは1942年6月のことである。同年、WRAシカゴ事務所が開設され日系アメリカ人を受け入れる準備が進められた。シカゴからの地理的な近さもあって、初期の頃はアーカンソー州にあったローワーとジェローム収容所からの再転住者が多かった。シカゴは1943年春から再転住者を大規模に受け入れるようになり、2つの収容所以外からも日系アメリカ人がやってくるようになった[7]。

　こうしてシカゴは日系アメリカ人の新たな生活の場所となっていく。シカゴ日系人の歴史、社会、文化については、藤井寮一が編集と執筆者を兼ねる『シカゴ日系人史』や伊藤一男『シカゴ日系百年史』、大迫政子による論考 “Japanese Americans: Melting into the All-American Melting Pot”、日系人のあゆみを写真で綴ったアリス・ムラタ（Alice Murata）の *Japanese Americans in Chicago* などがある[8]。

　シカゴに住むようになった二世を中心として、1944年に、中西部仏教会（Midwest Buddhist Church, 1971年に Midwest Buddhist Temple と改称）と、シカゴ仏教会（Chicago Buddhist Church、現在は Buddhist Temple of Chicago）が設立された。共に浄土真宗の流れを受けているが、中西部仏教会は浄土真宗本願寺派のアメリカ本土の開教本部、BCA（Buddhist Churches of America・北米開教区、1944年以前は Buddhist Mission of North America・米国仏教団）に属し、シカゴ仏教会はインディペンデントの色彩が強かった。戦前から仏教やキリスト教の宗教施設や宗教活動は、一世や二世の身近にあった[9]。仏教会は一世や二世が集まる場、学ぶ場、交流の場、文化的な場として、精神面、社会面、文化面で多くの役割を果たしていた。シカゴに来た二世も仏教会をスタートさせ新たに活動を始める。仏教会の始まりと、1940年代の二世仏教徒の動きを、越境という視点を念頭に置きつつ検証していく。

1　日系アメリカ人の転出とシカゴ

　立退命令が出された後、多くの日系人はまず集合センター（Assembly Center)[10] に集められ、その後に転住所（Relocation Center）[11]や収容所（Internment Camp）[12]に送られることになった。10か所の転住所はアメリカ政府の WRA 管理下にあり、11か所の収所所は司法省の管轄である。本論では転住所も収容所と称するが日系人はキャンプと呼ぶことが多い。

　収容所から出ることになった日系人を受け入れたシカゴは、人種・民族の多様性がみられ労働市場が豊富な都市であった[13]。シカゴは当時すでに360万人を数える大都市であり、第二次世界大戦中であっても日本人に対する差別が少なかったといわれている[14]。シカゴには多くのヨーロッパ系移民が住み、外から来た人が受け入れられやすい町であったようだ[15]。排日に傾くメディアも少なかったとされ[16]、シカゴだからこそ多くの二世を受け入れることができたといわれている。

　シャーロット・ブルックス（Charlotte Brooks）は、戦時中、シカゴの人にとって日本人は「非白人である」ことが最重要であり、「日本人」であることは二の次であったという。アメリカ政府による日系人の強制収容はシカゴ市民にはあまり知られておらず、日系人は「オリエンタル」として中国系と同様にみられていた[17]。WRA は異なる人種を受け入れてきた経験を持つシカゴという都市で日系人を生活させ、アメリカ社会への同化を進めようとした。

　さらにシカゴには開かれた労働市場があった。当時のシカゴは戦争の影響をあまり受けないサービス業や軽産業が多かったとされ、さらに単一の業種が労働市場を独占するような都市でもなかった。これら諸条件が日系人が仕事を見つける際に適していたとされる[18]。シカゴ労働市場で日系人は、白人以下で黒人以上という「はざま（inbetweenness）」の存在として受け入れられていったのだと、ブルックスは述べている[19]。労働市場にみられる人種関係において日系人は、まず黒人と白人のはざまという位置に置かれ、将来は白人のほうに入っていくだろうとみなされた。つまり WRA が意図していた日系人の同化は、労働市場も可能であるように思われていた。日系人の強制収容がほとんど話題にのぼらないところで、WRA は日系人が「自然な」流れで一般社会に溶け込むことを目指していた。シカゴはそうした目的を達成するのに最適な場所であった。

収容所を離れることを決意した日系人は、家族が離れて暮らすことを受け入れなければならなかった。再転住する二世と収容所に残る一世は、鉄条網の内と外で離れ離れになってしまう。この頃、一世の高齢化が進んでいた。日本人であり日本語を話す一世の収容所内での処遇がどのようになるのか、収容所生活がいつまで続くのかなど不安な気持ちがあった。戦争のさなかに、新しい町へ行くことへの不安を持つ二世もいた。新しい場所では戦前のように日系人社会を作ることはおそらく不可能であろう。アメリカの大都会で仕事をしながら生きていけるか暗中模索の境地であった[20]。

　多くの懸念や不安はあったものの、二世たちはシカゴを再転住先と決めた。WRA の政策やキリスト教組織やキリスト教徒からの支援[21]もあり多くの人が再転住を決断したのである。1942年6月12日に日系人再転住者第一号がシカゴにやってくる。それから約1年が経った1943年半ば頃には、二世は目立たないようしかし二世同士で集まるようになった[22]。そして1944年、2つの日系仏教会が設立されることになる。

2　二世仏教徒と中西部仏教会の誕生

　戦時中にシカゴで仏教徒が集まっていく様子を、のちに中西部仏教会の主要なメンバーとなるベン・チカライシ（Ben Chikaraishi）が語っている。

　「二世はキャンプ、ローワーやジェロームやほかのキャンプから出て、シカゴで仕事を見つけることができました。そしてシカゴにやってきました。みんな十代後半か二十代前半でした。多くが仏教徒でしたがここに仏教会はありませんでした。（中略）シカゴで熱心な仏教徒が定期的に集まって礼拝をするようになりました」[23]。シカゴに来た二世仏教徒が小さな集まりを重ねていた。シカゴの日系人仏教徒が動き始めた。

　チカライシは戦中にシカゴの二世が集まることになった理由を説明している。シカゴに来た日系アメリカ人は、裕福ではなく仕事も限定的で労働環境も厳しかったことから、住む場所も自ずと限られていた。同じ地域に住むことになった日系アメリカ人が顔を合わせ、そのうち集まるようになるのは必然で

あった[24]。同化を進めようとした WRA の思惑に反し、二世による集まりが重ねられていく。

　中西部仏教会10周年の記念誌には、「仏青たち（仏教青年会のメンバーのこと：引用者注）は、最も必要な時に宗教的な教えをいただくことができませんでした。仏青による最初のミーティングからしばらくして、ラサール通り（La Salle St.）に小さな部屋を借り」[25]二世たちは話し合いを重ねたとある。

　1944年4月、日系アメリカ人が集まることに関して、WRA シカゴ事務所と指導者的立場にある約12名の二世がシカゴ大学でミーティングを開くことになった。「日系人を市内別々のところに住まわせ、分散させ、同化させることが WRA の思惑で」[26]あったことは明らかである。ミーティングには仏教徒でありこの後入隊することになるバリー・サイキ（Barry Saiki）[27]、サイキのカリフォルニア大学バークレー校時代の同級生であり、後に社会学者となるタモツ・シブタニ（Tamotsu Shibutani）も参加した[28]。サイキはその時のやり取りを次のように回顧する[29]。

　ある参加者（WRA 関係者とされる）[30]から「なぜ仏教徒は日曜礼拝をしているのですか？　戦争中はそれ相応の対応をとりながら信仰を続けることはできないのですか？」と尋ねられた。サイキは多くの参加者から二世仏教徒が集まることをよく思わない空気を感じたという。「対応することは可能ですが、どの宗教においても礼拝は重要でしょう。宗教は、個人が聖職者やほかのメンバーと接することによって成り立っています。シカゴの若者の多くは若くて独身です。そして仏教という背景を持っているのです。宗教的な話を聞くだけではなく、市内で分かれて住む旧友と会う機会、そして同じ関心事を共有できる仲間とふれ合う時間を与えてくれるのが礼拝なのです」、「キリスト教徒は既に教会がたくさんあるのでそこに行くことができます。シカゴに仏教会はないのです。礼拝をする場所が必要です。二世が大多数で集まることは好ましく思われないと理解しています。ですから、シカゴのサウスサイドの黒人が多く住む地域[31]で集まっています」。このように述べたという。WRA だけでなく同じ二世からも仏教徒の集まりは好意的に受け止められなかった。このままだと仏教会設立はおろか、集まることさえも難しくなる可能性がある。そのような中、サイ

キたちは二世にとって宗教が重要であることを語ったのである。

　WRA だけでなく二世の説得を行う必要もあった。先ほどの話し合いの続きである。「仏教徒が二世全体の状況を危うくしていると思いませんか？仏教を神道と間違える人もいるのですよ」と尋ねられたサイキは、「そう思う人もいるでしょう。しかし仏教は広く知られた宗教です。もし WRA が、これからさらに多くの人を転住所から出すという政策を進めるなら、家族単位で出てくることになるでしょう。高齢の人たちを再定住させるなら、その人たちの希望も考えなくてはいけません。シカゴで仏教会を始めれば、高齢の人たちの再定住を促進することにもなります」[32]、このように答えている。

　この日の話し合いで結論は出なかったとされる[33]。WRA が同化政策を強く推進するのであれば、日系人の集まりを許可することはできない。二世も仏教徒が集まることに不安を感じていた。サイキはキリスト教と同様に、仏教も宗教施設の確保と活動ができるように求め、宗教の違いにより差異が出ていることにも異議を唱えた。さらに一世を念頭に置き、複数の世代が住むことになるであろうシカゴには仏教会が必要だと説いた。シカゴの二世仏教徒は、交渉の中で仏教の必要性を主張したのである。

　WRA は、それ以上強く二世仏教徒を説き伏せようとはせず、身を引いた。「WRA に同化させるという政策はありましたが、教会を始めてはいけないという政策はありませんでしたから」[34]とチカライシは述べている。

　しばらくの後[35]、ジェローム収容所から河野行道開教使がシカゴにやってくる（開教使とは外で伝道する僧のこと）。河野行道（1911-1975）は、広島県坂町（現在の安芸郡坂町）にある浄土真宗本願寺派西林寺に 8 人兄弟の長子として誕生、龍谷大学を卒業した後1937年 4 月 9 日に渡米した。ハンフォード仏教会に着任したが、開戦となりフレスノ集合センター、その後はジェローム収容所に住みながらローワー収容所でも仏教会活動を行っていた。そうした中、ジェロームの閉鎖が決まり、河野はシカゴに来ることとなった。河野がシカゴに来た経緯をチカライシは、「そのころちょうど親たち（一世：引用者注）がローワーやジェロームのキャンプにいて、そのとき河野先生はローワーでしたが、親が先生にシカゴに行ってくれないかとお願いしたのです。シカゴに行った若者に、仏教

教育や心の安らぎを与えてほしいと言いました。河野先生はシカゴに行くことを決め、その主な目的は仏教会をスタートさせることでした」[36]と述べている。シカゴに来た河野は、シカゴのサウスサイドに住む日系人宅に一泊した。その翌日に初めて礼拝を行い、仏教讃歌を歌ってみんな抱き合って泣いて喜んだと河野は記している[37]。

　二世仏教徒と河野は、シカゴで安定的に活動を行うための場所の確保に奔走する。以下、仏教会の建物の変遷である。1944年にシカゴのサウスサイドにサウスパークウェイ・コミュニティホールを借り（1945年3月に使用をやめる）、同年ノースサイドに日系人が増えてきたためアップタウン・プレイヤーという500席ほどもある劇場も借りることになった。その際、本論の第3章にも登場する、ユニテリアンの牧師プレストン・ブラッドレイ（Preston Bradley）にノースサイドにどこか場所はないかと尋ねたという。そしてユニテリアンの牧師ホマー・ジャック（Homer Jack）[38]を紹介され劇場を借りることになった。しかし劇場が1946年4月に焼失したため、再度ジャック牧師に連絡したところ、オリヴェット・インスティテュートを月40ドルで貸してもらえることになった[39]。キリスト教の牧師たちの支援も受けながら、礼拝や活動の拠点を持つことができた。

　1944年7月10日[40]午後2時、サウスパーク・コミュニティホールで初めての公の礼拝が行われ、河野を初代開教使、そして二世7名を設立メンバー[41]として中西部仏教会が誕生する。

　設立メンバーは全員が20代でタツコ・フクシマ、ヘレン・サイキ、アキラ・エビス（戒明）はポストン収容所Ⅲから、バリー・サイキとシズオ・ナカシタ（中下静男）はローワー収容所、マリオン・ナカツマはジェローム収容所、スエコ・マスダはハートマウンテン収容所からシカゴに来た[42]。設立メンバーは各収容所でも仏教会活動をしていた。エビスはポストンⅢ仏教青年会のリーダーの一人である。バリー・サイキはローワー仏教青年会会長であり、収容所で発行されたザ・アウトポスト（The Outpost）の編集者でもあった。サイキは後に中西部仏教会の寺報Chicago Dharma（後にMidwest Dharma）の発行人ともなる。ナカシタはローワー仏教青年会の幹事であった。その他、中西部仏教会の

中心メンバーになっていくチカライシもローワー仏教青年会のメンバーであった。片平ジャック、野村時男、星城のりこ、川平末子といった二世の名前も初期メンバーの中にみられる[43]。仏教会設立メンバーの多くは、シカゴに来る以前からよく知られた二世仏教徒であった。こういったメンバーと再転住前からの仏教とのかかわりもまた、仏教会設立の大きな原動力になった。

　日系仏教徒は場所を移しながら礼拝を続けた。アップタウン・プレイヤーでは、劇場には時間をおいて1人もしくは2人といった少人数で出入りしていたという。またFBIには終戦まで日曜礼拝の内容と会議議事録の提出を求められた[44]。メンバーはWRAの事務所に日参し、新しく来た二世のリストを見せてもらい、歓迎のメッセージと仏教会活動を紹介するカードを送り、住居や仕事を探す手伝いなども行っていた[45]。第2回の礼拝時にはメンバーが数百名となり *Chicago Dharma* が発行された[46]。

　仏教会設立1か月前、1944年6月9日の河野の言葉が残されている。「吾等の前途には多くの難関が横たわっているけれど、如何なる辛苦の谷も困難の川もお念仏と共に越え渡って行こう。皆手をしっかりつなぎ合せて—。シカゴにおける仏教運動は単に当時のみの仏教徒の問題でなく、全米数万の仏教徒の一人一人の荷負すべき聖なる責任なのだ。(中略) 今や自分は二世を指導するという意志はない。只二世と共に戦ふのだ。共に悩み共に泣くのだ。自分は指導者ではなく、おん身の進んで行く道づれなのだ。共に進まん朗かに力強く大地をふんで」[47]。河野は二世と一緒に浄土真宗を広めたいと考えていた。河野はポストン収容所にいた開教使を目指す二世、アーサー・タケモト（Arthur Takemoto）にシカゴに来てほしいと考え、松陰了諦開教総長（1890-1948)[48]に依頼し許可を得る。シカゴに来たタケモトは、FBIに提出する書類の作成や交渉を引き受けることになった[49]。

　河野は同年11月、シカゴからオハイオ州クリーブランドに向かう。現地で仏教会を始めようという二世の動きがあったからである。翌年1月に初めての礼拝を行う。翌年4月にはミネソタ州ミネアポリスで仏教会をスタートさせ、夏にはミズーリ州セントルイスで法話会を始める。シカゴ以外でも二世仏教徒による新たな組織づくりが始まっていた。4つの仏教グループが誕生し、中西部

地区としてまとめていこうと考えた河野は、シカゴにあった仏教会の名称を中西部仏教会（Midwest Buddhist Temple）にする[50]。中西部仏教会は4州に広がる仏教グループをつなぐ拠点としての役割も果たしていくことになる。

終戦直後、河野はポストン収容所にいた日本人開教使、藤村文雄に声をかけている。藤村への手紙には、「シカゴに仏教会を開いたが、キャンプ閉鎖で会員が増え、手が足りずに困っているからもし行く先が未定ならばシカゴへ出てきませんか。自分は二世を受け持つから君（藤村：引用者注）は一世への布教伝道を手伝って欲しい」とある。二世への布教をどのように行っていくのか、河野は多くの人の協力を得ながら進めていく。

3　二世開教使とシカゴ仏教会の誕生

1944年、シカゴにもう一つの仏教グループが誕生する。のちのシカゴ仏教会である。寺院設立の中心となったのは、二世の開教使ギョウメイ・M. クボセ（久保瀬暁明　Gyomay Masao Kubose、1905-2000）。1905年にサンフランシスコで生まれたクボセは、幼い頃、父方の祖母が住む広島に行き教育を受けた。その後、父が住むカリフォルニア州に戻り、その直後に祖母が亡くなったことをきっかけに本願寺派のオークランド仏教会に行くようになった。

クボセはオークランド仏教会の仏教青年会に入る。その時の開教使が波多泰巌（1889-1968）であった。波多は本願寺派の開教使として渡米し、勉強のため日本に一時帰国した際、真宗大谷派の学僧であり清沢満之の弟子でもある暁烏敏（1877-1954）の薫陶を受ける。アメリカに戻ってオークランド仏教会に着任するが、波多の真宗理解にさまざまな意見が出て仏教会を去ることになった。その後はオークランドの近くで「求道会（きゅうどうかい）」を設立している[51]。

クボセは波多に影響を受け、多くの暁烏敏の著書を読む[52]。米国仏教団の会議の際に仏教会活動から離れることを宣言し、クボセは「以来、私はインディペンデントだ」と述べている[53]。インディペンデントという考えは、当時波多の思想にもみられ、クボセも影響を受けていた[54]。さらにクボセは浄土真宗の教えにいくつかの疑問を持っていたようである。阿弥陀如来に対する信仰がキ

リスト教における神に対する信仰と同じように思われること[55]や、後年は他力の理解について疑問を述べている[56]。若きクボセは、仏教に強い関心を持っていたが、組織上も信仰上においても既存の仏教会では満たされることがなかった。

　クボセはカリフォルニア大学バークレー校に進学し、哲学を専攻する。24歳の時にアメリカを訪れた暁烏敏の通訳として45日間という長い時間を共に過ごすこととなった。この時に暁烏との思い出が数多く作られる[57]。その後、妻と共に日本に渡り暁烏の下で5年間勉強する。大谷派で僧籍を取得し、1941年7月に帰国した。11月にロサンゼルスを訪れた際に大谷派の開教使から声をかけられ、ロサンゼルスにある大谷派の仏教会を手伝うようになった[58]。

　クボセは生涯にわたり暁烏を深く敬っている。著書 Everyday Suchness に「この本を私の全人生をかけて最も敬愛し尊敬する先生、故暁烏敏先生に捧げる。暁烏先生に出会わなければ、私は仏教や私自身を見つけることができなかった。私がこの世に生まれたのは、明るい暁という意味をもつ暁明という名前をいただくことになった先生に、ただ出会うためであったように思う」[59]と述べている。暁烏の著書の英訳や出版もしている[60]。

　日米開戦後、クボセはポモナ集合センターに、そしてハートマウンテンに送られる。ハートマウンテン収容所では1942年11月に仏教連合会（Buddhist Federation）が設立され本願寺派や大谷派、浄土宗や日蓮宗も入っていたが、長くは続かず、その後は宗派ごとの活動が中心となっていった[61]。日曜学校や仏教青年会も設立され、クボセは大谷派の開教使として勤めていた。収容所にあった仏像は、戦後シカゴ仏教会に奉納された。

　1944年7月31日ハートマウンテン収容所からシカゴにやってきたクボセは、自らの思いを込めた仏教の立ち上げに向けて進んでいく。クボセはサウスサイドのハイドパークの近くにあった元スウェーデンのメソジスト教会の建物を居住目的で借りることに決め、「寺をつくる考えはなかったがとにかくそこに住めるので」[62]父と共に移り住んだ。クボセは二世と接するうち、二世には集まることができる場所や友人が必要で、宗教的指導や教導を求めていることを知る。少人数の二世の中で仏教会を求める動きがみられたという[63]。クボセは後

に「お寺をつくるべくシカゴに来たのではなかったが、お寺の必要を感じた」、「若いものの集る寺にしよう」、「人々の相談相手となり又よき仏教を身につけて欲しい」など当時の心境を述べている[64]。ハートマウンテンから来た二世のロイ・ヒガシ[65]の尽力もあって、シカゴ大学の近くに場所を見つけ、マンデルホールで70人から80人が集まって10月8日に初めての法要を行った。これがシカゴ仏教会の始まりである。シカゴトリビューン紙やサンタイムズ紙にその時の様子が写真付きで掲載され、ブラッドレイ牧師もラジオで歓迎の言葉を伝えたという[66]。クボセのシカゴでの生活費6か月分は組合基督教会社会部が支援してくれていたなど[67]、キリスト教との関係もみられる。

　後にシカゴ仏教会の理事長となる二世のノボル・ホンダ（本田登）[68]は、「クボセ開教使はキャンプから出て、どこの伝統的宗派にも属さない、彼がアメリカンブディズムと呼ぶ独立の仏教会が欲しかったようです。お父さんから少々お金を借りて、サウスドーチェスター通り5483番にあった教会を購入したのです。今はもう無くなっていますが。そして仏教会を始めたのです。（仏教会設立は：引用者注）そこそこうまくいきました。（中略）だれも反対しなかったし、穏やかな方法でやりましたから」[69]と話している。シカゴ仏教会にも二世仏教徒が集まるようになった。

　当時、日系アメリカ人の中では浄土真宗本願寺派が圧倒的な勢力を誇っていたものの、真宗大谷派・曹洞宗・浄土宗・日蓮宗・真言宗といった各宗派も活動していた。クボセは、特定の宗派に属すよりも、インディペンデント（「独立」とクボセは呼ぶ）、超宗派のアメリカ仏教、米国独立仏教会[70]を志向していた。

　クボセは「私はいつもアメリカ仏教（American Buddhism）を夢見てきた。インド、中国、日本とも異なる、ユニークなアメリカ仏教、つまりアメリカ人に分かりやすく理解され実践されうるもので、アメリカ人の生活や文化に貢献する仏教である。この仏教は日常生活のあらゆる局面にみられ、シンプルであり日常の言葉で説明可能である。このユニークな仏教は、非二分法、非二元論的生き方であり、個人や集団に平和で意味のある創造的なあり方をもたらす。美しく、宗教的で倫理的でもある。アメリカ人の生活に本物の仏教をもたらす

ことは大きな文化的貢献となる」[71]と述べている。クボセの考えるアメリカ仏教とは、宗派の枠を越えてアメリカ人に広く伝えられ、アメリカ人の生活に定着する仏教であり、クボセにとってシカゴ仏教会はそれらを具現化しうる場所でもあった。

　戦中、日本の仏教教団とアメリカの仏教会との交流は皆無であった。その1940年代半ばにクボセは日本からの影響を受けることなく、宗派に属さない仏教をシカゴで目指そうとした。シカゴ仏教会の理念と教義についてクボセは、「宗派的仏教でなく、超宗派的のアメリカ仏教の建設でなくてはならない。それ故に今迄にない米国独立仏教会を創立したのである。それには釈尊初転法輪の四諦八正道を基礎として大乗の中観を中心として仏教の中道を土台に禅と念仏を以て米国仏教を推進するべくシカゴ仏教会は出発した。それが米国仏教の有り方であり、シカゴ仏教会の使命だと考える」[72]と記している。仏教の基本の教えを中核として禅と念仏を重んじ、宗派色をできる限り弱めた上で、アメリカ人に伝わる仏教を求め続けた[73]。

　シカゴ仏教会についてホンダは、「メンバーは200人から400人ぐらいだったでしょうか。さらに仏教会にはたくさんの友人がいて、実際のメンバーではないのですが、仏教会の友人として支援してくれる人たちがいました」[74]と話している。シカゴ仏教会の活動は、日系社会だけでなくキリスト教徒や白人にも知られるようになり、クボセは宗派や宗教、人種や民族にかかわらず多くの人に仏教を伝えようとした。戦時中に仏教会を始めることができたことをクボセは後年次のように語っている。「日米開戦がなかったら自分も又多くの青年たちもシカゴには来なかったであろう。（中略）日米戦争はまことに悲しい事でありつらい事であったがシカゴ仏教会が生まれるよき因縁であった事が思われる」[75]。

　シカゴにおける２つの仏教会の設立は二世の手によるものである。一方は二世仏教徒の集まりからスタートし、もう一方はバイリンガルの二世開教使の思いが結実した仏教会であった。ある時、バリー・サイキは、河野、クボセの両開教使を知る二世から声をかけられ、２つの仏教会を１つにできないかと話を持ちかけられたという。何度か話し合いをしたが、結果それぞれが仏教会を始

めることになったという[76]。チカライシは両仏教会の関係を「フレンドリーな
関係でした」と話す[77]。同じ年に設立された2つの仏教会であるが、おおむね
良好な関係を保っていた。おそらく各仏教会の持つ特徴がかなり異なっていた
からであろう。

　それぞれの仏教会の初代開教使は、このあと生涯をシカゴで過ごすことにな
る。メンバーからは、共感を呼ぶ話力を持ったカリスマ的人物と称される河野
行道[78]、日本近代仏教を牽引する一人として名高い暁烏敏の影響を受けアメリ
カ仏教を目指し活動したギョウメイ・M. クボセ、この2人がほぼ同時期にシ
カゴに来たことが、シカゴにおける1944年の仏教会設立に大きく寄与した。二
世仏教徒の思いは、シカゴでも仏教徒として活動したいということであった。
壁に直面することも多かったが、仏教徒が結束力を高めていく姿がそこには
あった。

4　戦後の仏教会と越境

　戦争が終結しシカゴの日系社会に2つの大きな変化が起きた。一つは日系人
の西海岸への帰還であり、もう一つは一世のシカゴ転入である。戦後すべての
転住所・収容所が閉鎖となり、多くの日系人は西海岸に帰る選択をした。シカ
ゴからもカリフォルニア州、ワシントン州、オレゴン州に戻る人が次々と出て、
シカゴ日系社会から去っていく人も多かった。

　他方、シカゴに住むことを決めた二世が呼び寄せる形で、多くの一世が収容
所からやってくることになり、一世人口の増加がみられた。1945年11月には
WRA が主導し日系社会のリーダーが構成員となる転住者委員会（Relocation
Committee, のちの転住者会）が発足する[79]。河野やクボセも委員会理事として
名を連ねている。

　終戦直後の中西部仏教会とシカゴ仏教会は、シカゴに来た一世と、定住を決
意した二世によって継続されていくことになる。本章では1940年代後半の両仏
教会の活動を「シカゴ新報」に掲載された紙面を中心に考察する。

　「シカゴ新報」は藤井寮一[80]を主筆として1945年11月15日に創刊されたシカ

ゴの日本人向け新聞である。シカゴに来た日本人に情報提供を行うという目的
があり、創刊当初から日本語の記事が中心となっている。日米の政治・経済の
諸問題、西海岸等の日系人の様子が紹介されるが、転住者委員会のメッセージ
など生活に密着した記事も多い。藤井はシカゴ仏教会のメンバーであり、シカ
ゴの日系仏教関連の記事も掲載されている。

ゆれ動く仏教会の世代間関係

　浄土真宗本願寺派の中西部仏教会は会堂購入を目的として資金の積立を続
け、1948年に建物を購入、1950年に常設の仏教会を完成させる。仏教会の新会
堂購入には一世も貢献した。中西部仏教会では戦後直後から多くの一世がメン
バーとなり、日本語と英語が飛び交うようになった。一世女性を中心とした仏
教婦人会の結成は1947年である。また、仏教女子青年会も1947年にスタートし
二世が中心となった。英語礼拝も行われ、二世開教使角田昇道をデンバーから
招くこともあった[81]。1947年に始まった日曜学校では多くの生徒が学び、1948
年に行われた日曜礼拝には約400名が集まったと記されている[82]。二世女性 6
名が中心となって仏教若婦人会（Young Buddhist Women's Association）が組織
されたのが1947年のことで、同じ年に改称してマヤ・デヴィ（Maya Devi）と
なったが、資金面でも仏教会を支えていく[83]。

　終戦直後から中西部仏教会は一世を積極的に受け入れてきた1947年の理事長
は、設立メンバーでもある二世のエビスであったが、その後は一世の近藤市九
郎になった。近藤市九郎は戦前カリフォルニア州のサリナス仏教会の立ち上げ
に貢献した人物で、1945年にシカゴに来て仏教会新会堂購入にも尽力した。シ
カゴ日系人社会で発言力を持つようになる人物であり、転住委員会の建物の購
入にも携わっている。近藤は仏教会の落慶法要以降も1949年から1956年まで仏
教理事長を務め、その後日本に帰国する[84]。1947年の幹部のリストには一世
3 名と仏教青年会幹部として二世男女 4 名の名前がみられる。翌年には、「コー
ポラチオン・ボード」と呼ばれる一世と二世による合同理事会が結成され、一
世 5 名と二世 6 名が構成員となった。理事長は二世から一世へと交代し、仏教
会の運営は一世と二世が共同で行う仕組みが作られていった。

　クボセが開教使を務めるシカゴ仏教会が多くの「初めて」を経験したのは1945年のことであった[85]。仏教会の理事会が３月に発足し、初代理事長に23歳の二世アート・ハヤシが着任、ノボル・ホンダは初代会長になる。４月に仏教会は州から正式に認可を受け、春の彼岸会には日曜学校が発足する。花まつり・ヴェーサク法要は朝に二世対象、午後は一世対象、夜には一般対象という三部構成で行われ、日本語と英語が用いられた。秋の彼岸会の際には女性によるLadies' Auxiliary Society[86]やジュニア仏教青年会が組織されている。

　1947年に誕生した少年団は、「サウスサイドの十代の少年少女の娯楽、教育、人格養成等を目的」として「宗教のいかんを問わず、広く同年配の子供を集める」[87]として、宗教や人種にかかわらず組織される団体となった。また「日白人合同英語盂蘭盆会法要」[88]、「日白人合同礼拝」[89]のように、一世・二世・白人の合同の法要もあった。

　シカゴ仏教会でも一世と二世がともに組織を担っていく様子がみられる。1946年に開かれた一世と二世の合同相談会では「最近参加してきた一世会員を中心に一世会が組織」され、二世は二世会を組織することになった[90]。理事会には一世と二世と婦人部から４名ずつ代表を出すことが決められ、「デモクラティックな組織が出来」[91]た。1948年の理事会の構成員は二世のホンダが会長、一世の九鬼松三郎が副会長を務めている。1948年２月６日の記事には「日本から帰米する日系市民の増加と、当地に定住した二世間に日本語を話し度（ママ）という希望が増加」したため日本語で話す新しい青年会、つまり帰米二世を中心とする組織も誕生している。

　戦後多くの一世がシカゴに移住してきたことから、２つの仏教会でも一世を新たなメンバーとして迎え入れることになった。一世の中には戦前から仏教会を精神的・社会的よりどころとしてきた人が多くいた。歳を重ねて知らない土地に来ることになった一世にとって、仏教会は安心して集まることができる場所、落ち着ける場所、懐かしい場所であった。一世が来るようになった仏教会ではメンバーの世代構成に変化がみられ、理事会等に一世が入ったことで、２世代が仏教会の中核となった[92]。一世から二世にバトンタッチされるという形をとらず、二世は残りつつ、一世や日系女性、帰米二世も共に仏教会を担うと

いう、多世代連携によって戦後の組織が作られていくことになった。

宗教、宗派、地域を越えたつながり

戦後は、日本にある本山との関係が再開された。1948年には本願寺から「中西部仏教会に仏殿及び仏具下附」されたいう記事がみられる[93]。

戦後2つの仏教会では、宗派や宗教を越えた動きがあった。シカゴでは中西部仏教会とシカゴ仏教会以外にも、1946年に禅宗寺が設立されている[94]。連合仏教会組織化の動きの始まりと思われるのが、1946年8月15日の「各派合同連盟教会」による「連盟教会報」を報じた記事である。1947年からは「連合仏教会」という名称が登場する。日蓮宗僧侶がシカゴに来た折には連合仏教会で告知を行い、シカゴ仏教会で法要と歓迎会が開催されたという[95]。1948年にシカゴ仏教会の花祭り法要が行われた際、クボセ開教使及び連合仏教会の開教使と一緒に法要を行い、シカゴ大学では「日白人合同の国際的花祭り挙行」となった[96]。シカゴでは連合仏教会を通して宗派間のつながりもみられる。

仏教とキリスト教の青年会メンバー間交流も行われたようである。1948年3月5日の記事によると、「メソジスト教会青年男女によって組織されている『アーミテージ』は来る7日礼拝後中西部仏教会の青年等と親睦会を催し、晩餐を共にすることになっている」とある。若い日系キリスト教徒と日系仏教徒が集まる機会がみられた。また、日系人に関連する行事には、キリスト教牧師と仏教の開教使が共に出席している。日系人の先亡者追悼慰霊式は日本人共済会、シカゴと中西部の両仏教会、キリスト教も参加して開催され、読経をクボセ、祈祷や説教は牧師が行っている[97]。また、従軍兵が帰還した際の歓迎会では、河野が法話、歓迎の言葉を牧師が述べている[98]など日系コミュニティ全体がかかわる行事には宗教の違いを越えて集っていた。

シカゴ仏教会では「創立四カ年記念法要」にカナダから本願寺派の二世開教使を招聘している[99]。二世開教使は英語法話や仏教青年会の集まりに呼ばれることが多く、カナダやデンバーといった遠方からシカゴの両仏教会に来ることがよくあった。

シカゴ仏教会では宗派や宗教にこだわらない形もみられる。1948年の彼岸会

法要ではクボセが「般若経講話」を行い(100)、1947年の報恩講では法話の後に
「聖ノフランシス一代記の映画が上映」(101)されている。宗派を越えていこうとい
うクボセの考えは、シカゴ仏教会の各種法要の場にも投影されているように感
じられる。

　1940年代後半になり、中西部と東部の二世仏教徒が連盟を結成することと
なった。ニューヨークや中西部の仏教青年会メンバーによって「東部仏教青年
会連盟（Eastern Young Buddhist League）」がスタートしたのである。結成直後
の1946年6月1日・2日には、中西部仏教会で第1回大会を開催している。東
海岸のニューヨークやシーブルック、ワシントンD. C.、中西部のミネアポ
リス、セントルイス、デトロイト、そしてシカゴ仏教会から、総勢150人の参
加者があったという(102)。ニューヨークには1936年から仏教会があったが、再
転住以降には、中西部各都市で仏教青年会結成が進められていた。1948年の第
3回大会の記事にはミネソタ州ツインシティからも参加者があり、シカゴ仏教
会で開催されたとある(103)。大会の詳細については今後調査が必要だが、大会
の度に中西部とシカゴの両仏教会から参加者を出している。所属する仏教会は
違えど、広い範囲で若い日系仏教徒が親交を深めようとする越境的動きがみら
れる(104)。

　　おわりに

　日系人が排斥され収容所に入れられた第二次世界大戦中に、仏教がなぜ2つ
も仏教会をスタートさせることができたのか。これが、調査を始めるにあたっ
て私が抱いた大きな疑問であった。そして、そこには世代、民族、宗教等の枠
にとらわれない、日系仏教徒のさまざまな越境の姿があった。

　1942年から1944年の間、シカゴでは収容所から再転住した二世仏教徒が集ま
り、二世開教使と二世布教を目指す日本人開教使がそろい、仏教会設立が現実
のものとなった。困難を乗り越えてシカゴに根を下ろすことになった仏教会は、
日系仏教徒の宗教的・社会的要請を具現化した場所になった。

　シカゴの二世仏教徒にとって河野、クボセの両開教使の存在は大変大きい。

シカゴで２つの仏教会ができたこと、そして仏教がこの時代を生き抜くことができたのは、戦中・戦後を通して継続的、安定的に２人の開教使がいたからある。強いリーダーシップを持つ両開教使は日系だけでなく非日系の人たちからも慕われる人物であった。

　戦後になって二世主体の仏教会に一世が入ってくるという現象が起きた。この変化に動じることなく、新しくできた中西部仏教会とシカゴ仏教会は新たに一世と二世によって維持されていく。戦後のシカゴの仏教会は複数の世代が協同して作り上げていくこととなったのである。

　クボセの理想である無宗派仏教や独立仏教会というあり方は、思想的にある程度日本近代仏教の影響を受けたものだと考えられる(105)。クボセはさらに人種や民族を越えアメリカ人の生活に根付く仏教を目指した。クボセの動きには全体を通して宗派や民族にとらわれず教えを伝えたいという思いがみられる。

　1940年代のシカゴに来た日系仏教徒は、戦中は仏教会設立のため、そして戦後は仏教会維持と発展のために尽力した。仏教会設立の経緯や若い仏教徒による連携など、この時代、難しかったのではと思われるような動きを実際見せている。そして、その範囲はシカゴという町を越えてつながっていったのである。

　今回のシカゴの仏教会に関する調査では、ブライト・ダウン・センターオブワンネスブディズム（Bright Dawn Center of Oneness Buddhism）のスナン・クボセ師（Rev. Sunnan Kubose）にお会いし、クボセ開教使のお話や思いを聞かせていただいた。シカゴのジャパニーズアメリカンサービスコミッティ（Japanese American Service Committee）の横田ライアン氏（Ryan Yokota）にはシカゴの日系人に関する数多くの情報と書籍を教えていただいた。ワシントン大学名誉教授テツデン・カシマ先生や、仏教学者ロナルド・ナカソネ（Dr. Ronald Nakasone）先生にもご指導とアドバイスをいただいた。中西部仏教会の現開教使ロン・ミヤムラ師（Rev. Ron Miyamura）、中西部仏教会のメンバーの方々には生前の河野先生のお話を聞かせていただき、記念誌等も見せていただいた。多くの方々のおかげで調査を進めることができたことを、ここに心から感謝したい。

注

（ 1 ） United States Commission on Wartime Relocation and Internment of Civil-
ians, *Personal Justice Denied : Report of the Commission on Wartime Relocation
and Internment of Civilians.* Seattle : University of Washington Press, 1997. や
Tetsuden Kashima, *Judgement Without Trial : Japanese American Imprisonment
during World War II.* Seattle : University of Washington Press, 2004などがあ
る。

（ 2 ） Duncan Ryūken Williams, *American Sutra : A Story of Faith and Freedom in
the Second World War.* Cambridge : The Belknap Press of Harvard University
Press, 2009.

（ 3 ） Tetsuden Kashima, *Buddhism in America : The Social Organization of an
Ethnic Religious Institution.* Westport, Conn. : Greenwood Press, 1977.

（ 4 ） Eiko Masuyama, *Memories : The Buddhist Church Experience in the Camps :
1942-1945*, revised edition. San Francisco : Buddhist Churches of America,
2004

（ 5 ） 再転住計画は1942年にスタートしたが、当初は進学を目的とした学生の転出が
多かった。二世学生へのキリスト教の支援活動については、第 7 章に詳しい。1943
年 5 月には WRA が「立退区域以外の方面に出来得る限り多数の立退者を個人的に
再転住せしむるやう援助する事」（華府戦時転住局『轉住計画の全貌「轉住所住民
の心得」』Washington D. C. : War Relocation Authority, 1943, 5）として、援助、
出所手続き、転住所への復帰、再転住斡旋（職業、旅費及び手当）を行うとされて
いる。

（ 6 ） 藤井寮一編『シカゴ日系人史』（シカゴ日系人会、1968）94-95。再転住先とし
てコロラド州デンバーの他ニューヨークやセントルイスなどの都市もあった。転住
所からの転出は大学等の進学目的、兵役志願、日本送還なども含み1942年が866人、
1943年に16,978人、1944年には18,145人となっている（Dorothy Swaine Thomas,
The Salvage : Japanese American Evacuation and Resettlement. Berkeley : Uni-
versity of California Press, 1975, 615）。Kubose Dharma Legacy, *Remembering
Sensei : Rev. Gyomay M. Kubose, 1905-2000.*（Skokie, Il : The Kubose Darma
Legacy, 2001）によると、シカゴには約 2 万人が転出したとされる（60）。

（ 7 ） 藤井、112。同書（84）によると、シカゴへの転出者は1947年で24,000人とされ、
1940年には400人弱であったことを考えると急速な人口増加がみられたことがわか
る。同書には終戦までにシカゴには20,000人ほどの日系人（多くが二世）が暮らす
ようになったともされている。

（ 8 ） 伊藤一男著『シカゴ日系百年史』（シカゴ日系人会、1986年）、Masako Osako,
"Japanese Americans : Melting into the All-American Melting Pot" in Melvin
G. Holli and Peter d'A. Jones eds. in *Ethnic Chicago : A Multicultural Portrait.*

Grand Rapids, Michigan: WM. B. Eerdmans Publishing Co., 1995, 409-437）; Alice Murata, *Japanese Americans in Chicago*（Chicago: Arcadia Publishing, 2002).

（9）越境というテーマで戦前の日系人の宗教や教育について論じた文献として、吉田亮編著『アメリカ日本人移民の越境教育史』（日本図書センター、2005年）や『越境する「二世」：1930年代アメリカの日系人と教育』（現代史料出版、2016年）がある。

（10）集合センターは一時的に日系アメリカ人を集めた場所で、15か所（Fresno, Marysville, Mayer, Merced, Pinedale, Pomona, Portland, Puyallup, Sacramento, Salinas, Santa Anita, Stockton, Tanforan, Tulare, Turlock, Manzanar）があった。1942年10月までにすべて閉鎖されている。

（11）転住所（Relocation Center）というのは WRA の用いた表現で実際にはキャンプ（Concentration Camp）や収容所と呼ばれる。Gila River, Granada, Heart Mountain, Jerome, Manzanar, Minidoka, Poston, Rohwer, Topaz, Tule Lake の10か所である。

（12）収容所（Internment Camp）ではジュネーブ条約が守られ転住所と比べると緩やかな環境にあった。Crystal City, Fort Lincoln, Santa Fe, Fort Sill, Kenedy, Fort Missoula, Seagoville, Stringtown, Kooskia, Fort Stanton, Lordsburg の11か所がある。Crystal City は Family Reunion Camp と呼ばれ南アメリカ出身者もいた。Santa Fe には多くのアメリカ本土・ハワイの宗教者が収容された。一時は47名の本願寺派開教使がいたとされる（*Memories*, 133）。

（13）藤井、94。

（14）Osako, 425や藤井、96-99。

（15）藤井、96-97。

（16）「シカゴ・トリビューン」 紙は保守系であるがアジア人に好意的であり 「サン」紙はルーズベルト大統領系である。両紙とも日系人が来ることに異を唱えなかった。「タイム」と「ニュース」の両紙はリベラルで日系人を好意的に受け止めている。「アメリカン」という一紙をのぞいて、ほとんどすべての新聞が日本人受け入れに協力的であった（前掲書、97-100）。

（17）Charlotte Brooks, "In the Twilight Zone between Black and White: Japanese American Resettlement and Community in Chicago, 1942-1945" in *The Journal of American History*（March 2000), 1655-56.

（18）藤井、95や Osako, 424。

（19）Brooks, 1657.

（20）藤井、117-119。

（21）WRA シカゴ事務所の歴代所長であるシャレル、ブース、ジャコビー、アメリカフレンド奉仕会やブレズレン奉仕会、組合教会のニール・ハンセンといった官民及び宗教団体からの支援もあり、シカゴへの転出が収容所内で広く呼びかけられて

いった（藤井、113-116や Brooks, 1661）。

(22) Brooks は日系アメリカ人が『人種的に二分化（黒人と白人：引用者注）された シカゴに再転住する時、自身のエスニックアイデンティティをそぎ落とした」形で 生活しながら、独自のグループを立ち上げるようになったと述べている（Brooks, 1686）。1943年 6 月ヨシダ氏宅で第一回基督教集会が開かれた。

(23) Ben Chikaraishi へのインタビュー（以下、Chikaraishi)in JANM in cooperation with the Chicago Japanese American Historical Society, Japanese American Historical Society of San Diego and the Japanese American Resource Center/ Museum, *REgenerations : Oral History Project : Rebuilding Japanese American Families, Communities, and Civil Rights in the Resettlement Era.*（Los Angeles : Japanese American National Museum, c. 2000), 94.

(24) Chikaraishi, 95.

(25) "History of Midwest Buddhist Church" in *Midwest Buddhist Church, 10th Anniversary : 1944-1954.*

(26) Chikaraishi, 94-95.

(27) サイキは、米軍の中将（Lt. Colonel）になり、その後カリフォルニア州ストックトンに戻る。JACL や仏教会、サンフランシスコの Japanese Nisei Historical Society of SF などで活躍した二世である。

(28) Chikaraishi, 95.

(29) Barry Saiki, "origin of the Midwest Buddhist Temple" in *History of the Midwest Buddhist Temple : 1944-1989*, 12.

(30) Williams, 251.

(31) まだ新しかったアフリカ系アメリカ人居住地域は日系仏教徒が受け入れられやすい地域であった（Williams, 252）。

(32) Saiki, 12. チカライシも同様に一世が転住してきた時に仏教会があることの重要性について述べている（Chikaraishi, 95）。

(33) ツーリーレイク（Tule Lake）転住所所長代理の妻エルマー・シャレルがサイキたちを呼び二度目のミーティングが行われたが、ここでも仏教青年会を結成することが許可されることはなかった（Williams, 251-252）。

(34) Chikaraishi, 95.

(35) Barry Saiki. and Rev. Arthur Takemoto, "Chicago Resettlement" in National Japanese American Historical Society, *Heritage*（Vol. XI, Number 1 , Winter 1999, 12)によると、河野行道は1944年 5 月にシカゴにやってきたとある。*Buddhist Churches of America: The Legacy of the First 100 Years.*(San Francisco: Buddhist Churches of America, 1998, 114) には、河野は 6 月28日に中西部仏教会着任とある。

(36) Chikaraishi, 94.

(37) Gyōdō Kōno, *Shinjin Shō-in : Jōdo-Shinshū Essays : 1953-1962.*（Los Angeles : The Nembutsu Press, 2001), 140.

(38) 牧師でもあるホーマー・ジャック（Dr. Homer Jack）はシカゴで人種・宗教差別に反対する組織（Chicago Council Against Racial and Religious Discrimination）の幹事でもあった。日系人の強制収容は誤りだとして、シカゴ日系仏教徒への支援を続けた（Chikaraishi, 97）。

(39) Chikaraishi, 97-99；"Chicago Resettlement", 12-13.

(40) "History of Midwest Buddhist Church" in *Midwest Buddhist Church, 10ᵗʰ Anniversary : 1944-1954* には「7月9日サウスパークウェイ・コミュニティホールで22人が集まり第1回礼拝が行われた」とある。

(41) "A Tribute to the Founders" in *Midwest Buddhist Church, 10ᵗʰ Anniversary : 1944-1954* に7名が挙げられている。7名全員が戦後シカゴを離れ、西海岸や別の地域に移り住んでいる。

(42) 前掲書。各収容所における仏教会活動は Williams に詳しい。ポストンは3つのブロック（Ⅰ・Ⅱ・Ⅲ）に分かれており、日蓮宗、真言宗、浄土真宗による合同礼拝が行われていたことや、開教使による転住所内会議の開催、ブロックごとの日曜学校、日曜学校教師会もあったことがわかっている。ローワーは浄土真宗本願寺派と高野山真言宗が活動していた。仏教青年会は1942年11月に結成され仏教讃歌の練習やスピーチコンテストを開いている。ジェロームでは忠誠アンケート（収容者を対象に行われたアメリカへの忠誠をはかるアンケート）実施以前、合同礼拝も行われていた。仏教は親日だという懸念が広がったともされる（*Memories*）。デンション仏教青年会を中心とした経典の配布もみられた（Williams, 129）。

(43) 藤井、284-285。

(44) "History of the Midwest Buddhist Temple" in *おかげ30ᵗʰ Anniversary Midwest Buddhist Temple* など。

(45) "Chicago Resettlement", 13.

(46) "History of Midwest Buddhist Church" in *Midwest Buddhist Church, 10ᵗʰ Anniversary : 1944-1954.*

(47) 木原静胤『嵐の中で―開戦とスパイ容疑―』永田文昌堂　1985、138。

(48) 松陰総長はトパズ転住所に滞在していたことから、本願寺派の米国仏教団本部もトパズに置かれ、BCA への教団名の名称変更もここで決定された。

(49) Chikaraishi, 96や A. Arthur Takemoto, "Midwest Buddhist Temple : its beginning, struggles and development" in *History of the Midwest Buddhist Temple : 1944-1989*, 16.

(50) Kōno, 141.

(51) 波多は戦中ヒラリバー転住所に収容され、戦後はリッチモンドで仏教グループを始め、リッチモンド支部で浄土真宗本願寺派の開教使として活躍した。

(52) Haya Akegarasu (trans. Gyomay M. Kubose), *The Fundamental Spirit of Buddhism*. Coarsegold, CA: Dharma House 2008 (1977), 2.

(53) Kubose Dharma Legacy, 43.

(54) *Ibid.*, 43.

(55) *Ibid.*, 41. 暁烏敏は現世今ここにおいて浄土があると説き、それまでクボセ自身が仏教会でふれてきた真宗理解とは大きく異なっていたと述べている。

(56) クボセは後に「自己をおいて他力はない。自己の否定そのものが他力なのである。ほとんどの人が自己の否定や自己を拒否することで他力を見出すと理解している。自己を否定し他力に依る、これは二元論的である。そのような否定ではなく、否定そのものが肯定(affirmation)になるのである」(Gyomay M. Kubose, *Everyday Suchness: Buddhist Essays on Everyday Living*. Coarsegold, CA: Dharma House, 2008 (1967), 84)と述べている。中西部仏教会の河野は他力について「阿弥陀仏のはたらきを受け入れ、人生を懸命に生きさせていただくこと」(Gyodo Kono, *Shinjin Sho-in: Jodo-Shinshu Essays 1962-1967*. Chicago: Midwest Buddhist Temple The Nembutsu Press, 2004, 26)とする。

(57) Akegarasu (trans. Kubose), 13-17にその時の暁烏との思い出が記されている。

(58) Kubose Dharma Legacy, 59.

(59) Kubose, 2008 (1967), vi.

(60) クボセが英訳した暁烏の本はAkegarasu (trans. Kubose)である。

(61) ハートマウンテン(Heart Mountain)収容所の仏教会活動については、*Memories*, 10-23に詳しい。ハートマウンテンは本願寺派の開教使のメンバーが多かったとされる(Williams, 131)。

(62) 久保瀬暁明「シカゴ仏教会三十年のあゆみ」in *The Buddhist Temple of Chicago: 30th Anniversary Album 1944-1974, Retrospect/Prospect*, 98.

(63) Gyomay M. Kubose, "History"(以下 "History")in *The Buddhist Temple of Chicago: 30th Anniversary Album 1944-1974, Retrospect/Prospect*, 18.

(64) 久保瀬、98。

(65) 前掲書(98)に、「キャンプで一緒に日本語やお経を勉強していたローイ東という青年が一生懸命に奔走し」と記されている。

(66) "History", 18.

(67) 藤井、290。

(68) ホンダは1945年に市協(JACL)支部長となり、その後シカゴ転住委員会の会長に着任している(藤井、126-7)。

(69) Noboru Hondaへのインタビュー(以下 Honda), in JANM in cooperation with the Chicago Japanese American Historical Society, Japanese American Historical Society of San Diego and the Japanese American Resource Center/Museum, *REgenerations: Oral History Project: Rebuilding Japanese American*

Families, Communities, and Civil Rights in the Resettlement Era.（Los Angeles :
Japanese American National Museum, c. 2000）, 289.

(70)「超宗派」や「独立仏教会」という言い方は、「シカゴ仏教会三十年のあゆみ」
94-97でクボセが用いている。

(71) "message" in *The Buddhist Temple of Chicago : 30th Anniversary Album
1944-1974, Retrospect/Prospect*, 8.

(72) 久保瀬、96-97。暁烏の師清沢満之の友人である村上専精は、著書『仏教統一論』
（1901年）で宗派仏教の摂取と大乗仏教としての統一を論じた。クボセの思いと近
代日本仏教思想との関係もうかがえる。

(73) クボセは著書の中で釈尊の教えを数多く紹介している。さらに自信教人信や他
力の理解といった真宗の教えもみられる。後年、シカゴ仏教会に禅堂をつくったク
ボセがそこで座禅をする写真も残されている（Kubose Dharma Legacy, 71）。仏
教会で行われていた各法要をみると、涅槃会や成道会、花祭りなど釈尊に関連する
法要のほか、浄土真宗では最も重要とされる報恩講も行われている（「シカゴ新報」
1946年から1949年）。

(74) Honda, 289.

(75) 久保瀬、97。

(76) Saiki, 12-13.

(77) Chikaraishi, 102.

(78) Kōno, 8.

(79) 藤井、366-367など。

(80) 藤井寮一は「シカゴ新報」社長、転住者委員会理事、救済委員会情報部、シカ
ゴ実業会評議員などを務めた。同志社大学卒業で、西陣教会に所属していたが共産
党に入り、その後離党して民主主義をすすめる活動に身を投じた。渡米して開戦を
迎え、サンタアニタからハートマウンテンに収容され、デンバーを経由してシカゴ
に来た。「シカゴ新報」は「在米日本人の思想的、文芸的先品の発表の場とする」
として「シカゴ新報」を立ち上げた。1953年に社長を退いている。

(81)「シカゴ新報」1947年10月31日。

(82)「シカゴ新報」1947年8月28日。

(83) "history of the Buddhist Women's Organizations: YWBA-Maya Devi-women's
auxiliary", in *History of the Midwest Buddhist Temple, 1944-1989*, 29.

(84) "Thank you Mr. Ichikuro Kondo" in *History of the Midwest Buddhist Temple,
1944-1989*, 6. 近藤はこの後、日本で教育界に身を投じた。

(85) "History", 19.

(86)「シカゴ新報」の1946年8月1日の記事には、シカゴ仏教会「婦人会」総会が開
催されたとあり、会長はクボセの妻、副会長は山口てつ子と記されている。

(87)「シカゴ新報」1947年1月9日。同年にシカゴ仏教会でボーイスカウトが結成さ

れ、「12歳から16歳までで宗教・人種の区別なく入会できる」とある（「シカゴ新報」
1947年12月1日）。

(88)「シカゴ新報」1947年8月11日。

(89)「シカゴ新報」1947年11月19日。

(90)「シカゴ新報」1946年8月8日。

(91)「シカゴ新報」1946年6月13日。デモクラティックという言葉は、シカゴ転住者
委員会の規約にも登場し、日系人全体にアメリカの民主主義の思想を浸透させよう
とした。「転住者委員会の規約」には「一、日系人を（ママ）デモクラシイの力を
強め、平和の建設と意地に動員する」や「一、一世のデモクラシイ努力参加促進の
ため、長期的教育プログラムを作る」などがみられる（藤井、131-133）。

(92) 中西部仏教会が所属するBCAは、戦時中に一世から二世へと世代交代し教団の
正式名称をBuddhist Churches of Americaとし主要言語を英語と決めた（Kashima
やWilliams）。シカゴでは戦後に一世が入ってきたため、二世の組織に一世が後に
なって入ってくるという現象が起きた。

(93)「シカゴ新報」1948年12月8日。

(94) 日蓮宗や高野山真言宗や浄土宗、高野山善通寺も1950年代になってシカゴで寺
院をスタートさせている（藤井、292-296）。

(95)「シカゴ新報」1947年6月12日。

(96)「シカゴ新報」1948年3月31日。

(97)「シカゴ新報」1946年6月6日。

(98)「シカゴ新報」1946年2月7日。

(99)「シカゴ新報」1948年10月6日。

(100)「シカゴ新報」1948年3月12日。

(101)「シカゴ新報」1947年11月23日。ここでは詳細に論じることができないが、仏
教徒同士をつなぐ役割を果たしたのはスポーツであった。中西部バスケットボール
トーナメントでは、仏教会や教会でチームを組織して参加する若者が多く若者の間
で宗教間交流がみられた。

(102)「シカゴ新報」1946年5月23日。

(103)「シカゴ新報」1948年5月26日。

(104) シカゴに住む日系の仏教徒とキリスト教徒の友好的な関係に一役買ったのが、
アスレチッククラブである。1940年代の終わりに二世によるChicago Nisei Athletic
Association（CNAA）が組織された。仏教会や教会単位でチームを編成することも
多く、仏教会は若者が多かったので数多くチームがあったといわれている（Chi-
karaishi, 99-104など）。

(105) 本論では、日本の近代仏教思想が海を越えてアメリカに影響を与えていること
を十分論じることができなかった。今後日米で調査を進め、思想面の越境について
も考察したい。

第6章　日米開戦と在留日本人

はじめに

　日米開戦から2か月後の1942年2月19日にアメリカ合衆国大統領フランクリン・D・ローズヴェルト（Franklin D. Roosevelt, 1882–1945）は大統領令9066号に署名し、その結果、西海岸に居住する約11万人の日本人と日系人は強制的な退去と収容所への転住を余儀なくされた。この時大学に通っていた二世たちは学業を中断し大学を去らねばならず、こうした事態を憂慮した大学関係者や宗教団体などは、二世の復学を支援しようと動き出した。そして、大統領令9066号の発令からわずか3か月後の1942年5月29日に全米日系人学生転住審議会（The National Japanese American Student Relocation Council, 以下 NJASRC と記す）が発足した。NJASRC は、戦時転住局（The War Relocation Authority, 以下 WRAと記す）の責任者であったミルトン・S・アイゼンハワー（Milton S. Eisenhower, 1899–1985）の要請を受けて発足した組織で、アメリカフレンズ奉仕団（The American Friends Service Committee）を中心に、YMCA、YWCA、プロテスタント諸派、大学、日系アメリカ人市民協会（The Japanese American Citizen League, 以下 JACL と記す）の関係者で構成され、二世大学生の再定住および大学復学を支援した。具体的には、二世大学生が収容所を出るための膨大な事務手続きの補佐、地元住民に対する受け入れ要請、二世大学生の奨学金と生活費提供のための資金調達などである。NJASRC の支援を受けて、4,000人近くの二世大学生が中西部や東部の軍事排除地域外にある約600校の大学に転入することができた[1]。

　NJASRC の発足と時を同じくして、収容所内の日系人を対象とした再定住計画についても議論が開始された。そして同年秋の10月7日に開催されたニューヨークでの会議にて、日系人再定住委員会（The Committee on Resettlements of Japanese Americans, 以下 CRJA と記す）が発足した。CRJA は、アメリカ教会連合協議会（The Federal Council of Churches of Christ in America, 以下 FCCCA と記す）と北米国内宣教協議会（The Home Missions Council of North America, 以下 HMCNA と記す）の共同支援の下、北米海外宣教会議（The Foreign Missions Conference of North America, 以下 FMCNA と記す）の協力を得て運営され、本部をニューヨークに置いた。CRJA の主な事業は、収容所内にいる日系人を中西部、のちに東部へ転住させることであり、再定住先での職場や住居の確保、子供たちを受け入れる学校の確保、そして受け入れ先となる地元住民の理解を得ることなどであった[2]。

　近年の研究では、日米開戦前に日本で宣教活動を行っていた元宣教師たちが、日系人の再定住事業に携わっていたことが明らかになっている[3]。石井によると、日米開戦にともない帰国した宣教師の多くが強制収容所内での人道支援活動や再定住事業に関わることで、彼らの「ネットワークによって情報収集と人材の手配のスピードは一段と早くなった」という。1944年に実施されたアメリカン・ボードの調査結果を示し、「日本から帰国した宣教師287名（男性114名、女性173名）のうち、日系人収容所関係の仕事についたものは40名（男性10名、女性30名）」であった[4]。さらに近年では、この日系人の再定住事業に、日本人クリスチャンが関与していたことも明らかになっている[5]。本稿では、戦後日本の英語教育に尽力した松本亨（1913-1979）に注目し、松本が日系人の再定住政策に関与するまでの経緯をたどりながら、敵性外国人であった在米邦人によるアメリカ国内での人道活動とそれを可能にした背景を明らかにする。

　日米戦争期、すなわち第二次世界大戦期の日系人研究では、日系人の強制収容に関する事例研究が充実しており、収容所内での生活や文化活動（新聞の発行など）、一世と二世との世代間の軋轢、ヨーロッパ戦線で活躍した二世部隊である442部隊の発足過程とその成果などについての研究が蓄積されている。しかしながら、これらの研究の多くは強制収容所の内部に焦点が絞られた研究で、強制収容所の外部で日系人の強制収容問題がどのように議論されていたのかについての言及は不十分と言える。当時のアメリカ社会、すなわち強制収容所の外部では、政府、教会、大学関係者、保守系諸団体（在郷軍人会など）、ジャー

ナリストなどが、日系人の強制収容をめぐって、「文化戦争」を想起させるような論戦を繰り広げていた。本稿は、松本亨を通して、強制収容所の内部だけでなく、強制収容所の外部で起きていた動きについて明らかにすることで、日系人の強制収容体験を日系人史の中だけで捉えるのではなく、アメリカ史、日米関係史、異人種間関係などのより大きな文脈で捉えていく。

1　松本亨について

1—1　キリスト教、英語との出会い

松本は、1913年9月14日、松本午朗と松本タマの三男として北海道網走郡美幌村（現美幌町）に生まれ、群馬県高崎中学から明治学院英文科へ進学し、明治学院卒業後、ユニオン神学校（ニューヨーク）に留学した。

松本の宗教観や英語への傾倒に大きな影響を与えたのは、母タマの存在であった。松本タマは「極めて原理主義的で、信仰に生きないものを『罪人』と呼ぶ、非妥協的なキリスト教信仰の持ち主」であったという。彼女自身、当時群馬県で唯一のキリスト教系女学校であった群馬県前橋市の上毛共愛女学校（現共愛学園）や米国南メソジスト監督教会系の広島英和女学校（現広島女学院）に進学することでキリスト教と出会い、女学校卒業後に身を寄せていた義兄・星野葆光を通して日本救世軍の思想に触れ、さらに矢島楫子との出会いにより日本キリスト教婦人矯風会の思想や活動に大きな影響を受けた。松本亨は、「神に奉仕する精神」を最も大切にする母タマを通してキリスト教と出会い、さらに日常的に英語を使っていた母タマを通して英語と出会った[6]。

松本がさらに英語に傾倒するようになったのは明治学院時代で、アメリカ人宣教師による授業と ESS（English Speaking Society、英語会）での活動、さらに第1回日米学生会議（1934年）と第2回日米学生会議（1935年）の参加であった。日米学生会議では、松本は構想期や創設期の初期メンバーに名を連ねていなかったが、彼の高い英語力が評判となり、創設者の一人である中山公威（青山学院）から会議全体と国際関係に関する分科会の議長の依頼を受けた。松本は、この大役を快く引き受け、開会式では日本人学生代表として英語でスピーチを

行い、会議本番では進行役を担った。さらに、日米の学生間で議論が紛糾しそうになると仲裁役も買って出るなどして、松本は得意の英語を生かして大いに活躍した。

この体験を通して、松本は英語に対する自信を深めるとともに、アメリカ留学を模索するようになった。ニューヨークのユニオン神学校に次兄・幹がすでに留学中であったこともあり、松本も同神学校に進学することとなった。同神学校から入学の許可が下りると、「オリエンタル・スカラシップ」という学内奨学金の受給が決まり、1935年に「留学生」という立場で第2回日米学生会議に再び参加した後、日本へは帰国せずそのまま留学生としてアメリカへ留まった[7]。

1―2 北米日本人基督教学生同盟 (The Japanese Students' Christian Association in North America) とその活動

松本亨がユニオン神学校に留学中、アメリカの大学では学生キリスト教運動と呼ばれる運動が活発であった。学生キリスト教運動は、大学キャンパスを中心に横に広がる連帯運動で、大学内のYMCAやYWCAがその拠点であった。学生キリスト教運動では、学生宣教奉仕運動を展開し、学生キリスト教徒を宣教師として数多く海外に送り出したりもしたが、しかし運動の目的はあくまでも学生の相互連帯であり、新入生に対するオリエンテーション、住宅紹介、就職支援、古書売買、留学生向け語学研修、コミュニティでの奉仕活動などが中心であった[8]。

松本亨が入会した北米日本人基督教学生同盟 (The Japanese Students' Christian Association in North America, 以下JSCAと記す) は、この学生キリスト教運動の流れの中で誕生した学生組織であった。JSCAは、外国人留学生友好関係委員会(The Committee on Friendly Relations among Foreign Students, 以下CFRFSと記す) (1911年設立) の指導の下、アジア系の国別学生キリスト教組織の中では、中国人基督教学生同盟 (1908年設立)、朝鮮人学生連盟 (1919年設立)、フィリピン学生キリスト教運動 (1922年設立) に次いで1924年に設立された[9]。松本は、JSCAの活動を通してキリスト者としての自覚を育み、キリスト者として

の宗教的な実践を行った。そして、JSCAでの経験が、戦時中の松本の活動に大きな影響を与えたと考えられる。

JSCAは、ジョン・R・モット（John R. Mott, 1865-1955）が1911年に結成したCFRFSの下部組織として、赤木英道（Roy Aakagi, 1892-1943）を中心に1924年に組織された。その目的は、①キリスト教徒の日本人学生や日系人学生と、非キリスト教徒の日本人学生や日系人学生の連帯をはかること、②会員のキリスト教的精神や親睦を促進すること、③キリスト教的生活を広げること、④日本人とアメリカ人、他の地域からの学生との交流促進をはかること、すなわち異人種間の文化交流を積極的に実践すること、であった[10]。

組織は、①学生で構成された全米およびカナダ各地に38か所あるLocal Chapter、②選挙によって選出された学生主体のCentral Executive Board、③組織の様々なプログラムの遂行や新規メンバーの開拓、定期刊行物の監修を担い、本部に常駐する総主事と呼ばれるGeneral Secretary、④学長や学部長などの大学関係者、宗教指導者、YMCAやYWCA関係者からなる理事（Central Advisory Committee）[11]、⑤日本の関東地方と関西地方に拠点を置く2か所の日本支部から構成された[12]。

JSCAの会員は、正会員であるRegular Membershipと、賛助会員であるCo-operative Membershipの2つのタイプに分かれており、正会員はJSCAの趣旨に賛同する日本人および日系人の学生に限られ、一方、賛助会員はJSCAの取り組みに賛同する日本人および日系人の学生や一般人、非日系のアメリカ人学生や一般人が含まれていた[13]。JSCAの会員数は、設立当初の1925年時点で全米220か所の大学に在籍する男性1,070名と女性173名の計1,243名で、1940年になると男性1,919名と女性840名の計2,759名に増加した。設立当初から会員数の最も多い地域はカリフォルニア州で、1940年では全会員の約68％を占めていた[14]。ロバート・W・オブライエン（Robert W. O'Brien, 1907-1991）の調査によると、1941年時点で全米の二世大学生数は3,530名[15]とあり、つまり全米の約77％の二世大学生がJSCAの会員であったことがわかる。

全米各地に会員を有するJSCAは次のような活動を行っていた。まず、冊子や住所録の定期刊行物を発行し、会員相互の交流をはかった。次に西海岸で論

争となっていた二世の教育問題に関する意見交換をし、対処法を議論した。また、アメリカに留学している日本人学生や親元を離れて遠方の大学へ進学した二世の生活支援をした。具体的には、日本からの留学希望者や他州への進学希望者への教育機関の紹介、日本帰国時の支援、ヨーロッパ周遊希望者の支援、アメリカ合衆国やカナダ旅行時の支援、郵便サービス、住宅斡旋、就職斡旋、学生の個人的問題やキリスト教信仰に対する助言、ゲストスピーカーの招聘などである。また日本語と英語の図書を充実させて、図書館としての機能も担っていた[16]。その中でも、JSCA 総主事の役割は、北米の日本人や日系人学生の把握に努め、地域支部の結成を促して JSCA への参加を呼びかけることや学生の相互扶助ネットワークの強化をはかることであった。また、西海岸を中心に多数の支部を持つ二世団体の JACL とも連係しながら、日本人学生と日系人学生との連帯をはかった。1938年から1941年まで JSCA 総主事を務めた松本の活動に関しては、例えば1941年、北米 YMCA 国際委員会のサミュエル・J・ミルズ（Samuel J. Mills）と共に、3,500人の大学生を含むおよそ15万人の日系人の再雇用や職業訓練などの支援をアメリカ政府機関（公共事業促進局内にある国民青年局）に働きかけた[17]。

　前述したように JSCA に全米の80％近くの二世大学生が所属していたことを考えると、総主事であった松本亨は、二世の間では広く知られる存在であったと言える。また総主事として各支部の二世リーダーと密に連絡を取ったり、YMCA の全国大会に出席したりするなど、JSCA の活動を通じて築いた人脈は戦時中の松本の活動に大いに生かされたはずである。特に、JSCA の理事の宗教的属性が会衆派、メソジスト、改革派などであったこと、超教派的であったこと、かつて宣教師として来日した経験を持つ理事がいたことも、松本の戦時中の日系人救済活動に大きな影響を及ぼしたと言える[18]。

1－3　日米開戦と日系人再定住委員の就任

　松本亨は、1941年12月7日（現地時間）の日米開戦と同時に、FBI によって敵性外国人として逮捕され、エリス島の連邦移民収容所に拘留された。松本にかけられた嫌疑は JSCA の総主事として全米各地を訪問したことや、演説内容

であった。実際に収容所内で行われた取り調べでは、JSCA に日本人や日本政府からの寄付金が混じっていたことや、松本が日本領事館をたびたび訪れていたことが問題視された。この点について松本は、自身の給与は YMCA から出ていること、また JSCA は日本人大学生や日系人大学生を支援する団体であるため、日本側からの寄付金があったり領事館と連絡を取ったりすることは極めて自然なことである、と強く反論した[19]。その後、松本に対する査問がニューヨークの連邦裁判所で行われ、戦争期間中の抑留が妥当との判断が下された。この結果を受けて、エリス島の連邦移民収容所に集められた約300人の日本人の一人であった松本は、捕虜として翌1942年2月23日にロングアイランドのアプロン収容所へ移送され、次いでメリーランド州ボルティモアのフォート・ミード収容所へと移送された[20]。

　抑留状態にあった松本の傍らには、常に教会関係者の姿があった。エリス島収容時に行われた査問には、北米 YMCA 国際委員会のアーサー・ジョーゲンセン（Arthur Jorgensen）やユニオン神学校教授のヘンリー・ピットニー・ヴァン・デューセン（Henry Pitney Van Dusen, 1875-1975）が参考人として駆けつけ、松本を弁護した。フォート・ミード収容所に移送後は、改革派教会のルーマン・J・シェーファー（Luman J. Shafer, 1887-1958）やジョーゲンセンらが二回目の査問を熱心に働きかけた結果、シェーファー、ジョーゲンセン、デューセン、YMCA のミルズ、フランク・V・スラックス（Frank V. Slacks）、ラッセル・L・ダーギン（Russell L. Durgin）、国際学生会館のウィリアム・J・マクウィリアムズ（William J. McWilliams）が臨席して、第二回の査問が開かれた。彼らの弁護と証言により、松本は1942年10月30日に抑留状態を解かれた[21]。収容所を離れた松本は、仮釈放の身分であったため、再逮捕の可能性もぬぐえず、松本の行動は常に監視の対象となっていた。そのような状況において、家族との生活を維持していかねばならない松本にとって住宅や仕事の確保は最大の懸案事項であった。松本のもとには合衆国陸軍から日本語教師の仕事の依頼も来ていたという。そこで、松本が全幅の信頼を寄せていたシェーファーに相談すると、次のような言葉が返ってきたという。

あなたの仕事は将来にある。今そんなにまでして食べて行かなくても良い。将来日本で働けなくなるようなことを今やっては不利である。アメリカにいる日系人のために働いて欲しい。給料は何とか工夫して上げるから[22]。

松本は、フォート・ミード収容所の出所から1か月を経た1942年11月、北米YMCA国際委員会からFCCCAに貸し出される形で、CRJAの業務に従事することになった。

2　日系人再定住委員会（CRJA）の一員として

　前述したように、CRJAは各地の強制収容所内にいる日系人を順次転住させることを目的に1942年10月7日に発足し、FCCCA、HMCNA、FMCNAによって運営され、本部をニューヨークに置いた。松本はのちにこの再定住委員会について次のように述べている。

　教会連盟の転住（ママ）委員会は一般の日系人を援助する団体であるが、日本人学生のためには友愛会を中心に特別な団体が出来て、収容所内の学生のために彼等を受け入れてくれる学校を探して政府から許可をとり、学費を工面するのがこの団体の特殊な奉仕である。人道主義と親切と正義感によって組織され、米国の新旧両教会が物質的援助をしている。1943年になって、私はこの団体の会合に出席し、役員の如何に熱心であるかを見、アメリカのキリスト教関係者に心からの敬意と謝意を表せざるを得なかった[23]。

松本は、教会の活動に深く感銘を受け、「戦争中、教会が日本人に対してしてくれたことは、単に義務だけでは出来ないこと」であり、「教会の奉仕振りは美しい」と振り返った[24]。

　CRJA委員としての松本の活動は、強制収容所内で発行された新聞にも時折紹介された。例えば1943年5月29日発行の *The Minidoka Irrigator* には、松本からのメッセージとして、再定住プログラムについて書かれた冊子（*Resettlement*

Bulletin) の日本語版が強制収容所内にいる多くの日本語話者向けに作成される予定であることが伝えられた。加えて、CRJA は「収容所内の人々の要望に喜んで応える」こと、その要望に応えることは「私たち（＝委員会）が自由に手を差し伸べることができる支援の一つ」であること、すべての支援にかかる費用は CRJA が一切を負担するため心配はいらないこと、などの松本の言葉も紹介された[25]。また、1945年3月24日と同年4月7日発行の *Heart Mountain Sentinel* には、松本がアイダホ州にあるハートマウンテン収容所を訪問したことが記され、ローワー収容所では同年3月29日発行の *Rohwer Federated Christian Church Weekly Bulletin* の日本語版である『朗和基督教週報』や同年4月1日発行の *Hi-Lites* に、松本が青年部の日曜礼拝で「信仰の行進」について説教することが報じられた[26]。*Hi-Lites* では、「私たちのスピーカーである松本亨牧師は改革派教会の牧師である。北米国内宣教協議会の幹事（secretary）として、収容者を支援するためにセンター（＝強制収容所）を訪れている。彼は学生に対して大変関心があり、世界キリスト教学生連盟の幹事（secretary）である。私たちは彼の来訪を喜んでいる。」と紹介され、紙面からは強制収容所内での松本に対する歓迎ぶりがうかがえる[27]。

　松本は、1945年3月1日に CRJA の主事補から主事に昇格すると、精力的に強制収容所を慰問し、収容所内で不自由な生活を送る日本人や日系人の声にこれまで以上に耳を傾け、奉仕活動を行った。さらに二世大学生の再定住にも尽力した。例えば、松本が強制収容所を訪れた際、ヴィッキー・ハタ（Vickie Hata）という女子学生と出会った。彼女はハワイ生まれの日系人で、カリフォルニア州のホイッター大学の学生であった。日米開戦によって強制収容されたが、NJASRC の支援を受けて強制収容所の外にある大学へ通うことができた。しかしながら、彼女を受け入れたのは、彼女が希望していた社会学を学べる大学ではなく、ミシガン州のエマニュエル神学校（Emmanuel Missionary College）であった。彼女はスワースモア大学やオーバーリン大学への転校を希望していたため、慰問で来ていた松本にそのことを相談した。すると松本は「彼女は非常に素晴らしい少女で、彼女を引き受けた大学はとても幸運だと思います」という言葉を添えて、すぐに彼女の事案を NJASRC のベティー・エムレン（Betty

Emlen) に報告した。その後、彼女はアイオワ州のドレーク大学への転校が許された[28]。

松本は強制収容所内でのこうした活動以外に、CRJAの拠点であったニューヨークやその周辺でも精力的に活動した。例えば、「大ニューヨーク異人種間集会 (The Interracial Fellowship of Greater New York)」主催の年次大会で講演を行ったり[29]、ニューヨークのリバーサイド教会で行われた「人種関係の日曜礼拝 (Race Relations Sunday)」に出席したり[30]、ニュージャージー州アトランティック・シティーで開催されたHMCNAの年次大会に出席して「マイノリティー集団内における宣教活動("Mission Work Among Racial Minority Groups")」のラウンドテーブルに参加したり[31]、ニューヨークの社会福祉士を集めた集会で、強制収容所の閉鎖にともない65,000人の日本人と日系人の住宅確保が急務であることや収容所外部の社会への適応に関する問題について訴えたりした[32]。その他に、ミニドカ収容所からニューヨークへ転住した二世カップルの結婚式を執り行うこともあった[33]。

松本の活動は、強制収容所の内では日本人や日系人に対する救済活動や人道支援をし、強制収容所の外では、日本人や日系人の再定住に向けて、受け入れ先となる地域社会やその地域の教会関係者に対して、日本人や日系人を温かく迎え入れてもらうための土壌づくりに全力を尽くした。

3 キリスト者としての覚悟と自覚

3—1 按手礼

松本は、CRJAの一員として、強制収容所内で不自由な生活を送る日本人や日系人の救済という新たな使命を担うことになった。この時、ユニオン神学校を卒業して数年しか経っておらず、29歳という若さであった。松本の活動内容は2つの時期を境にさらに広がった。第一は1944年2月10日に行われた按手礼によりアメリカ改革派教会の正式な牧師となった時期で、第二は1945年3月1日にCRJAの主事に任命された時期である。

松本はCRJAでの活動を手伝う中で、教会の救済活動に感銘を受けながら

も、次第に自身の限界を感じるようになっていた。それは、「神学校の卒業生であるが、教会の教職に入っていなかった」ことが主な要因であった。そこで松本はルーマン・J・シェーファーに正式な教職への道について相談した。するとシェーファーは、松本に改革派教会への入会を勧め、マーブル・カレジエート教会（Marble Collegiate Church）のピール牧師（Dr. Norman V. Peale）を紹介した。松本がすぐに同教会の会員になると、さらにシェーファーは、ニューヨークのクラシス（長老合同会）ならびにシノッド（宗教会議）で松本の按手礼を求め、承認されるよう働きかけた。その結果、1943年6月に開催されたシノッドの会合で松本の按手礼の申請と特例措置を認める決議が下された⁽³⁴⁾。翌1944年2月10日、厳戒態勢の中、松本の所属教会であるマーブル・カレジエート教会で按手礼が執り行われた。この模様について、ニューヨークタイムズ紙も「日本人、牧師として按手礼を受ける――7人の警官が礼拝を警備」と、写真付きの大きな見出しで取り上げた。按手礼の当日は、7人の警察官が不測の事態に備えて教会周辺を警備する物々しい雰囲気であった。2時間の儀式には、200人のアメリカ人と日本人が参列し、改革派教会牧師のハロルド・E・パンバーン（Harold E. Pangburn）が司会を務め、シェーファーが牧師任命の言葉を発した。その後、ヴィンセント牧師による説教、清水牧師（Shijito Shimizu）と川俣牧師（Giichi Kawamata）による日本語と英語の祈祷、日本人教会の聖歌隊による日本語と英語の讃美歌がつづいた。ニューヨークタイムズ紙の記事は、こうした儀式の様子だけでなく、松本の経歴、松本がギリシャ語やヘブライ語が不十分であるためシノッドから特例措置を受けていること、日系人の再定住問題に取り組んでいることなどもあわせて紹介した⁽³⁵⁾。松本によると、按手礼の様子はラジオでも報道され、按手礼が行われている教会の外では、日本人が教会の中にいると聞いて怒鳴り込んで来るものがいたり、「戦争中ニューヨークの真中で日本人にこんなことをしてやるとは何事か」と抗議するものもいたという。それに対してシェーファーは、毅然とした態度で次のように対応し、松本は改めてシェーファーに対する尊敬の念を深めた。

　戦争であろうとあるまいと、教会はその行事を行わなければならない。按手

を受ける者が敵国人だと言うのは、政府の考え方かもしれないが、教会には
敵も味方もない。これは軍に無関係なことだから、お引き取り下さい[36]。

松本は後に、この按手礼について「宗教的な葛藤（the spiritual struggles）に対
する唯一の論理的結論（the only logical conclusion）」であり、按手礼は松本自
身が下した「最終決定に対する公的表明」であったと語っている[37]。つまりこ
の按手礼は、松本がCRJAの活動を通してキリスト者であることを強く自覚
する中で、信仰と共に生きるという決意表明であった。それと同時に一人の日
本人キリスト者としてアメリカで抑留されている同胞たちの救済事業に全身全
霊を捧げるという覚悟の表れでもあった。

3−2　CRJA主事補から主事へ

　松本のCRJAでの活動の幅が大きく広がる第二の時期は、CRJAの主事に任
命された1945年3月1日であった。すでにWRAは1944年12月の時点で、強制
収容所を1946年1月1日までに閉鎖する決定を下していた。そのため、CRJA
の事業は、強制収容所の日本人や日系人を中西部や東部へ「順次」再定住させ
るという従来の方針から、強制収容所の閉鎖にともなう「大量の再定住者」に
対応する必要が出てきた。CRJA主事に就任した松本は、精力的に強制収容所
を慰問することで、再定住にともなう課題を見つけ出し、その解決策を模索し
た。

　まず強制収容されている日本人や日系人の多くがカリフォルニアの農家で
あったことから、彼らの不安を和らげることが重要であると考えた。それは、
彼らを取り巻く生活環境が強制収容される以前と以後では何も変化がないと分
析したからだ。つまり彼らは、戦前も、他の人種と交わることなく日本人の小
さなコミュニティの中だけで生活し、自分たちの狭い生活空間を離れることも
滅多になく、またバスや電車に一度も乗ったことがないという生活を送ってき
ており、今なおそうした生活を送っていたからだ。松本は、特に日本語しか話
せない年長者を案じ、一体この先どのようにして彼らは強制収容所から出て、
自力で再定住先まで向かうことができるのか、また日本語しか話せない年老い

た妻と幼い孫をどのようにして再定住先まで引き連れて行くのか。そこでまず、強制収容所にいる日本人や日系人と同じ文化的背景を持つかあるいは彼らの心に寄り添うことができるカウンセラーを、各地の強制収容所に配置することを提案した。そうすることで、再定住後に予測される生活環境の大きな変化に対する人々の不安を少しでも和らげることができると考えた。さらに松本は、他者からの支援を日本人は「施し」として理解する傾向にある点を指摘し、再定住先での公的支援を「恥ずべきもの」と捉えて受け入れない可能性を示唆した。また、公的支援の受給の際には社会福祉事務所から再定住者の日本人や日系人に対して非常に込み入った、プライベートな質問が多くなされることに対しても懸念した。つまり、多くの日本人や日系人は他者に対して個人的なことをあれこれと話すことを「恥」として捉え、さらに私的領域に遠慮なく踏み込んでくる他者に対して日本人特有の警戒心や嫌悪感を示す場合があるため、彼らが個人的なことを打ち明けるまでにはかなりの時間を要すると予想した。その他にも、若い二世の女性に通訳してもらった場合、特に年長の一世男性の自尊心を傷つける恐れがあることも指摘した[38]。

　さらに松本は、5年以上に及ぶ収容生活の弊害についても指摘した。一つは子供たちを取り巻く環境であった。強制収容所で暮らす子供たちは、日本人と日系人、すなわち同じ民族だけが暮らす社会しか知らないため、隣人が様々な人種・民族である社会を知らない点を非常に危惧し、「普通の社会生活の感覚を完全に失ってしまっている」と訴えた。さらに子供たちの言語能力に対しても危機感を募らせていた。松本が出会った強制収容所で暮らす子供たちは、日本語と英語を織り交ぜながら会話をするか、あるいは日本語での会話の頻度のほうが多かった。松本は、再定住の際に言語が社会適応の障害となる可能性があると指摘した。さらに、強制収容所の日本人と日系人の間にはっきりと見られる世代間ギャップについても驚きを隠せなかった。ニューヨークへ戻った松本は、これらの点を今後の再定住計画の課題としてまとめ、WRA に報告した[39]。

　松本は、CRJA 主事に就任したことで、それまで以上に強い責任感と義務感で業務にあたるようになった。松本の責任感と義務感は、強制収容所で困難な

生活を送っている日本人や日系人に対するものであると同時に、彼らを救済しようとする人々の善意に対するものであった。CRJA での松本の役割は、強制収容所の内側の世界と外側の世界をつなぐ、つまり松本の言葉を借りるならば「通訳すること（interpreting）」[40]であった。そうした意味では、日本語しか話せない強制収容所の人々、戦前も狭い日本人や日系人の地域社会でしか生きてこなかった強制収容所の人々、長年の強制収容所生活で外の世界との接触を断たれた強制収容所の人々、そして彼らを支援したいと願う人々にとって、松本はよき理解者であったに違いない。松本を CRJA の一員として迎え入れた理由の一つは強制収容所の内と外をつなぐ役割を果たせる人物という点にあると言える。

4　キリスト者松本亨のリーダーシップ

松本は、日米開戦直後にエリス島に拘留された際に行われた FBI の審問で、審問係から「あなたは日本に対して武器をとりますか？」と質問された。それに対して松本は「私は日本に対して武器はとりません。誰に対しても武力で戦争はしたくありません。これは私の宗教上の信念ですから仕方ありません」と毅然とした態度で答えた[41]。松本のこの揺るぎない「宗教上の信念」こそ、CRJAの業務をこなす原動力であった。松本の「宗教上の信念」と CRJA で見事に発揮されたリーダーシップの基礎を培ったのは、JSCA での活動であったと言える。

JSCA の機関誌 *Japanese Student Bulletin* には総主事時代の松本の寄稿文がしばしば掲載された。1938年から1941年の間に掲載された松本の寄稿文は、大きく３つに分類することができる。一つは日米関係について、次に二世について、最後にキリスト教徒としての使命についてである。

松本は、日米関係が悪化する状況を冷静に分析し、日本人学生間の連帯と協力がこれまで以上に求められると呼びかけた。日本人学生に対しては、自分たちは単なる学位取得候補者であるとの意識を持っていてはならないと訴え、日本の大陸侵攻に対する批判の矛先になりうる存在であることを自覚させようと

した[42]。また、ヨーロッパやアジアで起こっている戦争はイデオロギーをめぐ
る覇権争いであり、その争いは「民主主義」「キリスト教的」「正しいか否か」
という一見「美しい」言葉の下でなされていると指摘しながら、日本人や日系
人は特定のイデオロギーが好きか否かというよりも、どこに帰属するかの選択
を強く求められている状況にあると言及した。そして学生寮という小さな社
会・生活空間の中でさえ、敵と味方に分かれたイデオロギー闘争の場になって
いる例を示した。松本は、このような難しい局面においてこそ、日本人や日系
人は、他者からの日本批判に対して非難したり、感情的になったりせず、むし
ろ自分たち自身の罪と責任に気づかせてくれたことに感謝すべきであると語り
ながら、キリスト者としてのあるべき姿勢を示した。松本は、戦争や文化衝突
に突き進む世界を「劣化していく社会有機体 (social organism)」と称しており、
こうした状況に対して、沈黙を貫くよりも、むしろキリスト者としての立場で
問題解決に向けた意見を発すべきであるとも主張した[43]。

　次に、JSCA の会員の多くが二世であることに触れて、JSCA も次第に世代
交代が進んでいることや、二世時代が到来していることを示唆した。その中で、
松本は、JSCA において二世の存在感が増していることや、組織の活動そのも
のが二世の協力によって支えられていることを誇らしげに語った。同時に、二
世はアメリカの民主主義や未来を担う存在であるから、彼ら自身の進むべき道
がアメリカに居住する日本人や日系人によって何よりも重要であると説い
た[44]。

　次に松本は、キリスト者としてどうあるべきかについて、しばしば語った。
例えば、JSCA がアメリカの学生キリスト教運動の中で誕生した歴史に触れな
がら会員に対して、キリスト教徒の学生が集まる国内外の学生会議に積極的に
参加するよう呼びかけたり、日系以外のキリスト教徒の学生と連帯する重要性
について訴えたりした。さらに、各地で戦争が勃発していることに触れながら、
世界情勢が非常に不安定な時代だからこそ、「教会」や「キリスト教徒」は極
めて「神聖なもの」として重要な意味を持つとし、それゆえ JSCA 会員にも「神
聖なもの」の一人としてのふさわしい態度、行動、発言を求めた[45]。また、松
本は「罪」や「許し」についてもしばしば触れた。例えば、自分たちが「キリ

ストの身体 (bodies of Christ)」と呼ばれるためには、毎日自分たちの罪への許しを請い、祈らねばならないと語った。人間は本質的に罪深い社会有機体に深く根ざしており、このような人間に対する救いが必要であることについて語ることもあった。つまり、世俗化する個人は、果たして神の御心を通して、個人的に救われ、さらには世界を救うことができるのか、との問いかけを機関誌を通じて行った[46]。その際松本は、キリスト教の倫理的価値観が万能ではないことを認めつつも、キリスト者であることやキリスト者として行動することに意味があるという立場であった。だからこそ、キリスト者としてのアプローチで日米間の厳しい局面を回避する方法を模索すべきであって、個人を攻撃・批判することは決してあってはならない、と強く訴えた[47]。

　松本の言説には、時として軍国主義へと突き進む日本を暗に批判する言葉も見受けられた。例えば日本人学生に対しては、母国へ帰国して、以前と同じ心持ちで福音主義を実践できるのか（否できるわけがない）と主張したり、日本でキリスト教的価値観を植え付けようとしても、そこにはすでに反キリスト教の種がまかれており、その種は急速に育っていると批判することもあった[48]。さらに松本はアメリカの地で日本人であること、キリスト者であることの運命は楽観的かあるいは個人的なレベルにおいて悲劇的かのどちらかであると分析して、近い将来訪れるであろう日本人や日系人の苦境を予測した[49]。松本は平和のバランスが次第に崩れていく社会を憂いながら、こういう時代だからこそ「我々」はキリスト者でなければならないし、キリスト者であり続けなくてはならないとキリスト者であることの存在意義を繰り返し述べた。政治的、社会的変革の時代にあって学生であることに限界を認めつつも、アメリカに居住する日本人キリスト者や日系人キリスト者としての自己を肯定的に捉え、「我々」の存在意義を自らの中に見出し続けることの重要性を説いていた。

　　おわりに

　松本が総主事を務めた JSCA は、日系人の再定住を主導した CRJA や NJASRC との共通点が多くみられる。それは、宗教関係者や大学関係者で構

成されていること、日本での宣教経験を持つ元宣教師が多数関わっていること、そしじ赤派の枠にとらわれない超教派的であることだ。戦時下において敵性外国人であった松本が、CRJA の主事補や主事として活躍できた背景には、松本が「日本人」「キリスト者」「高い語学力」「JSCA 総主事」という文化資本を持ち得る人物であった点が極めて大きかったと言える。松本は、超教派的で異人種間交流が盛んな JSCA を通してアメリカの民主主義と、キリスト教的な世界平和のあり方について学んでいたが、日米開戦を機に、アメリカに暮らす「善良な」日本人である自分が突然逮捕されたこと、アメリカに暮らす「善良な」多くの同胞が資産のほとんどを没収されて強制収容されたことを、多くのキリスト者同様に「人種問題」と捉えた。そして、この時民主主義を掲げるアメリカの矛盾に直面した。しかし松本は、キリスト者としての信仰と信念で、この大きな矛盾を乗り越えようと行動した。その点では、ステファニー・ヒナーシッツ（Stephanie Hinnershitz）が指摘するように、松本は社会運動家として捉えることもできるだろう[50]。

　松本は、日系人の救済活動を行う一方で、戦後の日本社会についても青写真を描いていた。松本は日本の戦後復興のカギは民主主義の実現にあると考えていた。日本人が神格化された天皇や全体主義から解放される必要があり、個人の尊厳について日本人に教え込む必要があると考えた。松本は、民主主義的社会の実現に最も必要なものが教育であり、大学教育の改革が急務であるとの立場であった。松本はリベラルアーツ教育の優位性を強調しながら、それまでの日本の教育、特に大学教育が国家体制を強化するために専門家人材の育成に重きを置きすぎていた点を批判した。リベラルアーツこそ日本人の精神を解放し、人生をより豊かにさせると考えていたからだ。さらに、日本の初等教育から高等教育に至るまでの教育全体が文部省の厳重な管理体制の下、画一化された教育が行われてきた点についても批判し、戦後日本の民主化教育の実現に向けて私立学校に大きな期待を寄せた。松本は、新しい体制のたびに変化する「何か（something）」を子供たちに教育するのではなく、子供たちには「真実（the truth）」を学ばせること、つまりは普遍的で恒久的な真実や真理を学ばせることが何よりも重要であると考えた。日米戦争の終結が目前に迫り CRJA の活動が終わ

りを迎えようとしていた松本にとって、日本の教育やその他のあらゆる方面で日本の復興を支援することこそが、キリスト者である自らの次なる使命と責任であると考えるようになっていった。そして1947年にコロンビア大学教育大学院に入学し、1949年8月に教育学博士となった松本は同年9月に改革派教会の「期限付き宣教師」として、母校の明治学院に派遣されることになった[51]。

注

（1） Gary Y. Okihiro, *Storied Lives : Japanese American Students and World War II*, WA : the University of Washington Press, 1999. Stephanie Hinnershitz, *Race, Religion, and Civil Rights : Asian Students on the West Coast, 1900-1968*, NJ : Rutgers University Press, 2015. Allan W. Austin, *From Concentration Camp to Campus : Japanese American Students and World War II*（*Asian American Experience*）, IL : University of Illinois Press, 2007.

（2） 島田法子「日系人の強制立退き・収容・再定住とアメリカの教会」『キリストと世界：東京基督教大学紀要』1991、103。Toru Matsumoto, *Beyond Prejudice : A Story of the Church and Japanese Americans*, NY : Friendship Press, 1946, 55, 111-112. Robert W. O'Brien, *The College Nisei*, CA : Pacific Books, 1949, 60-63.

（3） 石井紀子「太平洋戦争と来日アメリカ宣教師──シャーロット・B・デフォレストとマンザナー日系人収容所の場合」『大妻女子大学比較文化学部紀要』大妻女子大学、2009年3月。

（4） 石井紀子（2009）、10。

（5） 武市一成『松本亨と「英語で考える」──ラジオ英語会話と戦後民主主義』彩流社、2015年。松本亨『英語と私』英友社、2004年（＝1958年）。

（6） 武市一成（2015）、20。

（7） 松本亨（2004）、52。武市一成（2015）、67、70。

（8） 武市一成（2015）、78-80。

（9） 武市一成（2015）、80-81。

（10） *The Directory of Japanese Students in North America*（1935, 1936, 1937, 1938, 1939, 1940）.

（11） 大学関係者（学長、学部長）として、Norman F. Coleman（Reed College, 1925-1934）、Walter F. Dexter（Whittier College, 1923-1934）、Shailer Mathews（the University of Chicago Divinity School. Dean of the Divinity School, 1908-1933）、Edmund D. Soper（Ohio Wesleyan University, 1929-1937）がいた。宗教指導者として、Albert W. Palmer（pastor of the Plymouth Congregational church of Oakland, 1913）、Luman J. Shafer（Reformed Church in America. Board of Foreign Missions) がおり、YMCA や YWCA 関係者として、Galen M, Fisher (head of Japan's YMCA from 1898 until 1919. John R. Mott の 活 動 に 尽 力)、Mrs. Harper Sibley (＝Margaret Harper Sibley) がいた。*The Directory of Japanese Students in North America* (1925-1940).

(12) JSCA の日本支部は、1924年の創設当初から設置されていた。ただし1937年以降は不明である。関東支部は、東京 YMCA に事務所が置かれ、青山学院、津田英学塾、関東学院の教授らが役員を務めた。関西支部は大阪 YMCA に事務所が置かれ、大阪 YMCA や同志社大学関係者が役員を務めた。日本支部は、日本人学生にアメリカ留学情報を提供するなどして、留学窓口としての役割を担っていた。*The Directory of Japanese Students in North America* (1935, 1936, 1937, 1938, 1939, 1940).

(13) *The Directory of Japanese Students in North America* (1935, 1936, 1937, 1938, 1939, 1940).

(14) 1940年のカリフォルニア州の JSCA 会員数は、男性1,250名、女性613名であった。次いで会員数の多い地域は、ワシントン州（男性284名、女性114名）、オレゴン州（男性43名、女性22名）、コロラド州（男性34名、女性28名）、ニューヨーク州（男性50名、女性22名）、イリノイ州（男性34名、女性8名）であった。ただし会員数には、日本生まれの会員も含まれている。*The Directory of Japanese Students in North America* (1940) を参照のこと。

(15) Robert W. O'Brien, *The College Nisei* (CA : Pacific Books, 1949).

(16) *The Directory of Japanese Students in North America*, (1940).

(17) 武市一成 (2015)、86、89-90。Toru Matsumoto and Marion Olive Lerrigo. *A Brother is a Stranger*, New York : The John Day Company, 1946, 152-153.

(18) Edmund D. Soper は青山学院に宣教師として来日。Luman J. Shafer は長崎の東山学院と横浜のフェリス英和女学校（現フェリス女学院）に宣教師兼校長として来日。Galen M. Fisher は日本 YMCA 主事として来日しており、日系人の強制収容に対して抗議する団体の長も務めた。Shailer Mathews は1920年に the Kobe College Foundation（神戸女学院で活動を行う会衆派宣教師たちを支援するための非営利の財政支援団体で1920年シカゴで発足）のメンバーとして来日した。

(19) 松本亨 (2004)、129-130。

(20) 松本亨 (2004)、133-136、143-144。武市一成 (2015)、99-100。

(21) 松本亨 (2004)、167-169。武市一成 (2015)、100-101。

(22) 松本亨 (2004)、171。

(23) 松本亨 (2004)、173-174。

(24) 松本亨 (2004)、175-176。

(25) "Bulletin to Explain Resettlement Aims to Nihongo Readers", *The Minidoka Irrigator*, Saturday May 29, 1943, 6 .

(26) "Visitor", *Heart Mountain Sentinel*, Saturday, March 24, 1945, 6. "Round Up", *Heart Mountain Sentinel*, Saturday, April 7, 1945, 5. *Rohwer Federated Christian Church Weekly Bulletin*, March 29, 1945. "Order of Worship", *Hi-lites*, April 1, 1945.

(27) "Order of Worship", *Hi-lites*, April 1, 1945.

(28) Gary Y. Okihiro, *Storied Lives : Japanese American Students and World War II*, WA : the University of Washington Press, 1999, 132.

(29) "Japanese Minister to Speak", *The New York Times*, March 11, 1944, 16. "New Vista Opened at St. John's Here", *The New York Times*, October 13, 1945, 12.

(30) "Race Relations Topic of Sermons ; 'Fellowship Service' will be held tomorrow in Riverside Church Lincoln Program", *The New York Times*, February 10, 1945, 9.

(31) "Parley Scheduled on Home Missions ; Future of Activities will be Studied at 3-Day Sessions in Atlantic City", *The New York Times*, January 6, 1945, 12.

(32) "65,000 U.S. Japanese Need Homes This Year", *The New York Times*, April 19, 1945, 12. "65,000 U.S. Japanese Need Homes This Year", *The Colorado Times*, Saturday, April 28, 1945, 1. "Expert Discuss N.Y. Evacuees", *The Rohwer Outpost*, May 9, 1945, 3.

(33) "Tajitsu-Morimoto Nuptials in N.Y.", *The Minidoka Irrigator*, February 26, 1944, 3.

(34) 武市一成（2015）、110-111。松本亨（2004）、176-177。

(35) "Japanese Ordained as Minister ; 7 Policemen Guard Service Here ; Toru Matsumoto, Who was Reared by Christian Family in Japan, will Work on Problem of Resettling Japanese-Americans", *The New York Times*, February 11, 1944, 21.

(36) 松本亨（2004）、185-186。

(37) Toru Matsumoto and Marion Olive Lerrigo（1946）, 263.

(38) Toru Matsumoto and Marion Olive Lerrigo（1946）, 264-266.

(39) Toru Matsumoto and Marion Olive Lerrigo（1946）, 266-268.

(40) Toru Matsumoto and Marion Olive Lerrigo（1946）, 268.

(41) 松本亨（2004）、133。

(42) "Editor's Notes", *Japanese Student Bulletin*, December 1938, Vol. 16, No. 2, 2.

(43) "Editor's Note : On Still Being Christian", *Japanese Student Bulletin*, April-May 1939, Vol, 17, No. 1, 2.

(44) "We Are At The Crossroads", *Japanese Student Bulletin*, November 1938 Vol. 16, No. 1, 1-8. "Editor's Notes." *Japanese Student Bulletin*, May 1940, Vol.

17, No. 3, 2.

(45) "Editor's Note : On Still Being Christian," Japanese Student Bulletin, April-May, 1939, Vol. 17, No. 1, 2

(46) *ibid*, 2.

(47) "On America and Japan," *Japanese Student Bulletin*, March 1940, Vol. 17, No. 2, 2.

(48) "Editor's Note : A Lost Cause?", *Japanese Student Bulletin*, May 1940, vol/ 17, No. 3, 3.

(49) "Editor's Note : On Still Being Christian," *Japanese Student Bulletin,* April-May, 1939, Vol. 17, No. 1, 2.

(50) Stephanie Hinnershitz（2015）, 192–198.

(51) 武市一成（2015）、169–170。Toru Matsumoto and Marion Olive Lerrigo(1946), 305–309, 317–318.

第7章　1940年代ニューヨーク日系プロテスタントの越境教育・支援活動

はじめに

　1877年、サンフランシスコに設立された福音会に始まり、太平洋戦争勃発による強制収容によって一旦その幕を閉じるアメリカ日系人プロテスタントの史的展開は、国内的には日系とホスト社会、国際的には日米間の「架け橋」として働いた一越境教育エージェントの歩みであったと総括できる。それでは続く強制収容、再定住（帰還）、再建の1940年代にはどのような展開が見られるのか、特に強制収容の対象とならなかった西海岸以外の地域在住者においてはどうであったのか。本稿では、1940年代ニューヨーク（NY）の日系プロテスタントによる越境教育・支援活動について論じる[1]。

　1940年代のアメリカ日系人史に関する蓄積が進んでいる中にあって、アメリカ東部の日系人（収容所からの再定住者を含む）について論じた研究は少ない。NY日系人史を戦前期にまで時期を広げると、紐育日本人会、蒲池紀生、佐藤麻衣、サワダ（Mitziko Sawada）、ロビンソン（Greg Robinson）、イノウエ（Daniel H. Inouye）等の研究があるが[2]、1940年代となると、木村昌人、ロビンソン等に限定される。これら先行研究中で日系プロテスタントについて論究したものはイノウエのみである。イノウエは戦前期の日系一世プロテスタントが地域・階層・身分他において4分断化したNYの日系社会にあって、民族的・文化的な絆構築に最も貢献した一方で、そうした「統合」的役割を完遂できなかったと論じている。それでは、続く戦中・戦後期においてその影響力に質的変化は起こったのだろうか、特にイノウエが触れなかったNY日系社会外との越境関係がその変化にどのような影響を及ぼしたのだろうか。一方で、オースティン（Allan W. Austin）、ブランケンシップ（Anne M. Blankenship）、ヒンナーシッツ（Stephanie Hinnershitz）、拙稿によって[3]、1940年代、アメリカ・プロテスタ

ントが反ファシズム・民主化推進の方針下で、米国政府・軍が展開する日系人への強制立ち退き、収容、再定住を、日系人のアメリカ化・民主化・キリスト教化の一環と位置づけて教育・支援してきたことが明らかにされつつある。その際に、二世の教育・支援活動に注力することで、戦後期アメリカ社会への日系人の「同化」を牽引しようとしたことは知られている。「同化」の一環として日系教会の近隣教会への糾合も計画された。NY においては、日系人被収容者及び再定住者への教育・支援活動をニューヨーク日系アメリカ人教会委員会（NYCCJA）が担当したが、二世に特化した活動は行っていなかった。日本復興への支援活動においては、地方組織ではなく全米組織ララ（Association of American Voluntary Relief Agencies Licensed to Operate Japan）がその活動を統制していた[4]。NY 日系プロテスタントはこうしたアジェンダにどのように対応していったのだろうか。

　本稿は、激変する戦中・戦後期の日米関係と NY 地域の日系・ホスト社会関係にあって日系プロテスタントが新たな「架け橋」となるために展開した越境教育・支援活動とその意味合いを論じる。事例として、当該時期の NY 日系社会を代表する 3 プロテスタント教会・教会員（紐育基督教会、修道会、メソジスト教会）による教育・支援活動を検討する。1 節では戦中期における当該集団・個人による当該地域在住日系人及び10カ所の転住センター被収容日系人に関わる教育・支援活動（再定住支援を含む）を扱う。2 節では戦後期の当該集団・個人が行った日本及び日系社会の復興に関わる教育・支援活動の特徴を分析する。これらの検討によって、二時期において日系プロテスタントの越境教育に起こった質的変化を究明したい。主要史料としては、『日本救援会記録』（日本救済紐育委員会）、『週報』と *Progress* 及び *Bulletin*（紐育基督教修道会、後に紐育日米基督教会）、『北米新報（日米新聞）』、*JACD Newsletter* 他を使用する。

　本論に入る前に、戦前期 NY の日系社会及びそこでの日系プロテスタントの活動について概観しておく。NY は、19世紀末から日系人口の増加が始まり（1920年代に急増）[5]、その構成員は商人、家事労働者、事務職、産業労働者、留学生等であった[6]。1924年移民法制定後も領事館官吏、ビジネスマン、牧師、学生、芸術家が一時滞在しており、特に日系知識人、芸術家、演劇家のセンター

として有名であった[7]。NY ではそのコスモポリタン的雰囲気を反映し、就職差別は存在しても排日法制定はなされなかった[8]。構成員の大半は日本国籍取得の日本人で、少数の二世は他地域出身者で[9]、日系団体は主に日本企業駐在邦人や専門職（主に医者）・中小エスニック企業主ら一部エリートが運営し、日本人領事が関与し、傾向としては保守的で親日的であったとされている[10]。

　NY に誕生したキリスト教会は、1893〜1908年の間に、改革派とメソジスト派の援助を受け、ブルックリンやマンハッタン在住の日本人青年、労働者、日本企業駐在員他へのキリスト教伝道・教育活動の拠点として重要な役割を果たしてきた[11]。仏教会が1938年まで不在であったことも考慮すべき点である。イノウエは戦前期のキリスト教会による諸活動の特徴を以下の5点にまとめている[12]。第1に支援ネットワーク（寄宿舎、就職斡旋、英語学習）を充実させてきたこと。F. ミヤモト（Frank Miyamoto）が「代理家族」と呼ぶものである。第2に1938年まで仏教が不在であったことで独占的な展開が可能であったこと。第3に道徳的・福祉的支援だけでなく、情緒的・社交的支援の充実に努めたこと（例：礼拝後の夕食会）。第4に二世教育の一環として日曜午後に日本語教室を開設したり、世代間交流推進プログラムの充実を図ったりしたこと(例：クリスマス)。第5にエスニック中心の社会資本を開発したこと（例：クリスマス、バザー、ピクニック）である。イノウエによると（上述）、結果的に、プロテスタントは日系の「集合的エスニック・文化的アイデンティティ維持」に貢献したが、「地理的・階層的・身分的・神学的な分断化を統合」しきることができなかったとその役割を総括している。日系プロテスタントの「越境」性という視点でいうと、戦前期のプロテスタントは日米間の「架け橋」的「代理家族」として、日系と米プロテスタント両方の有する文化・社会資本を駆使し、日系人が自文化・民族アイデンティティを保持したまま現地社会に「適応」していく機会を提供してきたのであった。

1 戦中期日系プロテスタントの教育・支援活動

（1）戦中期日系コミュニティの特徴

　太平洋戦争の勃発直前から、NY の日系社会には様々な変化が起こりだしていた[13]。まず、真珠湾攻撃の数ヶ月前、NY での排日ボイコットは日本企業関連ビジネス全般を失速させ、日系社会の中心にいたビジネスリーダーや領事が帰国することになった。宣戦布告がなされると、FBI は数百人の日本人外交官、企業関係者、コミュニティ指導者を集め、エリス島に収監した。日本企業の支店は閉鎖され、非日本企業に雇用されていた日系人は失職し、その間に外出禁止令、旅行制限、預金支出制限が外国人である一世に課せられた。現地邦字新聞は廃刊となり、日本人会は解散となった。収容された数名はその後に釈放されたが、日系社会の主導権は左翼の反ファシズム・グループである日系アメリカ人民主委員会（Japanese American Committee for Democracy［JACD]）が握ることとなった。JACD の主要な活動は、月刊ニューズレターの発行、コミュニティ調査を行い、解雇された日系人労働者に就職斡旋し、日本に勝利することを支持するフォーラムや示威運動を支援することであった。NY は大統領令9066号の影響を受けず、本土の中では最大規模の自由な日系社会をもつ地域となった。次に、戦争が進むと、元西海岸居住日系人が収容所から解放され、再定住者の一部が NY に到着するようになり、NY の日系人口は膨張することになった。1943～1944年に1,000人が再定住者として当地の日系社会に加わることになり、その内7割は二世であった。45年7月には7,000人となった[14]。当市は諸手を挙げて日系再定住者を受け入れたわけではなかった。市長フィオレロ・ラガーディア（Fiorello H. La Guardia）はすでに真珠湾攻撃後、公職を解雇された日系人の保護を拒否したり、再定住者用暫定的宿泊施設ブルックリン・ホステルを開業する際にこの企画を公式に弾劾するというように、反日的な態度をとった。また再定住者による就職・住居探しの際に差別が存在していた。こうした再定住者は2カ所の居住拠点に2ヶ月滞在した。1944年半ば、戦時転住局（WRA）が開業した前述のブルックリンハイツのホステルと、1945年

秋、当地ユニテリアン奉仕委員会他が開業したマンハッタン・ホテルであった。
その後、再定住者は2カ所の日系居住地に移動していった（ウェストサイドで106
街から110街、マンハッタン北部頂上近くのインウッド）。デトロイトや西海岸と違
い、当地では再定住者は一般的に白人居住区から排除されるまでには至らな
かった。日系再定住者の職業については、就職差別の影響から、一世の大半は
家事労働者や庭師、二世はレストランの皿洗い、ホテルの雑用、洗濯業、病院
のスタッフ（女性は看護師、速記、秘書）に就いた。時期が経過して職業規制が
緩和されるようになると、二世は営業、サービス業、熟練労働職に従事した。
ただ、他の再定住地域とは違い、当地の二世達は自身のビジネスを立ち上げた
（グロサリーやレストランや機械修繕店）。こうして、当地での再定住者の適応は、
他地域より早かった。その要因として、他の再定住地域以上に長い歴史をもつ
日系社会が存在し、レストラン、教会、グローサリーなど新来者に奉仕できる
施設が整備されていたこと。また、当地は歴史的にセツルメント・ハウスや慈
善活動のメッカであり、再定住者に支援・奉仕をする非日系団体が充実してい
た。再定住者数は、1942年春に13名であったのが、秋に400名となり、1945年
夏には7,000人に急増し、他地域への再定住者があったために1946年春に約
1,500人に減少していた。ロビンソンによると、彼（女）らに対し、1942年半
ばにプロテスタント福祉協議会（Protestant Welfare Council）が再定住者の就職
と住宅斡旋を担当し、1944年5月、ブルックリン・ホステル（前掲）が宿泊所
として設立され、1944年5月、ニューヨーク市日系人団体転住協議会が設立（3
教会も参加）されて再定住者への情報提供・住宅の世話・社交を担当した。1945
年秋には、マンハッタン・ホテル（前掲）が開業し、1945年、WRAと誕生し
たばかりのJACLのNY支部はNY市日系アメリカ人調整委員会（Japanese
American Coordinating Committee of New York City）を組織し、1946年1月〜
1947年3月、大紐育日系人委員会（Greater New York Citizens Committee for
Japanese-Americans、1947年3月解散）設立、戦時転住局の仕事を継承した[15]。
また他地域以上にコスモポリタン的伝統が存在していたために、二世芸術家、
デザイナー、作家他は容易にホスト社会に参入できたとされている。

（2）日系被収容・再定住者への教育・救済活動

　戦時中、日系プロテスタントは日系被収容者や再定住者への教育・支援活動を進めるにあたり、当地の米プロテスタント他と連携し、NY日系アメリカ人教会委員会（NYCCJW, 後にNYCCJA）を介して実行していった[16]。

　連邦議会が在収容所日系人の再定住を打ち出した2ヶ月後の1942年5月14日、全米のプロテスタント諸団体を網羅する全米日系キリスト教合同協議委員会（Inter-Council Committee on Japanese Christian Work in the US）は日系人の再定住について政府に協力する決定を行い、日系人再定住支援のための超教派組織である日系アメリカ人再定住委員会（Committee on Resettlement of Japanese Americans [CRJA]）が設立された[17]。一方NYでは、超教派組織であるNY日系人教会委員会（New York Japanese American Church Committee for Japanese Work [NYCCJW]、1943年11月 にNew York Church Committee for Japanese Americans [NYCCJA] と改称）が当地在住日系人に対する教育・支援活動をしていたが、1942年5月に、再定住支援について政府に協力することを決め、1943年1月にCRJAのNY支部として活動することになった。同年6月には市内の日系人への支援活動を行っていた超教派のNY市日系アメリカ人諮問委員会（New York City Advisory Committee for Japanese Americans）と連携してその活動を強化することになった。NYCCJAは北米国内伝道協議会の認可を受けた当市の超教派宗教・社会福祉組織であり、「民主主義」への信用回復、キリスト教的「民主主義」の実践を理念に、日系人への教育・支援活動を展開していた。スタッフはプロテスタント諸派（メソジスト派、改革派、クエーカー、聖公会、バプテスト派、長老派）、超教派の外国伝道協議会（Foreign Mission Council of North America）、民間福祉団体、YMCA、YWCA、日系人3教会牧師、仏教会開教使、日系社会代表、元日本宣教師（Willie G. Hoekje, A. K. Reischauer, E. T. Iglehart）、在留日本人（湯浅八郎、松本亨）等が人種・国籍を超えて活動を支えていた。財源はプロテスタント諸派及び日系人の寄付によって成っており、予算全体の半分は日系人が賄っていた。活動は2分野に分かれ、まずNY在住日系人への活動としては、生活困窮者への救護活動がある。アイグルハート（E. T. Iglehart）が委員長で、ホームレスに食事提供、公的家族救済費受給手続

き援助、宿泊所提供他を行った。また日本人被抑留者への後援活動（E. T. Igle-
hart 委員長）では、被抑留者へのカウンセリング、仮釈放への支援を行った。
次に、再定住者への活動としては、社交会開催による再定住者との関係構築、
就職斡旋活動、住宅斡旋活動（ホステル経営を含む）と再定住に関する教育啓発
活動を行った。その他には、個人相談、通訳、保険会社との交渉、外国人登録
援助、失業保険取得、病院・保護施設・監獄訪問、昼食提供、宣伝・募金活動、
被収容者への救援品送付、収容所での教育啓発活動（湯浅八郎）などであった。

　日系プロテスタントによる最初の活動は、NY 在住同胞への救援活動であっ
た。1942年１月に、「主に独身困窮者、家族者、求職者救済」のために設立さ
れた NYCCJA による活動の一環として、日系メソジスト教会による「中食炊
き出し」が企画され[18]、２月にオリブトリー・イン近隣レストランで、アイグ
ルハート夫人(Mrs. Iglehart)と日系婦人達等によってサービスが開始された[19]。
1942年４月には、同イン宿泊者30名に、アイグルハート夫人、清水宗次郎紐育
教会牧師夫人、大場夫人が中食のサービスをしたとある[20]。1942年５月には、
当市同胞の現状調査（人口、就職状況、生活問題）を二世有志が実施し、10頁の
『アメリカ日本人人口に関する共同研究』(A Joint Study of the Japanese Popula-
tion in America) を出版して教育・支援活動に対する基礎データを提供してい
る[21]。

　次の活動は、強制収容された同胞への支援に関するものである。NY の日系
プロテスタントは当地在住同胞に、強制収容された同胞への関心を喚起すべく、
1942年５月５日に修道会で聯合講演会を開催した。NY 日系３プロテスタント
教会聯合が主催し、元日本宣教師アイグルハート(Charles Iglehart)博士が「西
岸日本人現状」という題で講演を行い、70余名の出席者があったとある。修道
会『週報』には「聞きたいと思ったことを十分に聞き得て非常に有益な会合で
ありました」とのコメントがあった[22]。その後も、同問題への教育啓発活動の
一環として、1943年１月24日に紐育教会でランクイスト（George Ranquist, 日
系アメリカ人再定住委員会会長）による「二世リロケイション問題の現況」をテー
マとする講演会を[23]、同年５月14日にはメソジスト教会で JACL 幹部４人に
よる「リロケーション邦人の状況」に関する報告会をそれぞれ開催した。修道

会『週報』には、「状況を詳細に聞くことが出来、この問題に認識を深め」た
とのコメントを記している[24]。主な具体的支援活動は、NYCCJA による被収
容者への救援物資送付への協力である。アメリカ戦時日系人支援会（Aid to War
Japanese in the U.S.A.）とアメリカフレンド奉仕センター主催で、NYCCJA も
協力している、被収容者への救援物資送付協力である。例えば、修道会員は、
玩具、古着、食糧、書籍、教会週報、説教記録を NYCCJA に送付することで
協力していた[25]。

　次に、当地の他日系団体との連携による活動である。1944年6月、ニューヨー
ク市日系人団体転住協議会設立の際には、NYCCNY と一緒に3教会、青年基
督教団体も支援し、役員（副委員長片桐襄、連絡書記大堀愛子）としても活躍し
た[26]。1945年3月14日、再定住協議会家族転住委員会（FRCRC）に協力し、討
論会「家族再定住の問題」を開催、また同年10月25日、コミュニティ教会で、
大歓迎と親睦の夕を開催し、一世・二世、新来者を含め200名を集めている[27]。
1946年6月、大 NY 日系人委員会（1946年1月設立）の住宅小委員会（3基督教
会、仏教会、JACL, JACD で構成）の構成員として、市や州当局と接触し、人種
差別の事例を調査したり、NY 地域で利用可能なアパートリストを作成する活
動をした[28]。

　二世兵士後援活動としては、1944年4月、ニューヨーク市の日系アメリカ人
団体代表がメソジスト教会で集会し、二世兵士のための娯楽プログラム設置に
ついて協議した際、芸術協議会（Arts Council）、JACD、JACL 支部、仏教会、
NYCCJA、日本人基督教青年聯盟、メソジスト教会と修道会の青年会が参加
し、豊留真澄（修道会二世部牧師）が委員に選出されて企画を主導的に進めた。
また1944年11月8日、紐育教会では、JACL ジュニアと教会聯盟主催で特別講
演会「フロントに於ける二世兵士達」（トマス比嘉講師）を開催することで、442
部隊の功績を同胞に広報すると同時に、彼らへの慰労活動にも関心を示してい
た[29]。さらに1945年11月には、3キリスト教会、仏教会、JACL が協力し、442
部隊帰還兵50名に対する感謝祭弁当を送付している[30]。

（3）二世の組織化

　戦争勃発後、3教会二世会員の組織化が本格化した。この動向は再定住者の多くが二世であったことと大きく関わっている。まず、二世青少年を対象にジュニア修道会が1942年3月に組織され、4月19日から例会やグリークラブの練習を開始した[31]。その後、3教会の二世青年で組織する青年聯盟が1942年7月に聖書研究会（毎水曜午後3時、3教会分担、講師アイグルハート）を開始、同7月12日に月例礼拝（午前11時、紐育教会にて、弁士マーガレット・クレーン女史）が続き、以後頻繁に英語礼拝が開催（メソジスト教会にてアイグルハートが説教を担当）されていった[32]。ジュニアについても1944年10月、修道会はジュニア修道会(Jr. JAC)指導者として当時ユニオン神学校在学中の豊留真澄に依頼を行い、豊留が毎日曜夜聖書研究、夕拝、その他の活動を担当することになり、1945年1月14日日曜からジュニア礼拝が開催されることとなった[33]。

　また、前述の青年聯盟は二世主導で様々な教育・支援活動を企画実行していった。1942年6月20〜21日にはテーマ「分断した世界でのキリスト教的合同」の下で聯盟夏期大会を開催し、シェーファー（Luman J. Shafer、元日本宣教師）が講演、キリストによる一致や3教会合同問題に関して多数の名士による研究会を開催し、アメリカ人有志含め90名の出席者を集めた[34]。他にも、同年8月28日にサマーカーニバル（ゲーム、フォークダンス、ソングその他余興沢山あり）、11月22日に感謝祭礼拝を修道会で、12月20日にクリスマス礼拝を紐育教会で開催した[35]。再定住者支援活動としては、1943年6月3日に慈善音楽会をクライストチャーチで日米人を対象に開催し（入場料1ドル）、独唱（向井マリ子嬢）、ヴァイオリンソロ（タゲツかづ子嬢）、ピアノソロ（五鬼ウリ嬢）の後にプレゼンテーションと展覧品の贈呈を行った[36]。1943年8〜10月にはNYCCJA、青年聯盟主催で、3教会員を対象とした、二世再定住者のための社交会を、毎水曜午後8時〜10時半（後に金曜に変更）、ラトガス長老教会にて開催し、グループ歌唱、社交ダンス、レフレッシュメントを実施した[37]。

　最後に、修道会独自のものとしては、1945年7〜9月にわたり、二世部牧師豊留真澄が、再定住者への活動に役立てるために、ハートマウンテン収容所に滞在し、収容生活を実体験したことが記されている[38]。

（4）多人種間交流活動

　1940年代初頭、アフリカ系の北部都市への大量参入の結果、人種間衝突が多発し、異文化学習による偏見除去を目指す集団間教育運動（1940s～50s）を教育者が初等・中等・高等教育機関で展開した。全米キリスト教・ユダヤ教協議会（National Conference of Christians and Jews）から財政支援を受けた。国際学院（YWCA）も同一目的のための活動を戦時下に展開していた時期である。しかし、NYの日系人に関わるものについては限定的であった。一世に関しては、1942年10月21日に日米婦人倶楽部の例会が開催され、ミス・マグアイヤー（Miss McGuire）が「キャソリック教会」について講演を行っている[39]。本例会は戦時中何度か開催されており、1943年2月にはリヴァーサイド教会で、翌3月にも同教会で晩餐会が開催され、日本のフォークダンスが披露されたとある[40]。戦時下でも、限定的ではあるが、両国女性たちによる越境的交流が続けられていた稀な例のひとつといえるかもしれない。

　NYの二世に関しては、1944年2月、メソジスト教会の二世が、当市在住の多人種マイノリティ・グループが抱える特別問題や背景を理解するために、国籍研究に関する連続クラスを開催した。「色鮮やか」なハンガリー音楽が会合を活気づけ、ハンガリー人演説者がアメリカのハンガリー系の歴史を語ったり、フェルドマン（Helen Feldman, Jewish Community House）、ジョンソン（Rev. Harold Johnson, AME Xion Church of Beacon, N.Y.）が討論を指導し、前者はユダヤ系問題を、後者はコロンブスの時代から南北戦争までのアフリカ系の歴史を辿る話をしたことが報じられている[41]。また1944年3月3～4日に当教会とJACD主催で高校生のための異人種間会議が「キリスト者は人種問題にどのように答えるか？」のテーマで、リヴァーサイド教会において開催され、青年会会員（Kiyo Onoda, Fumi Kishi, Sadae Suzuki, Michiko Okamura, Mary Tamaki）が参加したり、1945年2月に「異人種関係日」と称する行事の一環としてマディソン街長老教会で異人種間音楽礼拝が開催され、3教会青年の合唱隊が参加したり、1945年4月29日にメソジスト教会で中国系と交わる異人種間会合を開催したりというふうに、当地の人種・民族集団を代表する東欧系、ユダヤ系、アフリカ系、中国系との異人種間交流活動は単発的ではあるが継続されていたこ

とがわかる[42]。

　戦中期の日系プロテスタントによる多様な教育・支援活動は、戦前期から展開してきた教育・福祉的活動の対象者を教会関係者に限定したものから、NY在住日系人、被収容者、再定住者を含む規模にまで拡大するものであった。また、開戦に伴って日米間の「架け橋」的役割ではなく、米政府の国策を積極的に支援するエージェントとしての存在意義をアピールしていった。国策支援の一環として行っている米プロテスタントによる日系人に対する教育・支援活動に対して、日系プロテスタントが主体的協力姿勢を取ったのはそのためである。米プロテスタントと緊密な関係にある立場を優位に活用し、また戦前期まで蓄積してきた日系・米プロテスタント両資本を駆使し、日系・米プロテスタント両社会の関係再構築の重要なエージェントとしての存在感を示す機会にしようとしたといえる。日系被収容者・再定住者への活動は、米プロテスタントが牽引していたという理由だけでなく、苦しみ悲しむ人々への奉仕を人種・国籍を問わずに遂行することがキリスト教会のモットーであること、さらには特に日系人への奉仕に対する日系プロテスタントの使命感がこうした活動を動機づけていたと考えられる。つまり、日系プロテスタントによる教育・支援は、米政府への協力と日系意識の強化の両面をもつ活動であったといえよう。442部隊への敬意の念を多様な形で表明しようとする姿勢は、日系プロテスタントのそうした二重の思いを示すものであった。日系一世プロテスタントはこうした思いと行動を二世に継承してもらうために、戦中期に組織化を支援した結果、日系再定住者への教育・支援活動に二世自身が参画・貢献するまでになった。さらには、1944年以降になると、二世は日系社会やアングロ集団に限定せず、非アングロの人種・民族プロテスタント集団との関係構築を進めていくことで、多人種社会と日系社会を繋ぐエージェントとしての存在感を高める努力を始めたのである。

2　戦後期日系プロテスタントの教育・支援活動

（1）日本救済紐育委員会の日本復興支援活動

　先述のように、1946年1月に設立した大紐育日系人委員会（戦時転住局の仕事を継承）が1947年3月に解散となり、その後、紐育日系人会（Japanese American Society of New York）設立に向け、1947年5月3日、NY日系人中心団体結成準備委員会第1回集会が開催された。目的は「根本目的は紐育及びその付近在住の日系人の相互共済、福祉増進、ひいては日米両国市民の親善協調に資すことをもってす」である。具体的遂行分野は「共済、社会、財政の三部門として、会の進展と共に新部門を設ける事」、委員長安井関治、書記芳賀武がそれぞれ就任し、会則起草委員は赤松三郎（メソジスト教会牧師）、芳賀武、林トム、岡田二男、佐々木直廣、山田志道、安井関治が担当することになった[43]。

　こうしたNY在住日系社会の復興を進める動きが本格化する前に、日本復興支援活動が開始されることになる。NY日系人の日本に対する遠隔地ナショナリズムが見事に表現されている。米国内で本活動を主導していたのは1946年4月1日設立の日本救済公認アメリカ篤志団体協会（4月8日にLARAと短縮）であることは知られている。キリスト教系諸団体を中心に（教会世界奉仕団は最大規模で救援物資の約半分を扱う）、救援物資（多い順：食糧、衣類、医薬品、靴、石鹸他）を日本に円滑に輸送するための奉仕団体であった。ララの活動は、戦後日本の復興支援と民主化・キリスト教化をアジェンダとするアメリカ・プロテスタントの極東政策の一環と位置づけられる。1946〜1952年、458隻の輸送船で約3,230ポンドの物資を日本に輸送したとされている[44]。全米日系社会からの寄付金総額の中でもNYは突出しており、1947年4月の友愛協会の発表では、1位から3位までがNY41,000ドル、北カリフォルニア13,804.75ドル、シアトル方面7,200ドルであり、NYが圧倒していることが確認できる[45]。

　NY日系社会は、ララ発足の8ヶ月前から日本復興支援活動の準備を始めていた。1945年9月5日、湯浅八郎（元同志社大学総長）他日系人9人（3教会牧師含む）が、日本救援準備のため懇談会開催の呼びかけを行い、10月に準備委

員会第1回会合が開催され、1946年5月に日本救済紐育委員会(New York Japanese American Committee for Japan Relief Inc.) の設立が決定、8月にNY州の法人認可を得た(46)。1946年から1950年まで、ララを介して日本に救援物資を送付し続け、その送付量は食糧・衣類・医薬品・靴・石鹸他16,704トン、山羊2,036頭、乳牛45頭他、邦貨額400億円といわれている。

　3教会は委員会の発足だけでなく（前述）、運営、寄付に至るまで深く関与していった。1946年から1949年までの活動状況と3教会からの寄付額を例に挙げると以下の通りである。1946年8月～1947年7月期、委員会は総額48,568.75ドルを寄付金として受領し、46,000.00ドル分の粉ミルク他を日本に送付した(47)。寄付金募集方法のひとつとして1947年3月に春季大演芸会が開催された。メソジスト教会では1945年9月14日に故国救援事業に関する懇談会が開催され、1946年6月開催の教会バザー純益金より500ドルを寄付した。1946年9月13日にはNYCCJAが前総領事からの委託金10,000ドル全額を寄付金にする決定をした(48)。同日、紐育教会から300ドル、修道会川俣牧師から250ドルの寄付があり、紐育教会婦人部主催の救援サパー純益金250ドルを寄付（1946年11月1日開催）、メソジスト青年部が18.65ドルを、紐育基督教青年聯盟（大晦日ダンス）が337.97ドル及び紐育教会青年部演芸会（英語劇上演）純益金から60ドルの寄付がなされ、修道会バザーの純益金より250ドル、紐育教会婦人会より118ポンドの衣類・靴類の寄付があった(49)。

　1947年8月～1948年7月期には、15,705.79ドルを寄付金として受領し、14,000.00ドル分の粉ミルク、8,000.00ドル分の綿製品他を日本に送付した(50)。募金方法として、コミュニティ団体に依頼すると同時に、催し物を企画した（1948年3月大演芸会及び福引き、1948年4月二世部主催さくらボール[ダンス]）。1947年11月、紐育教会の東郷公彦が45ドル、翌12月に紐育教会婦人会が10ドルを沖縄救援金に寄付し、1948年にはメソジスト教会が150ドル、また日本救援のための企画として1948年2月の修道会バザー、1948年4月の3教会青年部を含む日本救済紐育委員会に西部主催の「さくらボール」ダンス、1948年6月のメソジスト教会清話会主催の「援助の夕」（在日混血孤児支援）が開催された(51)。

　1948年8月～1949年7月期は、6,559.05ドルを寄付金として受領し、6,000.00

表1 日本救済紐育委員会、1947～1949年

	1947年8月	1948年8月	1949年8月
会長	本間岩次郎	松岡藤吉	松岡藤吉
副会長	岩崎作雄、松岡藤吉、高見正彦（修道）	岩崎作雄、松尾弘、大村敦	松尾弘、岩崎作雄、大村敦
主事	山田志道	片桐襄（修道）	山田志道
会計	松尾弘（紐育）	中川茂夫（修道）	中川茂夫
副会計	岡島心次郎	岡島心次郎	岡島心次郎
記録書記	片桐襄	大井大二郎（紐育）	片桐襄
監査	鴨井久(紐育)、中川茂夫(修道)、柴垣元喜	此川清一、西野喜一、鈴木武司	此川清一、田中甲斐次郎(紐育)、鈴木武司
理事	芳賀武、本間岩次郎、片桐襄、松尾弘、松岡藤吉、中川茂夫、山田志道	芳賀武、片桐襄、前田重雄、松岡藤吉、中川茂夫、岡島辰五郎、山田志道	芳賀武、前田重雄、佐々木直廣、柴垣元喜
顧問	新井光男、有田福蔵(修道)、江見三朗、淵上久次郎（修道）、畑晴夫、林トム、飯島貫実、井上覚太郎、河内芳夫(紐育)、川本祐二、貴田伊作、小林太平、此川清一、桑島精策、前田重雄(紐育)、西野喜一、信元是一、小栗幹三、岡島辰五郎、大塚十福、大村敦、大山ジョー、佐々木直廣、田実節、竹中健吾、保忠蔵、田中甲斐次郎（紐育）、寺田義雄、塚田数平、八島太郎、吉田宗隆	赤松三郎、本間岩次郎、川俣義一、M. W. Makowitz、関法善、さきねいおじ、清水宗次郎、安井関治	赤松三郎、本間岩次郎、川俣義一、M. W. Makowits、関法善、清水宗次郎、安井関治

備考：イタリックはプロテスタント信者である
出典：『日本救援会記録』、『北米新報』

ドル分の粉ミルク他を日本に送付した。募集方法として、団体催し物、ジャパン・ナイト、救援ボックス、個人登録（一口５ドル）がとられた。少しでも寄付金額を増やす努力がなされた。３教会は救援夕食会や演芸会の収益から総額817.97ドルを委員会に寄付したことが記されている。それ以外にも修道会は1948年11月20日に救援サパーを開催し、純益145.10ドルを寄付している⁽⁵²⁾。

1949年８月〜1950年７月期、5,922.40ドルの寄付金受領があり、4,000ドル分の粉ミルク、鶏卵他を日本に送付した。募集方法としては、団体催し物、募金請求レター送付であり、それらの企画の中で紐育教会は「イズミ記念音楽会」、メソジスト教会は「小池・岩本両嬢出演の音楽会」を、共済会は「映画と独唱の夕」、仏教会「大演芸会」、JACL「ダンス」、太公望倶楽部「新年宴会醵金」を実施したことで、993.71ドルを寄付することに成功した⁽⁵³⁾。

日系プロテスタントによる寄付金額は全体額の４％（1946〜1947年期）ではあるが、定期行事バザー以外に夕食会・演芸会・音楽会等を特別に企画し、婦人や二世が個別に寄付活動を主体的に担うというように、教会による寄付活動への積極姿勢を示そうとしていることがわかる。

委員会の運営を担う役員にも３教会からの貢献が顕著に見られる。日本救済紐育委員会委員（1947〜1949年）中、表１中のイタリックは３教会会員であった。さらに、３教会牧師は本委員会顧問として、仏教会の関法善とともに毎年、名を連ねていた。日本救援寄付活動の企画段階から一貫して役員として関与することで、プロテスタントの主体を日系社会に示そうとする積極性が見られる。

最後に、日系コミュニティは日本復興寄付活動を進めながらも並行して米国赤十字基金募集活動にも主体性を発揮するために、1946年２月５日には、米国赤十字日系人部の終戦第一年拠金キャンペーンに関する相談会を開催し、戦時中米国政府が日系人に与えた「民主的待遇」に報いるため、日系人が米国人に誠意を示すためという理由で、実行委員会（関根五男児委員長、鴨居久副委員長、評議員に赤松・川俣・清水牧師、関開教使）を設立し、募金活動を展開したことも忘れてはならない⁽⁵⁴⁾。

（2）日本のキリスト教界復興支援活動

　3教会独自の日本復興支援活動として、日本への聖書送付、300万救霊運動やキリスト教教育機関への支援がある。前者については、米国聖書協会が、日本のキリスト教徒からの依頼を受け、10万冊の邦語聖書と250万冊の新約聖書を送付するために必要な約60万ドルの一部を当市3教会の連盟団体である基督教同盟会に依頼してきたことに端を発している[55]。同盟会は1946年3月23日、『北米新報』に「紐育基督教同盟会では故国日本に恵贈されるべき邦語聖書二万冊分に所要とする金五千弗募集」広告を掲載して募金を開始した[56]。その結果、同年5月の時点で日本のキリスト教徒に10万冊以上の新約聖書を届けることに成功した[57]。同年8月には、3教会他でさらに献金額3,782.50ドルを集めている[58]。

　300万救霊運動とは、1946年6月に日本基督教団が戦後新日本建設キリスト教運動決行を決定したことが端緒となるリバイバル運動である。1946年10月30日付修道会『週報』が同運動を掲載している[59]。1947年1～3月に日本基督教会牧師植村環（植村正久の娘）が米国10ヶ月ツアー途上にNYを訪問し、3教会で説教・講演を行ったことは刺激剤となった[60]。『ニューヨーク・タイムズ』（New York Times）（1947.3.15）は「贖いの外交官」と植村に命名した。1947年1月25日、故国基督教団三百万救霊伝道に関する3教会合同祈祷懇談会がメソジスト教会にて開催され、70名の出席がある中で以下を決定した[61]。

　　一、東京基督教団本部の慫慂に応じ救霊運動専任伝導師二名の給料一ケ月二
　　　　百弗三ケ月間支給する事依て一口一ヶ月一弗三ヶ月間継続献金を当地の
　　　　各信者に訊ふべく運動開始
　　二、救霊運動完結のため毎月一回三教会聯合特別祈祷会を開く事
　　三、母国に於ける此運動の情況を時々報告なす事[62]

この決定を踏まえ、3教会は6、7月になって運動支援者及び募金を『週報』『北米新報』で募集した[63]。11月15日、紐育教会では婦人会と青年部主催で救援夕食会を開催し、売上金をこのために使用することを決めた[64]。さらに翌1948

年3月5〜7日には日本の運動に刺激を受けて当市3教会主催で特別大挙伝道会を開催し、川俣義一牧師が「キリスト教と人生」というテーマで講演を行っている[65]。

　日本のキリスト教教育機関については、1946年1月、川俣牧師娘追悼コンサートを修道会が開催し、収益を東京の日本聖書神学校のために寄付することを決めた[66]。さらに1947年11月、3教会の同盟会に東京日本合同教会神学校から1,000ドルの寄付要求がなされたのに対し、米人から300ドルの寄付を受け、残額700ドルを同胞信徒・有志から募集している[67]。同年11月7日、日本留学生後援会が有志によって（松本亨、ダーキン含む）結成され、新日本建設に資する日本YMCA幹事養成のため1,2000ドルの募集を決めた[68]。最後に、1951年4月28日には、有志によって国際基督教大学設立基金募集賛助委員会が組織（臨時委員長：赤松三郎牧師）され、さらに1952年6月8日、豊留真澄二世部牧師の送別会を開催（国際基督教大学教授赴任のため）している[69]。

（3）日系二世の活動拡大

　戦後、二世のための礼拝は日曜プログラムのひとつとして位置づけられ、1947年6月8日以降は松本亨が英語礼拝説教を引き受け、同10月8日からはグルーマン（Lawrence Gruman）（ユニオン神学生）が松本を補助した[70]。1948年4月、二世教会建設について協議するために一世と二世が会議を開催し（来会者175名）、二世牧師招聘問題と教会組織についての見解をまとめた[71]。その後同11月21日より、二世牧師が決まるまで豊留真澄牧師が青年部礼拝を担当することになった[72]。

　一方、戦後期二世の活動については、限られた史料を手がかりにまとめると以下の表となる。まず気づくことは、自己及び日系社会の教育啓発のための講演会、フォーラム、討論会を二世が主催しており、育児やキリスト教生活のような日常的な問題から、二世の心理のようなアイデンティティに関わるもの、さらには収容所、日系教会の将来やパレスチナ情勢などコミュニティや国際社会に触れるものなど多様なテーマを取り上げ、幅広い聴衆を取り込み、感化を与える努力が見られる。次に、戦中期同様、日本復興支援だけでなくヨーロッ

表2　二世プロテスタントの活動一覧

年月日	主催者	催し物	内　　容	掲載史料
1945. 10. 10	メソジスト青年	教育講演会	「どのように子供を育てるべきか」「児童福祉の重要な要求点」	JACDNL1945. 10
1945. 10	修道会青年	贈呈	二世兵士にクリスマス・プレゼント	週報1945. 11. 13
1946. 1. 11	修道会青年	祈祷会	日本復興のため献金	Bulletin1946. 1. 10
1946. 2	修道会・メソジスト青年	社交会	親睦交流	Bulletin1946. 2. 28
1946. 3. 23	修道会青年	講演会	Sutemi Murayama「Reconversion Engineering」	Bulletin1946. 3. 14
1946. 3. 31	修道会青年	講演会	南博「変化する世界に人類が発見」	Bulletin1946. 3. 28 ; 4. 11
1946. 3	修道会青年	救済支援	ヨーロッパ食糧支援（ユニオン神学生と共に）	Bulletin1946. 3. 28
1946. 4. 28	修道会青年	フォーラム	Edwin Harper（人格テスト権威）のゲスト説教	Bulletin1946. 4. 15
1946. 5. 26	修道会青年	フォーラム	二世女子フォーラム「日常生活でのキリスト教的生活の諸問題を討議」（Martha Okazakiがアドバイザー）	Bulletin1946. 5. 16
1946. 6. 15	青年聯盟	社交会	親睦交流（コロンビア大学アールホールにて）	修道会週報1946. 6. 12
1946. 6. 30	青年聯盟	英語礼拝	植村環（コロンビア大学アールホールにて）	修道会週報1946. 6. 12
1946. 7. 7	修道会青年	講演会	Jobu Yasumura「収容所問題について」	Bulletin1946. 7. 4
1946. 8. 18	修道会青年	ピクニック	日曜学校生と一緒コールドスプリングハーバーにて）	修道会週報1946. 8. 21
1946. 9	青年聯盟	聯盟大会	討論テーマ「日系教会は時代遅れ？」	Bulletin1946. 9. 5
1946. 9. 29	修道会青年	子ども祭	日曜学校・非日曜学校児童のため	Bulletin1946. 9. 19
1946. 10. 19	修道会青年	オープンハウス	親睦交流（卓球、ダンス、演劇他）	Bulletin1946. 10. 17
1946. 11. 24	修道会青年	講演会	南博「二世心理学」	Bulletin1946. 11. 21
1946. 12. 31	青年聯盟	大晦日社交会	日本救済のため（コロンビア大学アールホールにて）	Bulletin1946. 12. 19
1947. 10. 10	修道会青年	社交会	親睦交流	Progress1947. 9. 29
1947. 10. 12	修道会青年	討論会	パレスチナ問題（英国、ユダヤ人、アラブ人3者の問題）	Progress1947. 9. 29
1948. 11. 20	修道会青年	救援バザー	日本救援のため（婦人会と共催）	Progress1948. 11. 22

パ救援活動も含め応援・参画する企画がなされている。さらに、社交・親睦会を何回か主催し、再定住二世を積極的に迎え入れようとしている。最後に、日曜学校生徒のために企画・実行することで、二世も教会活動の分担者としての自覚を表明していることである。二世が多人種間交流活動に主体的な参加姿勢を示していたことを加えると、戦後期に、戦中期以上に、二世が日系教会・日系社会・NY多人種社会それぞれで主体性を発揮できる市民としての存在感を発揮しようとしていたことが確認できる。

（4）多人種間交流活動とその理念

　戦後期には、戦中期以上に多人種間交流の機会は広がっていった。1946年2月10日日曜午後に、マディソン街長老教会が第14回異人種間聖歌隊祭を主催した際、3日系教会も20の聖歌隊の一グループとして参加し、歌を披露しているし[73]、1948年2月に多人種親善大礼拝が聖ジョン大会堂で開催され、5,000人出席し、合唱隊200名が参加した際も、日系教会から参加し、黒人大学総長メーズ博士と並んで赤松牧師が熱弁をふるっている[74]。音楽関連では、1946年4月11日にパーク街キリスト教会で、聯合ミュージカル・ティーを二世の青年聯盟が白人教会の青年と共催で行い、二世の音楽披露を含む異人種間プログラムを実施している[75]。また1946年3月には、メソジスト教会青年部月例会で戦後時事問題講座を開催し、「ソ連における人種問題解決」（ノーア女史）の講演後にソ連内での人種問題解決法について出席者と共に学んだり[76]、1946年11月17日にはメソジスト教会と修道会の青年がフリーシナゴーグで開催された異文化・異宗教間会合に出席し、ユダヤ教について学び体験している[77]。

　日系プロテスタント二世の多人種間交流活動への主体的参画は、それを後押しする一世リーダーのもつ「民主主義」観に裏付けられたものであったと考えられる。その特徴の一つ目は、マイノリティのあらゆる権利を保障する社会を目指すということである。川俣義一（修道会牧師）は、日系を含むあらゆるマイノリティに「自由を與へよ、次に平等に扱へ、而して真に霊の兄弟として認めよ」との理念を「基督教精神」に基づいて実行すべきであると述べる[78]。二つ目は、「ユニティ・イン・ダイバシティ」の理念を実現することである[79]。

赤松三郎（メソジスト教会牧師）は、「文化的民主主義」と言い換えて、

　　無批判な白人模倣主義は表面同化したかの如く見へ乍ら、内心すこぶる不安
　　な「影の無い」様な浅薄な生活である。自己の持つ歴史的文化的背景を否定
　　して、どうして豊な生活を送る事が出来やう。……文化的民主々義とは二世
　　を「日本国民として教育する」事ではない。本当に二世をして彼等の先祖の
　　有する歴史、文化を理解せしめその文化的背景を民主々義の見地から検討し、
　　その粋を選び、以て米国文化の建設に貢献せしめる事である。……第二次世
　　界大戦に於ける二世の尊い犠牲と貢献は、米人間の認識を新にせしめ同胞社
　　会百年の基礎を築き二世の米国市民権を確立した。民主々義の為に涙を払っ
　　た彼等は、米国人として今その民主々義の批判と強化に力むべきである。こ
　　れこそ米国人としての彼等に與へられた神聖な義務である[80]。

と二世に呼びかける。赤松はこの考えを基に、1946年9月に開催されたNY
日系青年基督教聯盟大会での討論「わが日本人教会は時代遅れか」で、「異民
族の特殊文化の向上が米国本来の民主主義に貢献することなので、日本人教会
の存立は自発的欲求に基づき宗教的・精神的意欲を満たすために存在してい
る」と主張し[81]、日系教会の白人教会への糾合（同化）に反対する立場を表明
している。最後に、日本はキリスト教に拠り主体的に「民主化」が進められる
べきとする。松本亭（修道会英語礼拝牧師）は、1946年4月14日、マーブル教会
での「如何に日本を世界国家群中に復帰せしめるか」との題の説教で、「基督
教義に基調を置かねば民主主義の育成は頗る遅々たるものあらん、かつ日本に
基督の福音を説く今は絶好の機に到達しているが」強要すれば失敗すると主張
している[82]。これら3牧師の日系プロテスタント社会内での存在感から考えて
二世への影響力に推察できる。

　戦後期、日系プロテスタントは、戦中期同様、それまで展開してきた教育・
福祉活動を拡大し、日本復興支援を進めていった。戦中期同様、米政府の日本
復興支援政策への積極的支援の姿勢を、米プロテスタントが中心となるララを

介した日本への物資支援という形で示そうとしたのである。戦中期同様、米プ
ロテスタントとの密接な関係を活用し、日本への支援活動を早急かつ合法的に
進めながら、日本プロテスタント界の復興に対しても独自な支援活動を展開し
ていた。そうすることで、日系プロテスタントは米プロテスタント・日系・日
本プロテスタントの3社会からの信頼を堅固にし、日系社会内で高揚する遠隔
地ナショナリズムの一端を担いながら、米プロテスタントと日系間及び米プロ
テスタントと日本プロテスタント間の関係再構築のエージェントとしての存在
感をアピールしようとしていた。つまり、日系プロテスタントは、米政府や米
プロテスタントへの協力姿勢を明示する活動を通じて、日米間の「架け橋」エー
ジェントとしての役割を再構築しようとしていたと考えられる。その活動はマ
イノリティの政治的・文化的権利を重視し、キリスト教化による日本の主体的
「民主化」を確信する、日系プロテスタント自身の「民主主義」観によって裏
付けられたものであった。こうした理念の基に、3教会中の2教会（改革派系）
が1949年に合同し[83]、1953年にはメソジスト教会が合流することで、堅固な日
系エスニック教会が誕生することになった。日系プロテスタントの諸活動が功
を奏したのか、1938年時点で3教会員数はNY日本人人口中の約9％（300人）
であったのが、1945年11月の時点で2,300人に増加していた[84]。一世プロテス
タントのこうした思いや行動は、アメリカ市民であっても二世自身による日本
復興支援活動や、非アングロ集団との関係構築拡大を通じて、戦後期にさらに
展開していくことになった。

　　　むすび

　戦中戦後期のNY日系プロテスタントは、西海岸地域とは違い、強制収容
を経験しなかったこと、アメリカ・プロテスタントとの協力関係が容易に確立
できたこと、日本人キリスト者や元日本宣教師との連携が確立したこと、戦後
早期に日本との関係を回復したこと、マイノリティ（アフリカ系、ユダヤ系他）
との距離が近かったことが、その「越境」の在り方を特徴づけた。NY日系プ
ロテスタントは強制収容対象とならなかった日系人として、米政府の政策に協

力するため、米プロテスタントによる日系被収容者の教育・救済に関わる諸活動を主体的に担うという責務を負うことになる。この目的を遂行するために日系プロテスタントだけでなく、米国滞在中の日本人キリスト者（湯浅八郎は米プロテスタントからの招待、松本亨は留学のため）、開戦のために帰国を余儀なくされた元日本宣教師、米プロテスタント、プロテスタント以外の日系人との協働が始まった。戦前期に、日米の「架け橋」エージェントとしての役割を担ってきた日系プロテスタントは、戦中期に別の役割が期待されることになった。その活動は、戦前期の日系プロテスタントによる教育・福祉活動の対象を在米日系人全体にまで拡大したものであった。日系プロテスタントは、プロテスタント・キリスト者として、米プロテスタントに所属する一民族集団として、さらに在米日系人内のプロテスタント集団としての使命を同時に全うするための活動を進めたのである。戦後期、日系プロテスタントは日本復興支援においても、国籍を越えた混成プロテスタントグループが連携し、米政府の戦後日本復興政策への協力の一環として、米プロテスタントによる同活動を使命感をもって担っていった。その活動は、戦中期の日系プロテスタントによる教育・支援活動の対象をさらに拡大し、日本をも含むものであった。日系プロテスタントは、戦前期とは違い、再度日米の「架け橋」エージェントとしての活動が期待されることになった。日系プロテスタントは、戦中期同様、キリスト者として、米プロテスタントを構成する一民族集団として、さらに在米日系人内のプロテスタント集団としての使命を全うするための日本復興教育・支援活動を進めたのである。戦前期において日米間の「架け橋」エージェントを自負していた日系プロテスタントは、戦中期に米政府の対日系人政策支援の立場を堅持し、戦後期には米政府の対日本復興政策支援に便乗して日米間の「架け橋」エージェントとしての役割を再構築しようとした。

　戦前期、日本企業・外交関係者を基軸とした階層・身分社会にあって、彼（女）らのニーズに対応し、日米間の「架け橋」としての存在感を発揮してきた日系プロテスタントは、戦時中に変化を経験した。戦前期の日系社会指導層を失い、日本の文化・社会資本と深く繋がるキリスト者（日本人、元宣教師）と連携したNY日系プロテスタントは、日系被収容者・再定住者への教育・支援活動への

主体的参画を経て、西海岸の日系人達の経験と繋がることで、西海岸と東海岸（NY）に分断化されたアメリカ日系人の体験を一本化し、国内の地域を越境した日系アイデンティティの構築が進んだと考えられる。戦後期に日系プロテスタントは日本復興支援活動を通じて、日米それぞれの国家に分断化された日本国民・日系人両者の体験を「架け橋」として共有化し、越境日系プロテスタントアイデンティティが形成される契機となったと考えられる。こうした日系プロテスタント一世の思いや考えは、二世によって継承され、さらに多人種間交流への主体的な参画によって、越境日系プロテスタント市民アイデンティティをもつ二世が多人種社会アメリカを「文化的民主」社会に変える使命を担う方向が提示されていくのであった。

注

（1）尚、本書で使用する「越境教育」は、前二書を踏襲し、複数国家や地域間を交差するネットワークを形成し、複数文化の修得、複合的アイデンティティの形成、複合的な忠誠心・帰属意識の提示に関与し、結果として複数国家や地域に対して実質的な影響力を及ぼす教育活動を指す。また、ここでいう教育活動とは、文化の創造と伝播に関わるあらゆる活動と定義する（例えば、吉田亮編著『アメリカ日本人移民の越境教育史』日本図書センター、2005参照）。

（2）以下のものを参照。紐育日本人会編『紐育日本人発展史』紐育日本人会、1921；蒲池紀生「ニューヨークにおける星一の新聞・雑誌活動」田村紀雄・白水繁彦編『米国初期の日本語新聞』勁草書房、1986；佐藤麻衣「アメリカにおける邦人美術展覧会―ニューヨークの邦字新聞から―」『移民研究年報』21、2015；佐藤麻衣「ニューヨークの日本人画家：世界恐慌期の美術展覧会」『同志社アメリカ研究』54、2018；木村昌人「ニューヨークと日本人社会」柳田利夫編著『アメリカの日系人―都市・社会・生活―』同文舘出版、1995；Mitziko Sawada, *Tokyo Life, New York Dreams: Urban Japanese Visions of America, 1890−1924*, Berkeley : University of California Press, 1996；Greg Robinson, *After Camp : Portraits in Midcentury Japanese American Life and Politics*, Berkeley : University of California Press, 2012；Daniel H. Inouye, *Distant Islands : The Japanese American Community in New York City, 1876−1930s*, Denver : University Press of Colorado, 2018.

（3）Anne M. Blankenship, *Christianity, Social Justice, and the Japanese American Incarceration during World War II*, Chapel Hill : The University of North Carolina Press, 2016；Stephanie Hinnershitz, *Race, Religion, and Civil Rights : Asian*

Students on the West Coast, 1900-1968, New Brunswick： Rutgers University Press, 2015, p.154； Allan W. Austin, *From Concentration Camp to Campus： Japanese American Students and World War II*, Urbana： University of Illinois Press, 2004；武市一成『松本亨と「英語で考える」：ラジオ英語会話と戦後民主主義』彩流社、2015；郷戸夏子「エスター B. ローズと日本―戦前、戦中、戦後の活動を通して」『アジア文化研究　別冊』2016；千葉浩美「第二次大戦期のアメリカ日系人強制収容とプロテスタント教会―メソジスト教会の事例を中心として」『キリスト教史学』71、2017；石井紀子「太平洋戦争と来日アメリカ宣教師―シャーロット・B・デフォレストとマンザナー日系人収容所の場合―」『大妻比較文化』10，2009；拙稿「第二次大戦期アメリカプロテスタントの日系人『社会統合』活動―ニューヨーク日系アメリカ人教会委員会による日系人再定住支援活動―」『教育文化』27、2018。

（4）拙稿（2018）。

（5）Sawada（1996）によると、ニューヨークへの日系の移民は、1890年代に始まり、20世紀前半の20年間に激増し、1924年の移民法で途絶えたとする。人口動態は436人（1896年）、1,170人（1900年）、1,174人（1910年）、3,926人（1920年）と推移している。

（6）Sawada（1996）によると、ニューヨーク在住日本人の約4分の3が非移民（学生、商人、企業人、専門職）であり、残りは移民（熟練・未熟練労働者）であったとする（木村（1995）；Sawada（1996）Inouye（2018））。

（7）Robinson（2012）によると、科学者野口英雄、医師高峰譲吉、作家野口米次郎、画家野田英夫・野口勇、赤木英道（北米日本人キリスト教学生同盟会長）、松本亨（同上）、社会学者 T. Scott Miyakawa、弁護士 George Yamaoka、写真家 Toge Fujihira、建築家 Minoru Yamasaki、ジャーナリスト Larry Tajiri 他の日系居住者の名前が挙がっている。

（8）Robinson（2012）によると、異人種間結婚禁止法が存在しなかったので、1930年代半ばにおいて少なくとも3分の1以上は非日系と結婚していたといわれている。

（9）Robinson（2012）によると、一世住民は家族同伴であることが稀で、しかも Sawada（1996）によると男性人口数が女性数を圧倒していたことから生じた現象である。

（10）日系コミュニティ団体の変遷を見ると、1870年代半ば以来、当該知育のコミュニティは日米貿易商（生糸、製茶、雑貨、薬品、美術骨董）、未熟練・半熟練労働者（海軍造成所就労、家事労働）労働者、エスニック企業、日本企業の支店社員、公務員や留学生等によって形成されていったことがわかる。19世紀においては帝国総領事館（1872）、日の出倶楽部（1897、邦人社交団体）のみが存在していたコミュニティは、20世紀に入ると五一会（1902、精神修養）、コロンビア大学学生倶楽部（1901、親睦）、紐育大学同窓会（1902、親睦）、日本倶楽部（1905、日米人の社交）、

日本人共済会（1907、親睦・病死者扶助）、紐育日本人青年会（1907、親睦）、日本協会（1907、日米人の社交団体）、大西洋中日本人会（1908）と団体数を増やしていった。戦間期に入ると、1913年カリフォルニアでの排日土地法制定の影響を受け、共済会との合併による日本人会設立の気運が高まり、1914年、同胞社会の改善進歩・米人との交渉・他地方同胞の福利・人権尊重・機会均等主義尊重を掲げて設立された。会長高峰譲吉、副会長一宮鈴太郎・高見豊彦、会計瀬古孝之助を中心に、啓発活動、矯風活動、病死者の保護救済、同胞の慰安、墓地の購入、ご即位大礼奉祝会、天長節祝賀会、赤十字社への協力、米国の対独戦争に対して自由公債募集他を勧めた。前掲の日本倶楽部は1915～1918年に倶楽部ナイトを主催し、日米の演奏・舞踊・素人演劇を紹介し、娯楽機関としての実を挙げた。1915年には青年の体育奨励を目的として日本運動クラブが組織され、庭球・野球・野球等の競技を中心に米人との接触・提携を進め、間接的に社交機関としての機能ももった。1916年には紐育日本人宿舎組合が、宿屋・料理店経営者・各教会倶楽部関係者によって日本人会監督指導下に設立され、寄宿寮の協定、悪徳転宿舎の制裁、風紀廓清に関する規定を設けた。1917年、日米協会設立、同年『日米時報』創刊。1918年、紐育日本人信用組合（金融機関）設立。一方1915年、日本人美術家の懇親会が開催され、その後紐育日本美術協会が発足し、展覧会を開催。1920年に日本人画会が発足し、1922年に展覧会が開催された。1929年に紐育陶磁器雑貨輸入商組合、1931年に東西クラブ、1932年に紐育日本商業会議所及び国際商業会議所日本国内委員会紐育支部によって日系財界の基盤強化が図られた。宗教団体では1924年、北米日本人基督教学生同盟が、1937年には関法善が仏教会別院を設立し、礼拝・日曜学校・日本語教室を開始、1938年に教会が設立された（紐育日本人会編、1921；木村、1995；佐藤、2018；Inouye, 2018参照）。

(11)　3教会の沿革史を概観する。メソジスト教会は、1893年、岡島欽也がブルックリン市の海軍造成所で働く日本人青年のために、メソジスト教会牧師の協力を得てミッションを設立（サンズ街）した。1900年にコンコード街に移転し、1902年、北部メソジスト監督教会に所属、ブルックリン青年会と呼称。日曜礼拝、聖書研究、日本食夕食会、水曜日の祈祷会を開催。海軍の命令を受けて日本人数が減少したため、1910年グレースメソジスト教会に移転、日本人メソジスト教会と改称した。1916年、日本人第一美以教会が、原田為造（ドリュー神学生）によってメソジスト教会都市伝道部の支援下に設立（西104丁目112番）、光塩会と呼称の日曜学校、定時の礼拝を開催。1918年、原田辞任後、タコマより A. 加藤牧師が招聘された。メソジスト婦人外国伝道局通信幹事エリザベス・ベンダー（元青山女学院院長）の協力を得て、日米諸名士の講演会、二世の野外運動会を開催。1919年、メソジスト教会外国伝道開始100年祭を機に、寄宿舎・独立会館建設を企画。1921年、メソジスト教会ニューヨーク会が教会堂と寄宿舎（西104街）を購入。1930年、小室篤次牧師（青山学院卒）が就任。その後、1936年、赤松三郎（ユニオン神学校卒）が就任した。

次に紐育基督教会は、1897年、広瀬由助（シカゴの Wheaton College 卒）がブルックリン市に日本人水夫や労働者のために寄宿舎を設け、1899年には紐育日本人教会を設立。1900年、マンハッタンミッドタウンに移転。1912年、広瀬が帰国した後、1913年に改革派教会婦人伝道局の斡旋で清水宗次郎（シカゴのマコーミック神学校出身）が招聘される。日曜日に聖書研究会、信徒共励会、礼拝、木曜日に祈祷会、土曜日に各種講演会や茶話会を開催。1916年、紐育日本人教会、4,5000弗を募金して新会館を探索開始。1920年完成、新会館は集会室、図書室、食堂、遊戯室、浴室、寄宿寮等を設置した。

最後に修道会は、1908年、大堀篤（ニュージャージー州ニューブランズウィック改革派神学生）が最初のキリスト教集会を開催、当地滞在中の海老名弾正と M. C. ハリスを招聘した演説会を開催した。1909年日本人基督教修養会が設立（レキシントン街541番）。1912年、会館開設資金3,000弗を集め、西123丁目102番に寄宿舎、読書室、宗教集会場を設置し、毎日曜日・木曜日に説教・祈祷会・聖書研究会開催、土曜日に文学会、講演会を開催し、青年のための便宜をはかった。1917年、修養会、松永文雄（明治学院、ニューヨークの Auburn 神学校卒）がヴァンクーバーから招聘され、オランダ改革教会国内婦人伝道局より支援を得て、青年学生中心の集会を運営。1918年、松永と大堀は「東光」（キリスト教月刊誌）を出版。1920年、松永が辞任後、原田為造、S. 今井が就任。1931年、川俣義一（東京神学舎卒）が牧師に就任した（紐育日本人会編、1921；木村、1995；Inouye, 2018参照）。

(12) Inouye（2018）参照。

(13) 本節作成に当たっては拙稿（2018）を参照した。戦中時の NY については Greg Robinson（2012）参照。

(14) 木村（1995）参照。

(15) 木村（1995）参照。

(16) 拙稿「湯浅八郎と第二次大戦期アメリカ日系人の強制収容」『教育文化』28、2019；武市（2015）参照。

(17) 本節作成に当たっては拙稿（2018）を参照した。日系アメリカ人再定住委員会の活動については、Blankenship（2016）, Hinnershitz（2015）参照。クエーカーによる日系二世学生への再定住支援活動については Austin（2004）参照。被収容者日系人への教育・支援活動については千葉（2017）参照。元在日宣教師による被収容者への教育・支援活動については石井（2009）；郷戸（2016）参照。

(18) 修道会『週報』1942年1月21日。

(19) 修道会『週報』1942年2月11日、同2月18日。

(20) 修道会『週報』1942年4月1日。

(21) 修道会『週報』1942年7月22日。

(22) 修道会『週報』1942年5月13日。

(23) 修道会『週報』1943年1月13日。

(24) 修道会『週報』1943年5月14日。

(25) 修 道 会『週 報』1942年7月8日、1913年3月21日、同3月31日、同4月7日、同7月7日。

(26) JACD, *Newsletter*, July, 1944.

(27) 修道会『週報』1945年2月28日、同10月31日。

(28) JACD, *Newsletter*, June, 1946.

(29) JACD, *Newsletter*, April, 1944 ; 修道会『週報』1944年11月1日。

(30) 修道会『週報』1945年11月28日。

(31) 修道会『週報』1942年3月24日、同4月14日、同7月1日。

(32) 修 道 会『週 報』1942年7月1日、同7月8日、同7月15日、同7月22日、同8月12日、同9月24日、同10月14日、同10月23日。1945年1月7日から3教会は青年英語礼拝を開始し、豊留報告では3教会青年集会出席者平均50人以上であった（修道会『週報』1944年12月27日、1945年1月3日、同2月7日。

(33) 修道会『週報』1944年10月25日、同11月15日、同11月22日、1945年1月10日。

(34) 修道会『週報』1942年6月10日、同6月17日、同6月24日。

(35) 修道会『週報』1942年11月18日、同12月16日。

(36) 修道会『週報』1943年5月26日、同6月9日。

(37) 修道会『週報』1943年7月28日、同8月31日、同9月22日。マディソン街長老教会での開催時間がのちに午後8時〜10時半に変更となったが、来会者は約200人となったと報じられている（修道会『週報』1943年10月6日、同10月20日）。

(38) 修道会『週報』1945年6月27日。

(39) 修道会『週報』1942年10月14日。

(40) 修道会『週報』1943年2月10日、同3月1日。

(41) JACD, *Newsletter*, February, 1944.

(42) JACD, *Newsletter*, March 1944 ; April, 1945 ; 修道会『週報』1945年2月7日。

(43) 『北米新報』1947年5月8日。

(44) ララについては、飯野正子「『ララ』——救援物資と北米の日系人」レイン・リョウ・ヒラバヤシ他編『日系人とグローバリゼーション』人文書院、2006参照。

(45) 『北米新報』1947年6月19日。

(46) 『北米新報』1945年12月8日、1946年8月15日。

(47) 本委員会による活動については『日本救援会記録』参照。

(48) 『北米新報』1946年9月31日。

(49) 『北米新報』1946年9月19日、同11月7日、同12月5日、1947年3月27日、同4月10日、同5月1日。

(50) 『日本救援会記録』参照。

(51) 『北米新報』1947年11月27日、1948年1月8日、同3月19日、同4月1日、同6月10日。

(52)『日本救援会記録』参照。

(53)『日本救援会記録』参照。

(54)『北米新報』1946年2月16日。

(55) 修道会『週報』1946年1月30日、『北米新報』1946年2月9日。

(56)『北米新報』1946年3月23日。

(57)『北米新報』1946年5月23日。賀川豊彦は日本キリスト教界代表として米国聖書協会への感謝状（5月25日付）をNY日系プロテスタントに送付している（修道会『週報』1946年10月2日）。

(58) 修道会『週報』1946年8月14日、『北米新報』1946年8月22日。

(59) 修道会『週報』1946年10月30日。

(60)『北米新報』1947年1月9日。

(61) 修道会『週報』1947年1月23日、『北米新報』1947年1月23日。

(62)『北米新報』1947年1月30日。

(63) 修道会『週報』1947年6月2日、同7月21日、『北米新報』1947年11月8日。

(64)『北米新報』1947年11月8日。

(65)『北米新報』1948年2月19日。

(66) 修道会『週報』1946年1月8日。

(67)『北米新報』1947年11月20日。

(68)『北米新報』1947年11月13日。1947年12月17日、東京YMCAラッセル・ダーキンが「現代日本の青年」の題で紐育教会で講演、将来の日本は青年の指導訓練と教育に期待することが大きいので有望な青年学生の渡米勉学支援が必要と説いた（『北米新報』1947年12月25日）。

(69)『北米新報』1951年5月3日、1952年6月5日。

(70) *Progress*, June 2, 1947; October 6, 1947.

(71)『北米新報』1948年4月22日。

(72) *Progress*, November 15, 1948.

(73) *Bulletin*, January 24, 1946; February 7, 1946.

(74)『北米新報』1948年2月19日。

(75) *Bulletin*, April 11, 1946.

(76)『北米新報』1946年3月16日。

(77) *Bulletin*, November 14, 1946; November 28, 1946.

(78)『北米新報』1945年11月24日、1946年1月19日。

(79)『北米新報』1948年1月15日。

(80)『北米新報』1948年1月22日。

(81)『北米新報』1946年9月19日。赤松は、『北米新報』（1947年1月23日）でも民主主義下における日本人教会の特殊性について述べ、強制収容時に日本人教会二世の米人教会合流が高調された、これは「真に米国の民主主義の将来を考へ人種平等を

　主張している新時代の見地から考へると新しいと考へた教会の新運動は却って時代遅れであり、従来教会が極力闘って来た偏見主義とその哲学的前提を同ふするものである事の認識に到達せざるを得ないのである」と主張している。

（82）『北米新報』1946年 4 月20日。松本の主張を支持する発言は『北米新報』に見られる。1946年 3 月 9 日掲載の「民主日本と宗教」は、クリスチャンが大部分を占める米国と接触させることで民主日本建設を望むことを支持する（河内芳夫）とあるし、1946年 3 月23日掲載の「米とバイブル」では、戦時中日本の軍国主義と闘ったキリスト者に敬意をもち、彼等に民主日本建設の新しい役割を期待している、と表明している（安来サム）。

（83）紐育日米キリスト教会『週報』1949年 1 月10日。

（84）Inouye（2018）参照。『北米新報』1945年11月15日。

第8章　1940年代ブラジル日本語教育不在時代の二世教育と人材育成——「Y・K日記」をめぐって——

は じ め に

　太平洋戦争勃発後、ハワイや北米では二世[1]を含む多くの日系人の強制収容が行われた。これに対し、ブラジルでは一部の一世指導者の収監、一部地域での強制立ち退きや強制収容はあったものの[2]、基本的にはブラジル国籍を持つ二世の収容は行われず、枢軸国人に対する迫害は非組織的で、場当たり的ともいえるものであった。しかし、「日本人」は「敵性国民」として集会や社会活動の自由が制限され、二世を含む日系社会全体がホスト社会からの監視や抑圧を受けたことは事実である。

　ブラジルでは、労働者党のジルマ・ルセフ政権発足の2011年からブラジル軍事政権下の人道的犯罪の調査が始まっていたが、その流れのなかで、第二次世界大戦中の枢軸国人に対する迫害も調査されることとなった。2013年10月10日には、「真実の国家委員会」（Comição Nacional da Verdade）が、第二次世界大戦中から戦後にわたり、日系人に対して不当な逮捕や拷問など当局が加えた迫害について認め謝罪している。同日開かれた公聴会で同委員会が、日系社会に対して「ブラジル社会を代表して謝罪する」と表明、「背後に人種差別があった」ことをブラジル有力紙 O GLOBO が伝えた[3]。しかし、1940年代の日系人の日常生活レベルでの変化や彼らに対する「人種差別」の実態は、必ずしも明らかになっているわけではない。

　そこで、本稿では、まず1940年代ブラジルの日系二世に関する先行研究を概観し、その問題点を明らかにする。次に、筆者がブラジルでの調査で入手した1942年5月から1950年代にかけて綴られた日系女性 Y・K の日記（以下「Y・K日記」）を紹介する。さらに、その内容分析を通じて、1940年代ブラジル日系二世の生活史や日本語学習の実態について明らかにしたい。

その上で、「収容されざる二世」の一事例を語る「Y・K日記」の歴史的意味を、地域差、宗教差、性差などの観点から検討したい。

1　ブラジル日系子女教育における40年代の状況と先行研究

　1940年代は、ブラジル日系移民史においていくつかの空白が生じる時期である。まず、1941年8月13日到着のぶゑのすあいれす丸移民417名をもって、日本人移民の入国が断絶する。『ブラジル日本移民八十年史』(1991)(以下、『八十年史』)は、これ以後の時期を「移民空白時代」と表現している[4]。また、それに先立つ1941年2月の新聞条例により外国語新聞の発行が禁止され、同年8月までに『伯剌西爾時報』『聖州新報』などの日本語新聞の発行が停止された。その後1946年10月に『サンパウロ新聞』が創刊されるまで、ブラジルの公式日本語マスメディアは不在であった。さらに、太平洋戦争勃発後、ブラジルは連合国に属したため、日本との国交は断絶し、日本人は「敵性外国人」とされてしまう。ブラジル日系人最大の集住地サンパウロでは、政治社会警察からの通達で、集会や公的な場所での日本語使用が禁止され、日系の銀行や事業所、病院などの資産が凍結されることとなった。

　加えて、1940年代は「日本語教育不在の時代」でもあった。1938年5月には、法令第406号第16章85条とその細則によって、すべての農村学校における14歳未満の児童・生徒に外国語授業を行うことが禁止され、多くの日系教育機関が閉鎖に追い込まれていた[5]。ブラジルの日本語教育は、後述のように1946年以降に部分的に復活するまで、巡回指導など非公式な方法による教育をのぞいて、ほぼ活動を停止するのである[6]。

　このように、1940年代は、ブラジル日系人にとって苦難と混乱の時代であった。1945年8月14日（ブラジル標準時間）のポツダム宣言受諾は、日系人にとって終戦に続く解放ではなく、その後の混乱、特に「勝ち組・負け組抗争」という新たな混乱の幕開けであった。

　『八十年史』は、第1部第4章において「勝ち組・負け組抗争」の経緯とその活動の解明にかなりのページを割いている。この章の筆者である宮尾進が

DOPS（サンパウロ政治社会警察）資料に拠り、勝ち組最大の組織とされた「臣道連盟」の誕生・発展・テロ事件・衰退を追い、その運動のメカニズムの解明を試みている。宮尾はのちに『臣道聯盟―移民空白時代と同胞社会の混乱』(2003)を上梓しているが、ほぼ『八十年史』の記述を踏襲している[7]。PERAZZO (2009)は、ブラジル国内に存在した日系・ドイツ系・イタリア系の枢軸国人に対する強制収容・強制移動の事実をつきとめ、それが米国の指示にしたがったものであったことを明らかにしている[8]。しかしながら、「第二世」と呼ばれた世代、特に1940年代に学齢期を送った「収容されざる二世」の生活世界や日本語学習の実態について、一次史料にもとづく研究は、管見の限りでは皆無に等しい。

　こうした1930年代末から1940年代の日本語教育弾圧下の日系教育機関や父兄たちが示した対応策は次のようなものであった。

(1)　ポルトガル語によるブラジル公教育に一元化する
(2)　法令を無視して学校での日本語授業を続ける
(3)　10歳以上の子どもへの外国語教育が認められているサンパウロ市・サントス市の教育機関へ子女を転校させる
(4)　子女を日本へ留学させる
(5)　巡回指導への転換
(6)　家庭学習の奨励[9]

そして、日本語教育継続の方法として当時の日系子女教育の中心的指導機関であった文教普及会が奨励したのは、主に(5)と(6)の方法であった。ただ、当時の日本語新聞を見ると、1939年1月の時点でも、地域・学校によって対応のしかたはさまざまであった。また、大正小学校のようなサンパウロ市の日系教育機関ではそれ以前から二言語・二文化教育の実践が積み重ねられており、言語環境も農村と比べてはるかにポルトガル語の比重が大きかった。ポルトガル語によるブラジル公教育への一元化を装いながら、隠密に日本語を教授するというコチア小学校などの例も見られた[10]。

以上のように、移民受け入れ、日本語メディア、子女教育それぞれの空白が重なり、1940年代、特に太平洋戦争と重なる時期については史資料が乏しく、先行研究を見ても空白が多い。また、戦後は「勝ち組・負け組抗争」という事件が目立ち、1940年代ブラジル日系二世をめぐるイメージは、戦争と人種的迫害による混乱と緊張の連続というイメージに覆われている。特に、終戦前後の混乱期の移民子女の教育や日常生活についての史資料は極端に乏しく、研究の進捗を困難にしている。

2　史料紹介

　そのような状況にあって、学校が閉鎖され組織的な日本語教育が中断された戦時中から戦後にかけてのブラジル・サンパウロ州の農山村二世の生活の実態について、二世自身の手で記録されたのが「Y・K日記」である。

　「Y・K日記」は、Y・K（日記執筆者のイニシャル）によって、22冊の学習用ノート（Ａ５判サイズ、平均40ページ前後の学習用ノート）に記された日記帳（1942年５月30日～1953年１月１日～２月）と「綴方帳」「短歌俳句練習帳」などを含めた史料群で、太平洋戦争勃発後から日本人移民が再開する1953年までをほぼ網羅している（表１参照）。ほとんどが学習用ノートに鉛筆やペンで記されている。例えば、１冊目は、1942年５月31日～８月11日、表紙に「Caderno」と印刷されたＡ５判サイズ40ページのノート。表紙には「Y子ノ日記／神生四十年／五月三十日ヨリ／八月十一日マデ／他綴方三篇／Y子（十二歳）」と記されている[11]。筆者（根川）がこれを入手した経緯は、Y・Kの親友であり、筆者のインフォーマントでもあったY・Aさんから「あなたの研究にお役に立つなら…」ということで託されたことである。同日記は、戦中期を含む1940年代をほぼ網羅し、10年以上にわたって、ブラジルの日系学齢児童自身によって記録された、管見の限りでは唯一の一次史料である。

　Y・Aさん夫妻や家族へのインタビューで得られたY・Kに関する情報は次の通りである[12]。

　1931年１月18日東京都生まれ。父Ｓ雄（宗教家・教育者）、母Y子、母方叔父

写真1　「Y・K日記」1944年表紙

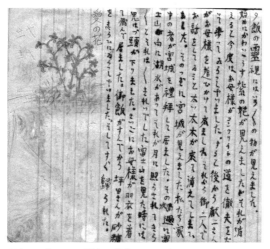

写真2　「Y・K日記」の絵入りページ

T雄とともに1933年10月14日、満2歳の時にらぷらた丸で神戸出航、同年11月29日にサントス入航。家族ともども新宗教「神生紀元」の信者。職歴としては、家事手伝い、教師、美容師・マッサージ師を経て、健康美容サロン・グループ経営者となった。歌人としても活動している[13]。Y・Kは、Y・Aさんの理解では、健康美容サロン経営時は「羽振りがよかった」。「成功者」だが、「いつもニコニコしていて本当によい人」。しかし、サロンの経営が傾いた後は夫・

183

表1 「Y・K日記」一覧[14]

No.		表紙	内容
1	1942年5月30日～8月11日	「Y子ノ日記／神生四十年（昭和十七）／五月三十日ヨリ／八月十一日マデ／他綴方三篇／Y子（十二歳）」と縦書き	自画像や弟・妹たちの似顔絵など落書きが多い
2	1943年6月22日～	表紙なし。1頁に「神生四十一年」縦書き「1943年」横書き	
3	1944年3月1日～4月15日	「神生紀元第四十二年／三月一日より／日記帳／十四歳／Y・K」と縦書き	
4	1944年4月17日～7月8日	「十四歳／日記帳／Y・K／四月十七日より現在の生活を／神生紀元第四十二年」と縦書き	滲みにより大部分判読不能
5	1945年6月15日～1946年3月10日	「昭和二十年／1945／神生紀元第四十三年／六月十五日より日記帳／Y・K」と記す	
6	1945年6月18日～	「昭和二十年六月十八日より／神生紀元第四十三年／短歌はい句乃綴方／Y・K 十五」と縦書きされた表紙のみ	
7			7の整理番号が記された冊子なし
8	1946年1月16日～3月16日？	3頁に「昭和二十一年／神生四十四年／Y・K 十六歳」と縦書き	「マッサでパンケイキ」「あげものやさいのあんかけ」等レシピ記載
9	1946年9月1日～10月4日	中表紙に「昭和二十一年九月一日／神生紀元第四十四年九月一日／現在の生活を記す／Y・K 満十五歳と七箇月」と縦書き	
10	1946年10月5日～1947年1月22日	「1946／昭和二十一年十月五日／神生紀元第四十四年十月五日／Y・Kノ日記帳」と横書き	
11	1947年2月3日～8月27日	「1947／昭和二十二年／神生紀元第四十五年二月三日より日記帳／Y・K 十七歳」と横書き	手紙の下書きらしい書き込みあり
12	1947年9月11日～1948年1月14日	「昭和二十二年／九月十一日ヨリ／神生紀元／第四十五年／日記帳／Y・K」と横書き。「日常生活ヲ記ス」と縦書き	
12＊	1948年1月？日～？	「綴方帳（兼日記）／Y・K／Y・K, de Janeiro de 1948」と横書き	「ああ川合先生」という作文下書あり、同先生が父の「信仰上の先生」、「Y・K」

			の命名者であることを記す。ところどころに美しいポ語の書き込みあり。末尾に「紀元二千六百年」の歌詞を記す
13	1948年8月12日〜1949年6月26日？	「Y・K／綴方帳／Y・K／昭和二十三年八月十二日ヨリ」と横書き。「神生紀元第四十六年」と縦書き	方眼紙に縦書き。父を手伝って「授業」を始めたことが記されている
13 ＊	1948年2月15日〜	「昭和二十三年／日記帳／18 Ano Classe 高等巻三／Y・K／Fevereiro de 15 de 1948／Y・K」と横書き	「雛祭の料理の作り方」と記された頁あり。「叔父様へ」で始まる8月29日付手紙が挟まれている
14	1948年6月29日〜1949年1月7日	中表紙に「（我家の標語）／（強く明るく光の子）／昭和二十三年／六月二十九日／Y・K／現在の生活を記す／神生紀元第四十六年」と縦書き	
15	1949年1月10日〜5月29日	「神生第四十七年／日記帳／昭和二十四年一月十日ヨリ／Y・K」と縦書き	末尾に「天長節祝辞　昭和二十四年」と記された下書きらしい書き込みあり（なめらかな筆跡から父親のものか？）
＊＊	1949年1月12日〜	「平和学園／読方帳／Y・K／12 de 1 de 1949」	「大和国原」「平安京」「源氏物語序説」「古今と新古今」といった書き込みがあり、私塾で旧読本を使った授業を行っていたことがうかがわれる
16	不明	表紙なし	
17	1950年7月18日〜1951年5月22日	「昭和二十五年七月十八日／18-7-1950／Y・K／Estação Bigna Linha Santa Juquia?／ Engenho／日記帳／Y・K」と横書き	文章やイラスト類が挟まれている
18		「短歌習作帳／昭和二十五年七月三月より／1950／Y・K」と横書き	多くの短歌が書き込まれている
19	1953年1月1日〜2月？日	「Y・K／1953／日記帳／昭和二十八年一月一日」と横書き	末尾数頁欠損
番号欠	不明		
番号欠	不明		漢字の書き取り帳？　平家物語？「二十大原御幸」の書写あり

＊12、13の通し番号のある日記帳は、2冊ずつ含まれる。
＊＊通し番号なし。

子どもたちとともに日本にデカセギに行かなければならなかった「気の毒な人」
だという。では、Y・Kという、戦後「成功者」となる「収容されざる二世」
の人間形成は、戦中期を含む1940年代にどのように行われたのか。以下、その
鍵を「Y・K日記」のなかにさぐりたい。

　「Y・K日記」についてその全体像を把握するために、22冊の各冊の体裁と
内容を8-9頁の表1にまとめてみた。

　1940年代前半の頃の日記の文字や表現は拙く、ところどころ赤字で訂正が
入っている。訂正した文字は正確な楷書で明らかに筆跡が異なっているので、
父S雄が添削したものと考えられる。

　ここには、太平洋戦争中の農村での刻苦勉励と「神生紀元」の教義にもとづ
く宗教生活、戦後の農村での教師就任、1950年代に入ってからの父の再婚によ
るサンパウロ市への移住とキャリアアップという、1940年代から50年代にわ
たっての一日系少女の成長と「成功」へのライフステージの変遷を見ることが
できる。

3　父S雄の手記に見る生活、宗教観とY・K一家のブラジル 移民前史

　Y・Kの父S雄は、晩年ブラジル日系社会で歌人として知られ、私家版の歌
集[15]を遺している。同歌集には、「闘病日誌」[16]など、S雄のライフヒストリー
をある程度たどりうる回想や記録が見られる。本節では、Y・Kの人間形成に
もっとも大きな影響を与えたと考えられる、S雄のライフヒストリーを中心に
S雄の宗教観とY・K一家のブラジル移民前史を確認しておく。

　S雄は、1903（明治36）年、東京浅草に生まれたという。4、5歳の時父母
が相次いで死亡し、弟Jとともに母方のO家に引き取られる。小学校卒業後、
夜間商業学校に通学するも、1年余で中退。職を転々とする。1923年には関東
大震災に遭遇し悲惨な体験をする。この年陸軍入営、朝鮮の部隊に配属。銃剣
術で中隊二番の成績を収めたという。上等兵で除隊したというから、軍隊での
成績は優秀であったはずである。ただ、除隊後は失意絶望のうちに虚無的生活
に陥ったという。彼に転機が訪れたのは1926年、21歳の時、賀川豊彦『キリス

トによる福音』を購入し一晩で読破、熱烈なキリスト教信者となる。以後3年間、救世軍人として活動したという。以下、S雄の信仰との出会いと「神生紀元」への帰依、闘病生活と結婚、ブラジルへの移民までの過程を彼の息子K治の手記から確認してみよう。

　①S雄の宗教との出会い：こうした或る日、とある本屋で加川豊彦先生のキリストによる福音、という本を手にした。それを何気なく買い求め、一晩で読んだ父は、最早や昨日までの父ではなかった。／キリストによって救われた悦びが、全身にみなぎっていた。それからは熱烈なキリスト教信者となった。二十三歳の時であった。／入信してほぼ三年、救世軍人となり真剣に活動した[17]。

S雄がキリスト教と出会った前年、のちに彼が帰依することになる「神生紀元」の教祖・宮崎虎之助（1872〜1929）が『神生紀元』を出版している。S雄がブラジル移民に至る契機となった「神生紀元」とは、宮崎が起こした新宗教である。宮崎は1904年に『我が新福音』を著し、仏陀・キリストにつぐ第三の預言者（メシア）と自称し、世間の話題となったという[18]。この第三の預言者（メシア）としての自覚を、宮崎は次のように記している。

　この自覚は京橋区月島に住して居りました際得たのでありますが（…）霊気は虹の如く垂れて我が身を囲み心機煥然栄光日の如し、クリスト山上の変貌は我身に行はれ、菩提樹下の大悟は我心に開く、時に明治三十六年九月月明の夜でありまして、天来の直覚に依りて絶対真理を霊覚したのであります[19]。

つまり、「Y・K日記」中の神生紀元〇年というのは、この「天来の直覚に依りて絶対真理を霊覚した」という明治36（1903）年9月月明の夜を元年とするこの宗教独自の暦にもとづいている。

　②結婚の経緯：G三兄さんは暮頃（筆者注：1929年〜30年頃）から新しく川合

先生とK様のお導きを受け新しい宗教に目覚め、本当によい信仰を持つようになりました。（…）／私は川合先生とK兄様のお導きによって新宗教に生き、闘う新しい勇気と希望を与えてくださいました。／私は先生のご厚意とK様の理解ある望みによって間もなくK様と結婚したのです[20]。

これは、S雄の妻となるY子の手記にある結婚の経緯であり、「G三兄さん」はY子の兄。「K様」「K兄様」とあるのはS雄のこと。S雄は結核感染と闘病生活をきっかけに、1930年に神生紀元に改宗。「川合先生」と行動をともにするようになる。また、入院中に看護婦であったY子と知り合い、同年結婚することになる。この「川合先生」とは、宮崎虎之助の弟子・川合幸信である可能性が高い[21]。S雄は、川合のことを「師」と呼び、この「師」を通して、「神生紀元」に深く帰依していたことがうかがえる。例えば、S雄は「神生紀元」の教えに対して次のような感慨をいだいていたことが知られる。

　　――我らは知る。すべて造られたるもの、今に至るまで共に嘆き、ともに苦しむことを。人は嘆き、人は苦しむ――そは人生としての嘆きであり、人生としての苦しみである。／人が人生としての嘆き、人生としての苦しみにとどまる以上、又すべての造られたるものも、共に嘆き共に苦しまざるを得ない。悲しむべき因縁である。／しかし乍らすべての人、「人生」をしての生活を閉じ、「神生紀元」の光明に入るならば、すべての造られたる万象は欣然として我らの光栄に参じ、その本来の意義を完うすることが出来るのである[22]。

　　今宵は予言者出現第二十九年目の月明なので、その記念会が開かれた。記念会といっても、師と私と夕方雨を犯してやってきた多計ちゃんとの三人である[23]。

「神生紀元」創立の地である東京にあっても、その活動はひじょうに小規模であった。しかし、次のような記述を読むと、S雄は「神生紀元」の教えに没入

していたことも知られる。

　便所へ立ってゆく自分の状態にふと気がついて、余りの神々しさに驚くので
　ある。神と一如の自分を、しみじみと感じ得るのである。何という有難い事、
　尊いことであろうか。／鼻汁をかむにしても、神ながらにかむのである。／
　蠅を打ち殺すことも、大変上手になったのであるが、これも神としての打ち
　方があるのである。この方法で神ながらに打つならば、百発百中である[24]。

　Ｓ雄とＹ子の結婚の翌1931年に、長女として生まれたのがＹ・Ｋであった。
そして、1933年、Ｙ子の弟Ｔ雄とともに４人でブラジルに移民することになっ
た。ブラジル移民の理由ははっきりとは記されていない。しかし、Ｙ・Ｋの実
弟であるＫ治は、生前父Ｓ雄が「自分がブラジルに移民したのは宗教的目的
に依るものである」と言っていたと証言する。Ｓ雄が闘病から快復、結婚、Ｙ・
Ｋの誕生に至る時期は、日本と世界の情勢も多端な時代であった。1927年の昭
和恐慌、1929年の世界大恐慌が起こり、1931年には満洲事変が勃発する。経済
破綻と帝国日本の膨張は両輪をなし、大陸への侵攻となってそのはけ口を求め
る。同時に、国内市場からあふれた人口は、海外移民にその解決を求めた。1933
年、ブラジル入国の日本人移民は約２万4000人と過去最高となり、翌1934年も
約２万1000人に達する。Ｓ雄の一家をあげてのブラジル移民に海外布教という
理由があったにしても、こうした時代背景があったことも考慮する必要があろ
う。

　ともかくも、1933年10月14日神戸発のらぷらた丸で、Ｓ雄ら一家はブラジル
に渡航することになる[25]。Ｓ雄の誕生からＹ・Ｋ一家のブラジル渡航とその後
の家族史を表２にまとめておく。

　Ｓ雄らはブラジル渡航後、当時の移民の例にもれず契約労働者としてコー
ヒー農園に入るが、重労働によって、この年のうちにＳ雄に血痰微熱が出る。
結核が完治していなかったのであろう。翌1934年、一家は高田氏の農場に移る。
ここでＳ雄は、当時ブラジルで普及し始めていた夜学校で青年たちに日本語
を教え始める。この年、Ｙ・Ｋの弟Ｋ治が生まれている。この後、第三子、

第四子、第五子、第六子が生まれているが、第三子は生後8か月で死亡。妻の
Y子も発病。1940年頃に神生紀元から帰国を促す電報が届いているが、Y子
の病状を慮って帰国をためらううちに、太平洋戦争が勃発する。そして、1942
年に入ってY子が亡くなったのである。

表2　Y・K一家のブラジル移民略史

西暦	できごと	備考
1903	S雄、東京浅草に生まれる。	宮崎虎之助「天来の直覚に依りて絶対真理を霊覚」→神生紀元元年
1904		宮崎虎之助『我が新福音』出版
1907？	母死亡。	
1908？	父死亡。S雄、弟とともに母方のO家に引き取られる。	
1915？	S雄、小学校卒業。	
1916？	S雄、夜間商業学校に通学するも、1年余で中退。職を転々とする。	
1923	S雄、関東大震災に遭遇し悲惨な体験をする。この年陸軍入営、朝鮮の部隊に配属。銃剣術で中隊二番の成績を収める。	
1925	S雄、除隊（上等兵）。除隊後は失意絶望のうちに虚無的生活に陥る。	宮崎虎之助『神生紀元』出版
1926	S雄、賀川豊彦『キリストによる福音』を購入し一晩で読破、熱烈なキリスト教信者となる。以後3年間、救世軍人として活動。	
1929？	S雄、弟を結核で失い、自分も感染。	宮崎虎之助死亡。世界大恐慌
1930	S雄、東京市療養所（武蔵野の一隅？）で療養生活。神生紀元に改宗。「川合先生」と行動をともにする。Y子と知り合い結婚。	
1931	Y・K生まれる。家族と離れ「師」と同居し「闘病日記」を記す。	
1933	Y・K、父母、叔父T雄とともにブラジルへ移民。父S雄、コーヒー農園の重労働によって、血痰微熱が出る。	ブラジルへの日本人移民数最大
1934	T氏の農場に移る。S雄、夜学校で青年たちに	

	日本語を教え始める。弟K治生まれる。	
1935？	次弟生まれる（生後8か月で急死）。	
1936〜	ランシャリア駅モンジョーロ農場に移る。次妹K子、三弟、四弟生まれる。	
1938	神生紀元本部からS雄の帰国を促す書状	12月：多くの日本語学校閉鎖
1940	神生紀元本部からS雄の帰国を促す電報	
1941	帰国を計画するも、Y子の病状を慮って断念。一時サンパウロ市内で洗濯業を営むも、間もなくサント・アマーロのエンブーラ山中で炭焼きを始める。	日本語新聞停刊 8月：戦前最後の移民船ぶゑのすあいれす丸到着 12月：太平洋戦争開始
1942	Y子死亡→S雄「この頃は、最も深く、しかも純粋な宗教体験」。Y・K日記を書き始める。	2月：日本・ブラジル国交断絶
1945		8月：終戦、勝ち組負け組抗争始まる
1946	S雄、サント・アマーロで日本語教師の職を得る。	ブラジル日本語教育復活
1952	S雄再婚。	

＊海外興業株式会社注（25）資料、越村注（15）書、宮崎注（19）書等に拠り作成

4　ブラジル日系二世の宗教・教育をめぐる生活史と生活世界

　Y・Kが日記を記し始めたのは、母Y子が亡くなってしばらく経った頃の1942年5月30日からである。父S雄は一時サンパウロ市内で洗濯業を営むも、間もなく市郊外サント・アマーロのエンブーラ山中で炭焼きを始めた。現在はサンパウロ市に編入され、市街地が広がっているサント・アマーロも当時は農村であり、炭を焼くための森林が広がっていた。

　「Y・K日記」には、炭焼きをする父S雄と叔父（亡母の弟T雄）、幼い妹弟たちの日常、そして信仰生活が描かれている。その1冊目は、1942年5月30日から8月11日までのもので、A5判サイズ、40ページの薄いノートである（写真1参照）。

本書での共通の論点「収容されざる二世」については先に述べたので、以下、地域差、宗教差、性差に日本語教育という論点を加えて、日記の内容を読み分析を加えたい。

（1）地域差

「Y・K日記」には、都市と農山村の地域差が明らかに読み取れる記述が多く見られる。例えば、1942年6月18日は次のように記されている。

【資料1】（1942）六月十八日　晴のち雲り

　今日は昼まで天気で昼から雲（曇）⁽²⁶⁾つてきました。私はまずアルモッサーを山へもつて行きました。山から帰つて来てアルモッサーをしてせんたくをしました。あら（洗）ひものし、なつぱをあら（洗）ひました。そしてトマカフェーを持つて行きました。そして帰つてトマカフェーをして、べんきやう（勉強）をしました。それから水をくんで来てごはん（御飯）をかけ、それからパパイのトマバンニヤのお湯をかけました。そして御飯をおろすとパパイたちが帰つて行ろ（ゐら）つしやいました。それからおいの（祈）りをしてジヤンタをた（食）べました。それからポンをねつてべんきやう（勉強）をしました。

　拙い筆致ながら、画数の多い旧漢字も使用しており、戦時下の農山村の生活がよくうかがえる。戦時中ながら比較的平穏な農山村の日常であるが、11歳の少女が母にかわって家事いっさいを引き受けている。ブラジル農山村において水汲みは主に女性や子どもの仕事であったが、この仕事の辛さは農山村出身者の共通体験である。これは1930年代に聖市学生連盟に参加したような都市日系人とは異なった生活体験であり、こうした点は二世の生活体験の地域差として特筆すべきであろう⁽²⁷⁾。家の仕事や農事を手伝える年齢に達した農村の子どもたちの生活の慌ただしさについては、拙著で詳述したが⁽²⁸⁾、Y・Kは母親がおらず、11歳ながら年長の娘として、炊事洗濯、水汲み、妹や弟の面倒とかいがいしく主婦の役割をこなしている。文中の「べんきやう」は日本語かポルトガ

ル語か不明だが、日本語の日記を書くことも「べんきやう」に含まれていたの
であろう。

　一方、日本語表現の特徴としては、日本語の中にかなりのポルトガル語が混
入している。「アルモッサー」(almoço) はポルトガル語で昼食、「トマカフェー」
(toma café) はコーヒーを飲むこと。軽食を意味することもある。「パパイ」(pa-
pai) は幼児語でお父さん、「トマバンニヤ」(toma banho) は入浴、「ジヤンタ」
(janta) は夕食、「ポン」(pão) はパンのことである。農山村二世が、日常的に
こうした表現を使っていたことが知られる。

（2）宗教差

　Y・Kの家では、日記中「御座」と記される夕食前に一家でお祈りをする習
慣があり、その際のY・Kはしばしば宗教的体験をしていたことが記されて
いる。

【資料2】1943年（神生四十一年）六月二十二日
　　私は六月十八日から十九日から続つづけてすばらしい体験があたへられて
　ほんとうに感謝したてまつります。
　　今日はアルモッサの支度を早くして、Kちゃんたちと木かつぎに行きまし
　た。
　　　昼から菜ぱを取りに行って来た。
　　　ジャンターのお祈はとてもすばらしかった。私は夕べノやうに手がふる
　　　えてとてもうなった。
　　聖幻はとてもすばらしかった。聖幻はほかのノーウトへ書きました。

日記中しばしば現れるのは「聖幻」と記される現象である。9月7日の日記に
は、以下のように、この「聖幻」に「亡き母」が現れたことを記し、この体験
を短歌にして詠んでいる。

【資料3】 九月七日

　　お祈のもゆる真中に／太陽が六つ七つも上るとうとさ
　　栄光のまっただ中に亡き母の／聖幻見るたび使命思う

Ｙ・Ｋはのちに父の指導で歌人となるが、この頃から作歌を試みていたようである。また、Ｙ・Ｋはこうした宗教的体験を日記の紙面に色鉛筆で鮮やかに描いてもいる（写真2参照）。

【資料4】 1945年六月十五日金曜日晴

　　今日も天気でした。アルモッサから洗濯をして、勉強をし、昼からも勉強をしました。／お父様はアルモッサー前から竹村さんへお話に行かれて昼頃お帰りあそばした。／今日もお父様はお腹具合が好くなかったので、エメチンを一本うちました。そしたら幾分よいようです。早く早く好くなりますようお祈致します。／夕飯の霊視にお母様が雲間から顔をお出しになると、その雲が急に光にかわって、とても美しい光の雨が降り出しました。／今日も感謝の一日でありました。本日私が小さい時のことをかいた物をお父様に見せて頂きました。読んでゐて面白かったり、感心したりすることがある。そのころは一番幸福であったかもしれない。でも今は今であのころとは又違ふ喜びがあり、又幸福なことがある。それに信仰であります。信仰は私の一生の中で一番宝である。

ここでは「聖幻」の様子とともに、現在の「幸福」のよりどころとして「信仰」があげられている。山の中の生活体験で、信仰もまた深められたことが知られる。ただし、日記表紙に神生紀元暦が記されるのは15冊目（神生第四十七年、1949年1月10日～5月29日）までであり、次の16冊目は表紙がなく、17冊目（1950年7月18日～1951年5月22日）表紙には、「昭和二十五年七月十八日／18-7-1950／Ｙ・Ｋ/Estação Bigna Linha Santa Juquia?/Engenho/日記帳／Ｙ・Ｋ」と昭和の元号が記されている。1949年から1950年7月の間に何らかの変化があったのかは、現在のところ不明である。

（3）性差

　同時代の農山村居住日系二世の男子の記録がないので、Y・Kのケースと比較はできない。ただ、【資料】1〜4を見てわかるように、Y・Kは亡母にかわって家事をしっかりとこなしている。

【資料5】(1945)　十月五日　土曜日　晴

　今日も実によい天気でした。しかし暑かった。

　今朝は朝五時半に起きて肉屋へ肉を買ひに行きました。けれどももうずいぶん人がこんでゐました。肉とポンを買って帰って来て、カフェーを飲んでから、お隣へ又私のブルーザを縫せて頂きに行きました。七時から八時半までに縫上げました。きれいに出来ました。

　アルモッサーからお隣の小母さんと一しょに私たちも川へ洗濯に行きました。Kちゃんと T（筆者注：K、TともY・Kの弟）は川の中へ入って泳ぐまねをして遊びました。面白さうでした。

　私は洗濯を早くすませて、小母さんに半分ぐらひ洗ふのを手伝って上げました。帰って来て、カフェーをしました。

　お父様は昼からそこの篭原さんへ教へに行かれた。朝の中は畑の仕事をなさいました。

　私は三時から又縫物を家でした。T夫のカルサーを短かくしたのです。ラシャのカルサで日本で小学生がはくのです。□□には大分長かった。□□やうな着物を着て御座に現れ私たちと共にお祈をしました。御座は美しい□□な光で一ぱいでした、

【資料5】は終戦から2か月近い頃の日記であるが、Y・Kと家族の生活に変化はない。家事をこなし自学自習し、夜家族とともに「御座」を行うという日常は変わらずに続いている。

　ブラジルの移民史家であった半田知雄は、「私は二世たちが育てられた日本移民の家庭的雰囲気も教育の一部であると考え」、「大和魂をもった善きブラジル市民」という理想像が家庭教育においても期待されたことを肯定しながら、

「日本移民の教育がその理想に反して、どのような逆効果をもたらしたのか」について意見を述べている(29)。すなわち、「これは多くの二世と面接した結果」として、先の理想像をもって育て上げられた二世たちが口をそろえて「日本人の家庭的雰囲気はつめたい。そこでは、親たち夫婦のあいだに、はたして愛情があるのかどうかさえ疑わせる」というものである。そうした日本文化のなかで育てられてきた二世たちが自分たちを育てた家庭を「つめたい」と批判し、そうした生活をくりかえしたくないと思っているとすれば、日本的教育というものが、まったく逆効果をもたらしているということになる。

　ここで注意すべきは、日本的生活様式や先の理想的二世像を拒否するのは、中等教育以上を経験し、ホスト社会と多くの交渉を持っている二世だとされていることである(30)。つまり、拙著（2016c）で明らかにしたような都市型二世(31)は、一世が理想とした二世像を拒否したということになる。彼らは、まだ一世世代が指導力を持っていた1930年代にはそうした理想像に感化され、自らもそうした理想像に近づこうとしたが、やがてそこから背反するのである。その背反の契機は、日本語教育や日系社会としての活動が弾圧され、日本人性に否定的な意味が付与された戦時中に求められる。

　しかし、「Y・K日記」を読み、周囲の人びとの話を聞く限り、Y・Kが父S雄との生活に不満を持っていたとは考えにくい。むしろ、過剰と言えるほどの献身に喜びを見出していたとさえ感じられる。こうしたY・Kの性格形成はどのように行われたのか。

　現在の「Y・K日記」の最終部分から読み取れるY・Kの理想は、「よき人」「世の中の為に何等かの役に立つ事が出来る」「しっかりした女性」（「Y・K日記」1953年1月17日）という道徳観に裏打ちされた人間像である。

　そして、Y・Kは幸か不幸か、学齢期に学校にも行けず、ホスト社会はおろか同年齢の遊び友達も持たず、閉鎖的なコミュニティのさらに閉鎖的な家庭で、日々労働に追われながら成長したのであった。母を早く亡くし、信仰の人である父S雄以外の指導者を持たずに成長したY・Kは、父権的なS雄の影響下にあり、他人を批判したり、反抗したりする習慣がなかったのではないか。ただただ、現実を受け入れ、他人を批判せず、黙してその場その場で最善を尽く

すということに慣れすぎていたことが日記からうかがえる。そしてそれは、父から説かれ、次のような書物を通して学んだ神生紀元の教義によって強化されたと考えられる。

・敬虔純真なる求道の精神：「昔から、道を求めるには、赤児の如くあれと云つたやうに、最も敬虔に純真になつて、一心に求めることであります。合唱礼拝」[32]

・自彊不息と真理の体得：「真理に立つて行くには、強くなければなりませぬ。真理に生きるには、強いものを持たねばならぬといふ事を知つてゐなくてはなりませぬ。真理に生きれば、強くなり得る筈のものであり、真理は強き力を与へるものではあるけれど、その一面また強いものを持たねば、真理に生きる事は能きないといふ事を知らねばなりませぬ」[33]

・自足の教え：「人間は沢山買ふて来たりすると。どうしてもよけいに食ふたりしていけない。矢張り少ない位が一番美味しく食べられるのである」[34]

・女性の自覚（＝清貧の教え）：「婦人が若し物質から受くる満足のために、自分は幸福である、此上もない仕合せと思ふて居る人がありますならば、誠にお気の毒の至りであります、人間としても真の意味の幸福ではありませぬ。（…）人間としての真の幸福は、この精神向上と修養の努力によつて、其各々の人格を造り上げるにあります、其精神が身体上に欲求を適当に制御して行くところに、美しい調和があるのであります」[35]

こうした清貧と力行を美徳とする教義と日常生活における自足の経験が、彼女の人間を形成し、その後の行動と態度を支えていたと考えられるのである。

（4）家庭教育としての日本語教育

太平洋戦争開始後の1942年頃は、まだ日本語の巡回指導が行われていた地域

があったはずだが、「Y・K日記」にはその様子が見当たらない。当時、家庭学習における日本語教育も奨励されたが、Y・Kはそれを忠実に実践していたといえるだろう。

1942年7月28日の日記は次のように記されている。

【資料6】(1942) 七月二十八日　晴
　　今日は四日も続いて天気です。今日はK子（筆者注：Y・Kの妹）のおたんじようびです。私はトマカフェーの後であめを作つて上げた。
　　私はアルモツサーを持つて行つて帰つて来てアルモツサーを食べてしまふとパパイが帰つてゐらつしやつた。そしてK子に一の巻のさいたををしえてやりました。私はフエジヨンを引いてあんこを作つてトマカフェーの支度をしてパパイに持つて行つていただいた。それから洗濯をしてトマカフェーをした。そしてあめをこしらえた。それから勉強した。勉強をすまして御飯をかけた。

妹の誕生日にフェイジョン（ブラジル産の豆）を挽いてあんこやあめを作ってあげたりしている様子がほほえましい。ここで注目されるのは、「K子に一の巻のさいたををしえてやりました」という部分である。「一の巻のさいた」というのは、国定国語教育書『小学国語読本』巻一の第1単元「サイタ　サイタ　サクラ　ガ　サイタ」のことであろう。もちろんY・K自身も勉強を続けている。この日記を読む限り、巡回教師が訪れた様子は見られないが、綴り方を兼ねた日本語日記を書いて父に添削してもらい、幼い妹に読本を教えてやっている様子がうかがえる。

慌ただしい毎日であるが、同年8月8日の日記に「私は昼からどこにも行かなかつた。みつえさんたちが来たのであそんだ（…）」とあるのは、1942年5月31日から8月11日までの日記で彼女が遊びについて記した唯一のもので、少しほっとさせられると同時に、母を亡くした農山村少女の生活のきびしさを思わずにはいられない。そして、当時のブラジル農山村では、彼女は例外ではなかったのである[36]。

　この「Y・K日記」は1953年初めまで書き継がれるが、1946年3月16日の日記には、【資料7-8】のように、戦後ブラジルにおける日本語教育の復活に関わる事実が記されている。炭焼きをしていた彼女の父親が、戦後に教師の職を得るのである。

【資料7】（1946年）三月十六日　土曜日　きり雨
　昨晩隣の外人と鈴木さんとが大げんくわをし、鈴木さんはだいぶんひどいけがまでしたやうである。夜中の二時頃まで外人たちはがやがやとさわいでゐた。鉄砲を何ぱつも撃ったりして、とても恐しかった。外人は実に無てつぽうだから恐しい。うつかりした事は言へない。（…）
　十二時にお父様がサンターマーロから帰っていらっしゃった。あちらの教師の話がきまって、あさって引越になりました。早くきまって何より有難いことです。（…）
　夕飯の霊視には、お母様が私の前で煌々と光を放ちながらお祈りをしてゐました。引越が出来てうれしい事だ。早く早く明日になってあさってになれ。
　向に行ったら又かわった気分が味ははれることでせう。一生懸命に勉強しやう。

　1946年3月は、まだ「勝ち組」の活動が盛んな時期で、その騒擾はブラジル社会でも波紋を呼んでいた。「隣の外人と鈴木さん」の「大げんくわ」とそれに続く「夜中の二時頃まで外人たちはがやがやとさわいでゐた。鉄砲を何ぱつも撃ったりして」という事件はそれと関わりがあるのかもしれない。しかし、ようやく父の仕事が決まり、町へ移ることの喜びがあふれている。続いて、3月19日には次のように記されている。

【資料8】三月十九日　火曜日　晴
　（…）あの時からくらべると今は本当に楽な事です。これもみんな霊界のお母様のお導でなくてなんでせう。深く深く感謝し奉ります（…）
　これから親子水入らずで生活出来て、こんな嬉しい事はありません。これ

からは先生の子としてなほ恥かしくない子供になりたいと思います。

　「これからは先生の子としてなほ恥かしくない子供になりたいと思います」
という言葉がなんとも健気である。ここで彼女の人生が、ブラジル日系移民子
女教育の大きな流れとふれ合うのは、1947年にサント・アマーロ地区で日本語
教育を復活させる運動が始まったとされることである[37]。S雄の就職はそれよ
り早く、戦後のブラジルで復活した日本語教師第一号といえるかもしれない。

おわりに——Y・Kの道徳観と人間形成

　「Y・K日記」の性格、史料的価値としては、「収容されざる二世」（1940年代
の日系二世）という観点から、ブラジル農山村部の二世の生活史・生活世界を
可視化した貴重な一次史料ということができる。日記の内容からは、1940年代
ブラジル日系二世の生活史・生活世界が具体性を帯びて読み取れる。戦時下ブ
ラジルにおける日系人への人種的偏見を含む迫害から戦後の勝ち組抗争という
混乱と緊張の連続を描くブラジル日系社会史と一部重なりつつも、それらとは
異なる日常世界が活写されている。
　1920年代から30年代に理想とされた二世像は、「大和魂をもった善きブラジ
ル市民」「日本精神・日本文化を活かしてよきブラジル国家の建設に貢献する」
といったものであった。こうした理想像は、拙著（2016c）で析出したような都
市型日系人だけでなく、農村コミュニティにおいても、濃淡の差はあれ浸透して
いた。それは、1930年代になって、日本語新聞が各地に普及するとともに、
サンパウロのような大都市と内陸の中核都市、農山村との交流が増し、教育論
を含む情報が交換されることによって、ブラジル日系社会に共有されるものと
なっていった。しかし、「Y・K日記」からは、そうした日系社会の主流と異
なる二世の生活があったことが一つの地域差として読み取れる。それは、日本
とブラジルのはざまという間国家性や越境性を意識してそれらを調停する人間
形成を志向するよりも、世俗的道徳観を体現した「よき人」となることであっ
た。そして、その世俗的道徳観は、Y・Kの場合、「神生紀元」という明治期

に生まれた新宗教の教義とその実践者である父 S 雄の影響下に、農山村という孤立した環境において培われた。

　ここで性差ともつながる宗教差という点から述べると、「Y・K 日記」は、Y・K 一家が「神生紀元」という新宗教の信者であった点で特異な事例を提供している。神生紀元は「聖幻」に見られる霊視と世俗的道徳に特徴を持つ。亡母が羽衣を着た姿で現れる「聖幻」は、霊視と世俗的道徳を重視するブラジルの民衆カトリックとの類似性が見られ、敬神の念とともに、男性のよき理解者・協力者、よき母としての理想的女性像、家族の和の重視などを強調する点では共通点が多い。Y・K の教育・人間形成への影響については、キリスト教とも仏教とも異なる新宗教「神生紀元」の教義の独自性に求めるより、その世俗的道徳観と父 S 雄の多大な影響に求める方が自然であると考えられる。エンブーラ山中の父の教導による信仰生活において培われた信仰心・克己心（従順・献身・家族思いなど日本の近代的婦徳）や教養（古典や作歌）は、戦後二世の一種の資源獲得の過程とも読み取れる。Y・K の場合、これらとともに日本語・ポルトガル語二言語能力[38]も資源となって、戦後の教員生活からサンパウロ市での健康美容院の職員（1950 年代）、そしてサントス市での健康美容サロン経営者（1960 年代）という「成功」の物語につながっていく。1950 年代以降は、日系社会主流との交流も当然行われたであろうが、その過程と人間形成の変化については今後の課題となろう。

　以上のように、「Y・K 日記」が、戦中期ブラジルの「収容されざる二世」の日常生活や家庭学習の実態を知るとともに、戦後の日本語教育復活の具体的な過程と二世の成功モデルの多様化を可視化するきわめて重要な一次史料であることは明らかである。

注
（1）本稿では、「二世」を、日本生まれ現地生まれを問わず、「移民の子」と大まかに定義し、場合に応じて、ブラジルの日本人移民第二世代を意味する「第二世」の語を使用する。
（2）サンパウロ市では、1942 年 2 月と 9 月、日系人集住地域「コンデ界隈」から治安を理由に立ち退き令が発せられた。また、同年 8 月、アマゾン河口域の日系移住

地アカラ植民地にブラジル北部全域の枢軸国人が集められ収容された。さらに、1943年7月8日には、サンパウロ州サントス海岸域の枢軸国人に対して24時間以内の立ち退き令が発せられ、約1500人の枢軸国人はいったん州立移民収容所に収容され、後に内陸部に放逐された。太平洋戦争時のブラジル日系人の強制移動や収容の実態については、根川幸男（2013）「第二次世界大戦前後の南米各国日系人の動向—ブラジルの事例を中心に」『立命館言語文化研究』第25巻1号 pp.137-154参照。

（3）O GLOBO WEB版 2013年10月10日。こうした動きを受けて、パウリスタ州立大学記録文書センター（CEDEM/UNESP）は、2015年9月に「日本移民の歴史的正義に関する映画討論会」を開催している（「戦争前後の歴史見直しを＝日本移民迫害に光当てる＝UNESPが映画討論会＝「過去の過ち繰り返すな」」『ニッケイ新聞WEB版』2015年9月25日〈https://www.nikkeyshimbun.jp/2015/150925-71colonia.html〉（アクセス：2016/08/04））。

（4）日本移民80年史編纂委員会（1991）『ブラジル日本移民八十年史』移民80年祭祭典委員会の「第1部第4章 移民空白時代と同胞社会の混乱」pp.140-229。

（5）国内すべての農村学校においては、各科目の教授はポルトガル語をもって行うこととし、この条の属項として、次のような補足規定が設けられた。

　　　属項第一、本条に謂ふ所の学校は、生来のブラジル人常に之を教授すべし

　　　同　第二、この学校に於ては、十四歳未満の者に外国語を教授することなかるべし

　　　同　第三、初等教育用の書籍は、必ずポルトガル語を以て著述すべし

　　　同　第四、初等科中等科の教科目に於て、ブラジル国の歴史及地理の教授は之を義務的とする（Câmara dos Deputados Web-Site, "Decreto-Lei nᵒ 406, de 4 de Maio de 1938", Legislação Informatizada-Câmara dos Deputados, 〈http://www2.camara.leg.br/legin/fed/declei/1930-1939/decreto-lei-406-4-maio-1938-348724-publicacaooriginal-1-pe.html〉（アクセス：2019/08/07）.）（法令の和訳は、青柳郁太郎編（1953）『ブラジルに於ける日本人発展史・下巻』ブラジルに於ける日本人発展史刊行委員会〔石川友紀監修（1999）『日系移民資料集南米編30巻』日本図書センターに再録〕p.200による）。

（6）太平洋戦争をはさんでのブラジルの日系子女教育の状況については、根川幸男（2016b）『ブラジル日系移民の教育史』みすず書房の、特に「第2章 ブラジルにおける日系移民子弟教育史の概要」pp.75-175参照。

（7）宮尾進（2003）『臣道聯盟—移民空白時代と同胞社会の混乱』サンパウロ人文科学研究所。

（8）PERAZZO, Priscila Ferreira（2009）*Prisioneiros da Guerra.*（Ed. Humanitas）.

（9）根川前掲注（6）書、pp.136-137。

（10）根川前掲注（6）書、pp.136-137。

（11）日記の表紙には、Y・Kの本名が記されているが、個人情報であり、ここではそのイニシャルをもって表記する。以下、Y・Kの家族の場合も同じ。

（12）Y・K の夫 H・K 氏へのインタビューは2016年 8 月25日に東京にて、実弟 K 治氏・実妹 K 子氏へのインタビューは2016年 9 月14日にサンパウロ市にて実施した。

（13）1978年の日本人ブラジル移民70周年を記念して編纂された『コロニア万葉集』（コロニア万葉集刊行委員会、1981）のなかには、Y・K の歌が10首掲載されている。

（14）No. は表紙に付けられた整理番号を優先し、番号のないものは記述年月日によって前後関係を判断した。「7」の整理番号が記された冊子は残存していないのか、含まれず。

（15）越村定雄（1983）『常燃の秋―越村定雄遺稿集』（私家版）。

（16）越村前掲注（15）書、pp.255–345。

（17）越村前掲注（15）書、p.350。

（18）「宮崎虎之助」「Wiki まとめ」〈https：//wikimatome.org/wiki/%E5%AE%AE%E5%B4%8E%E8%99%8E%E4%B9%8B%E5%8A%A9〉（アクセス：2016/08/04）。

（19）宮崎虎之助（1904）『我が新福音』前川文栄閣 pp.15-16（国立国会図書館デジタルコレクション〈http：//dl.ndl.go.jp/info：ndljp/pid/825353〉（アクセス：2016/08/04））。以下、史料の引用に当たっては、旧字体を適宜新字体にあらためた。

（20）越村前掲注（15）書、pp.382–383。

（21）川合幸信については、宮崎虎之助述・川合尚子記・川合幸信編（1933）『預言者の生活：自己礼拝・自己祈祷』中村有楽、川合幸信（1933）『預言者の御臨終に侍して其他』中村有楽という書が確認でき、宮崎の高弟で側近であったと推測しうる。

（22）越村前掲注（15）書、pp.288–289。

（23）越村前掲注（15）書、p.294。

（24）越村前掲注（15）書、p.306。

（25）海外興業株式会社「第二百九回伯剌西爾行移民名簿」国立国会図書館デジタルコレクション〈http：//kindai.ndl.go.jp/info：ndljp/pid/1451110〉（アクセス：2019年 7 月16日）には、S 雄一家の名が見える。

（26）「曇」と赤字で訂正。S 雄の添削によるものと考えられる。以下、（　）内は訂正。

（27）聖市学生連盟に参加した都市日系人の生活については、根川幸男（2016c）「ブラジルにおける日系二世教育と人材育成―「バガブンド」から「ドットール」へ、理想的日系市民モデルの創出」吉田亮編著『越境する「二世」―1930年代アメリカの日系人と教育』現代史料出版 pp.233–257参照。

（28）根川前掲注（ 6 ）書「第 6 章 戦前期ブラジルにおける子どもの生活世界」pp.452–535参照。

（29）半田知雄（1970）『移民の生活の歴史』サンパウロ人文科学研究所 p.705。

（30）半田前掲注（29）書 p.706。

（31）筆者は根川前掲注（27）論文において、当時の「理想的日系市民モデル」を次のように整理した。①第一世活躍の時代から第二世への世代交代の自覚、②日本語

教育禁止の事態に対し問題解決に当たる、③「真の日本精神」と「誤りなき」ブラジル精神を理解し「大使命」を遂行する、④「真の日本文化」の伝道と「ブラジル文化」の開発に尽くす、⑤日本民族の資源である「大和魂」「優秀なる民族性」を活用する、⑥常に最もよき日本の理解者・同情者でなければならない（根川2016c p.244）。

（32）川合前掲注（21）書、p.2。

（33）川合前掲注（21）書、p.268。

（34）川合前掲注（21）書、p.392。

（35）川合前掲注（21）書、p.777。

（36）杉武夫（1938）「遊びなき第二世の生活」ブラジル日本人教育普及会『黎明』第2巻6号 pp.9-10。根川前掲注（6）書 pp.466-471参照。

（37）モラレス松原礼子（2012）「ブラジルにおける戦後の日本語学校と日本語教育」森本豊富・根川幸男編著『トランスナショナルな「日系人」の教育・言語・文化—過去から未来に向って』明石書店 p.99。

（38）夫 H・K 氏や親友 Y・A さんによると、Y・K はポルトガル語も流暢であったという。サロン経営時にブラジル人の顧客とふつうに談笑していたと証言している。彼女がいつどこでポルトガル語を身につけたのかは不明である。

執筆者紹介（アルファベット順）

東栄一郎（あずま　えいいちろう）
　　現職：ペンシルベニア大学歴史学部准教授
　　専門分野：日系アメリカ人史、環太平洋移民史、帝国関係史
　　主要業績：*In Search of Our Frontier : Japanese America and Settler Colonialism in the Construc-
　　　　tion of Japan's Borderless Empire*（Berkeley : University of California Press, 2019）.
　　　　Between Two Empires : Race, History, and Transnationalism in Japanese America
　　　　（New York : Oxford University Press, 2005 : 日本語訳あり：明石書店、2014）.
　　　　Co-edited with David Yoo, *The Oxford Handbook of Asian American History*（New
　　　　York : Oxford University Press, 2016）.

本多彩（ほんだ　あや）
　　現職：兵庫大学共通教育機構准教授
　　専門分野：宗教社会学、日系アメリカ人と仏教
　　主要業績：「米国本土の女性仏教徒と越境—北米開教区の動向—」那須英勝他編『現代日本の仏教
　　　　と女性』（法蔵館、2019）
　　　　「ワシントン州における日系二世の仏教教育」吉田亮編『越境する「二世」』（現代史料
　　　　出版、2016）
　　　　「アメリカ仏教会における食文化の変遷」、『宗教研究』386（第90巻第2輯、2016）

松盛美紀子（まつもり　みきこ）
　　現職：同志社大学嘱託講師、近畿大学非常勤講師、兵庫大学非常勤講師
　　専門分野：アメリカ研究、アメリカ史、移民史
　　主要業績：「戦前期南カリフォルニアの日系アメリカ人二世女性と高等教育」『中・四国アメリカ研
　　　　究』（第8号、2017）
　　　　「越境する二世教育——戦前期日米学生会議を中心に」吉田亮編著『越境する「二世」』
　　　　（現代史料出版、2016）
　　　　「『麦嶺学窓』と『南加学窓』からみる戦前期の在米日本人留学生像」河原典史、日比嘉
　　　　高編著『メディア——移民をつなぐ、移民がつなぐ』（クロスカルチャー出版、2016）

高木（北山）眞理子（たかぎ〈きたやま〉　まりこ）
　　現職：愛知学院大学文学部教授
　　専門分野：アジア系アメリカ人研究
　　主要業績：「「間」を生きた「日系」歌人—上江洲芳子の沖縄、ハワイ、カリフォルニア」細川周平
　　　　編著『日系文化を編み直す　歴史・文芸・接触』（ミネルヴァ書房、2017）
　　　　「「二度とないように」という祈念—ベインブリッジ島日系アメリカ人立ち退きの遺跡」
　　　　北米エスニシティ研究会編『北米の小さな博物館3—「知」の世界遺産』（彩流社、2014
　　　　年）
　　　　「芙蓉会（Fuyo Kai）—ワシントン大学における日系　女子学生会と日米戦争」『愛知
　　　　学院大学文学部紀要』42（2013）

高橋典史（たかはし　のりひと）
　　現職：東洋大学社会学部教授
　　専門分野：宗教社会学
　　主要業績：『移民、宗教、故国—近現代ハワイにおける日系宗教の経験』（ハーベスト社、2014）

竹本英代（たけもと　ひでよ）
　　現職：福岡教育大学教育学部教授
　　専門分野：日本教育史、教育学
　　主要業績：「カリフォルニア州における日本語教科書の編纂事業―南加日本語学園協会を中心に」
　　　　　　　吉田編著『越境する「二世」』（現代史料出版、2016）
　　　　　　　「西洋教育方法の導入と小学校」佐藤環編著『日本の教育史』（あいり出版、2013）
　　　　　　　「戦前日本における宣教師に対する日本語教育―松宮弥平を中心に」『キリスト教社会問
　　　　　　　題研究』59（2010）

根川幸男（ねがわ　さちお）
　　現職：国際日本文化研究センター機関研究員
　　専門分野：移民史・文化研究
　　主要業績：『ブラジル日系移民の教育史』（みすず書房、2016）
　　　　　　　『越境と連動の日系移民教育史―複数文化体験の視座』（ミネルヴァ書房2016）（共編著）
　　　　　　　Cinqüentenário da Presença Nipo-Brasileira em Brasília（FEANBRA, 2008）（共著）

吉田亮（よしだ　りょう）
　　→別掲

編著者紹介
吉田　亮
　現職：同志社大学社会学部教授
　専門：アメリカ社会史（宗教史、移民史）
　主要業績：『ハワイ日系2世とキリスト教移民教育』（学術出版会、2008）
　　　　　　『アメリカ日本人移民とキリスト教社会』（日本図書センター、1995）
　　　　　　『越境する「二世」』（編著、現代史料出版、2016）
　　　　　　『アメリカ日系二世と越境教育』（編著、不二出版、2013）
　　　　　　『アメリカ日本人移民の越境教育史』（編著、日本図書センター、2005）

同志社大学人文科学研究所研究叢書 LV
変要する「二世」の越境性
　　—1940年代日米布伯の日系人と教育—

2020年3月25日　第1刷発行

編　著　者　　吉田　亮
発　行　者　　赤川博昭

発　行　所　　株式会社現代史料出版
　　　　　　　〒171-0021　東京都豊島区西池袋2-36-11
　　　　　　　TEL03-3590-5038 FAX03-3590-5039
発　　　売　　東出版株式会社
印刷・製本　　亜細亜印刷株式会社

Ⓒ Doshisha University 2020　　Printed in Japan
ISBN978-4-87785-355-6 C3036
定価はカバーに表示してあります